中宣部2022年主题出版重点出版物

"十四五"国家重点图书出版规划项目

纪录小康工程

全面建成小康社会

江苏大事记
JIANGSU DASHIJI

本书编写组

江苏人民出版社

责任编辑：黄　山　曾　偲
封面设计：石笑梦　赵春明
版式设计：胡欣欣

图书在版编目（CIP）数据

全面建成小康社会江苏大事记 / 本书编写组编 .
　-- 南京：江苏人民出版社，2022.9
（"纪录小康工程"地方丛书）
ISBN 978-7-214-27207-2

I.①全…　II.①本…　III.①小康建设 – 大事记 – 江
苏　IV.① F127.53

中国版本图书馆 CIP 数据核字（2022）第 093559 号

全面建成小康社会江苏大事记

QUANMIAN JIANCHENG XIAOKANG SHEHUI JIANGSU DASHIJI

本书编写组

江苏人民出版社出版发行
（210009　南京市湖南路 1 号 A 楼）

江苏凤凰数码印务有限公司印刷

2022 年 9 月第 1 版　2022 年 9 月第 1 次印刷
开本：710 毫米 ×1000 毫米 1/16　印张：26.5　插页 2
字数：330 千字

ISBN 978 – 7 – 214 – 27207 – 2　定价：93.00 元

总　序

为民族复兴修史　为伟大时代立传

　　小康，是中华民族孜孜以求的梦想和夙愿。千百年来，中国人民一直对小康怀有割舍不断的情愫，祖祖辈辈为过上幸福美好生活劳苦奋斗。"民亦劳止，汔可小康""久困于穷，冀以小康""安得广厦千万间，大庇天下寒士俱欢颜"……都寄托着中国人民对小康社会的恒久期盼。然而，这些朴素而美好的愿望在历史上却从来没有变成现实。中国共产党自成立那天起，就把为中国人民谋幸福、为中华民族谋复兴作为初心使命，团结带领亿万中国人民拼搏奋斗，为过上幸福生活胼手胝足、砥砺前行。夺取新民主主义革命伟大胜利，完成社会主义革命和推进社会主义建设，进行改革开放和社会主义现代化建设，开创中国特色社会主义新时代，经过百年不懈奋斗，无数中国人摆脱贫困，过上衣食无忧的好日子。

　　特别是党的十八大以来，以习近平同志为核心的党中央统揽中华民族伟大复兴战略全局和世界百年未有之大变局，团结带领全党全国各族人民统筹推进"五位一体"总体布局、协调推进"四个全面"战略布局,万众一心战贫困、促改革、抗疫情、谋发展,党和国家事业取得历史性成就、发生历史性变革。在庆祝中国共产党成立100周年大会上,习近平总书记庄严宣告:"经过全党全国各族人民持续奋斗,我们实现了第一个百年奋斗目标,在中华大地上全面建成了小康社会,历史性地解决了绝对贫困问题,正在意气风发向着全面建成社会主义现代化强国的第二个百年奋斗目标迈进。"

这是中华民族、中国人民、中国共产党的伟大光荣!这是百姓的福祉、国家的进步、民族的骄傲!

全面小康,让梦想的阳光照进现实、照亮生活。从推翻"三座大山"到"人民当家作主",从"小康之家"到"小康社会",从"总体小康"到"全面小康",从"全面建设"到"全面建成",中国人民牢牢把命运掌握在自己手上,人民群众的生活越来越红火。"人民对美好生活的向往,就是我们的奋斗目标。"在习近平总书记坚强领导、亲自指挥下,我国脱贫攻坚取得重大历史性成就,现行标准下9899万农村贫困人口全部脱贫,建成世界上规模最大的社会保障体系,居民人均预期寿命提高到78.2岁,人民精神文化生活极大丰富,生态环境得到明显改善,公平正义的阳光普照大地。今天的中国人民,生活殷实、安居乐业,获得感、幸福感、安全感显著增强,道路自信、理论自信、制度自信、文化自信更加坚定,对创造更加美好的生活充满信心。

全面小康,让社会主义中国焕发出蓬勃生机活力。经过长期努力特别是党的十八大以来伟大实践，我国经济实力、科技实力、国防实力、综合国力跃上新的大台阶，成为世界第二大经济体、第一大工业国、第一大货物贸易国、第一大外汇储备国，国内生产总值从 1952 年的 679 亿元跃升至 2021 年的 114 万亿元，人均国内生产总值从 1952 年的几十美元跃升至 2021 年的超过 1.2 万美元。把握新发展阶段、贯彻新发展理念、构建新发展格局、推动高质量发展，全面建设社会主义现代化国家，我们的物质基础、制度基础更加坚实、更加牢靠。全面建成小康社会的伟大成就充分说明，在中华大地上生气勃勃的创造性的社会主义实践造福了人民、改变了中国、影响了时代，世界范围内社会主义和资本主义两种社会制度的历史演进及其较量发生了有利于社会主义的重大转变，社会主义制度优势得到极大彰显，中国特色社会主义道路越走越宽广。

全面小康，让中华民族自信自强屹立于世界民族之林。中华民族有五千多年的文明历史，创造了灿烂的中华文明，为人类文明进步作出了卓越贡献。近代以来，中华民族遭受的苦难之重、付出的牺牲之大，世所罕见。中国共产党带领中国人民从沉沦中觉醒、从灾难中奋起，前赴后继、百折不挠，战胜各种艰难险阻，取得一个个伟大胜利，创造一个个发展奇迹，用鲜血和汗水书写了中华民族几千年历史上最恢宏的史诗。全面建成小康社会，见证了中华民族强大的创造力、坚韧力、爆发力，见证了中华民族自信自强、守正创新精神气质的锻造与激扬，实现中华民族伟大复兴有了更为主动的精神力量，进入不可逆转的历史进程。今天，我们比历史上任何时期都更接近、更有信心和能力实现中华民族伟大复兴的目标，中国人民的志气、骨气、底气极大增强，奋进新征程、建功新时代有着前所未有的历史主动精神、历史创造精神。

全面小康，在人类社会发展史上写就了不可磨灭的光辉篇章。中华民族素有和合共生、兼济天下的价值追求，中国共产党立志于为人类谋进步、为世界谋大同。中国的发展，使世界五分之一的人口整体摆脱贫困，提前十年实现联合国2030年可持续发展议程确定的目标，谱写了彪炳世界发展史的减贫奇迹，创造了中国式现代化道路与人类文明新形态。这份光荣的胜利，属于中国，也属于世界。事实雄辩地证明，人类通往美好生活的道路不止一条，各国实现现代化的道路不止一条。全面建成小康社会的中国，始终站在历史正确的一边，站在人类进步的一边，国际影响力、感召力、塑造力显著提升，负责任大国形象充分彰显，以更加开放包容的姿态拥抱世界，必将为推动构建人类命运共同体、弘扬全人类共同价值、建设更加美好的世界作出新的更大贡献。

回望全面建成小康社会的历史，伟大历程何其艰苦卓绝，伟大胜利何其光辉炳耀，伟大精神何其气壮山河！

这是中华民族发展史上矗立起的又一座历史丰碑、精神丰碑！这座丰碑，凝结着中国共产党人矢志不渝的坚持坚守、博大深沉的情怀胸襟，辉映着科学理论的思想穿透力、时代引领力、实践推动力，镌刻着中国人民的奋发奋斗、牺牲奉献，彰显着中国特色社会主义制度的强大生命力、显著优越性。

因为感动，所以纪录；因为壮丽，所以丰厚。恢宏的历史伟业，必将留下深沉的历史印记，竖起闪耀的历史地标。

中央宣传部牵头，中央有关部门和宣传文化单位，省、市、县各级宣传部门共同参与组织实施"纪录小康工程"，以为民族复兴修史、为伟大时代立传为宗旨，以"存史资政、教化育人"为目的，形成了数据库、大事记、系列丛书和主题纪录片4方面主要成果。目前已建成内容全面、分类有序的4级数据库，编纂完成各级各类全面小康、脱贫攻坚大事记，出版"纪录小康工程"丛书，摄制完成纪录片《纪录小康》。

"纪录小康工程"丛书包括中央系列和地方系列。中央系列分为"擘画领航""经天纬地""航海梯山""踔厉奋发""彪炳史册"5个主题，由中央有关部门精选内容组织编撰；地方系列分为"全景录""大事记""变迁志""奋斗者""影像记"5个板块，由各省（区、市）和新疆生产建设兵团结合各地实际情况推出主题图书。丛书忠实纪录习近平总书记的小康情怀、扶贫足迹，反映党中央关于全面建成小康社会重大决策、重大部署的历史过程，展现通过不懈奋斗取得全面建成小康社会伟大胜利的光辉历程，讲述在决战脱贫攻坚、决胜全面小康进程中涌现的先进个人、先进集体和典型事迹，揭示辉煌成就和历史巨变背后的制度优势和经验启示。这是对全面建成小康社会伟大成就的历史巡礼，是对中国共产党和中国人民奋斗精神的深情礼赞。

历史昭示未来，明天更加美好。全面建成小康社会，带给中国人民的是温暖、是力量、是坚定、是信心。让我们时时回望小康历程，深入学习贯彻习近平新时代中国特色社会主义思想，深刻理解中国共产党为什么能、马克思主义为什么行、中国特色社会主义为什么好，深刻把握"两个确立"的决定性意义，增强"四个意识"、坚定"四个自信"、做到"两个维护"，以坚如磐石的定力、敢打必胜的信念，集中精力办好自己的事情，向着实现第二个百年奋斗目标、创造中国人民更加幸福美好生活勇毅前行。

目　录

一九四九年

10 月 1 日 江苏各地人民集会、游行，热烈庆祝中华人民共和国诞生和中央人民政府成立。

11 月 10 日 中共苏北区委作出《关于治沂兴垦的决定》，决定开辟新沂河，一期工程为西起嶂山断麓，东到燕尾港入海，全长 144 公里。22 日，导沂整沭委员会成立。25 日，工程全面开工。参加施工的有宿迁、沭阳、泗阳、睢宁、邳睢、新安、灌云、淮阴、涟水、淮安等 10 个县共 23 万民工。第一期工程历时一个月，至 12 月 25 日结束，完成土方 911 万立方米。翌年春，又动员民工 32.2 万人施工，完成土方 2798 万立方米。麦收后再次动员 30 万民工突击加固新沂河河堤，迎接汛期。至 1953 年春工程全部完工，共完成土方 1.09 亿立方米，石方 18.45 万立方米，出动民工 242 万人次，开挖 186 公里长的河段，并修建了两库三闸和四坝。

11 月 13 日 苏北区党委，苏北行署，苏北军区司令部、政治部联合发布《苏北治水运动总动员令》。

11 月 24 日 苏南区党委发布《关于平抑目前物价的决定》。苏北和南京市也采取了有力措施，紧急遏制物价上涨。至 30 日，主要商品批发价下跌二成。

12 月 10 日 中央人民政府政务院副总理董必武率领政务院指导接收工作委员会华东工作团抵达南京。

12 月 11 日 苏南首届各界人民代表会议驻会委员会举行第二次

会议，听取驻会委员关于苏南各界人民代表会议精神的传达和贯彻情况的汇报，讨论水利工程、生产救灾、折实公债及税征等问题。会议上还正式成立了驻会委员会水利研究委员会及生产救灾委员会。

12 月 13 日 苏南第一次水利工作会议召开。会议研究如何执行中央和华东的生产救灾方针和各种水利工程计划，以及苏南各界人民代表会驻会委员会第二次会议向政府建议的水利工程计划，确定了 1950 年兴修水利的六大工程：1. 常熟、太仓、宝山、松江 4 县桩石及水泥海塘工程；2. 江堤工程；3. 通江各闸工程；4. 圩堤工程；5. 塘坝工程；6. 建立 29 个水文站。

一九五〇年

1月9日　苏南行政公署发出《关于生产救灾工作的指示》，要求所有受灾地区立即成立各级生产救灾委员会或生产备荒委员会，根据"以生产为主，结合救灾；以群众自救、社会互济为主，政府协助为辅"的方针，统一领导灾区人民，积极开展生产救灾运动。

2月28日　苏北行政公署颁发《关于加强生产救灾工作的紧急指示》，要求采取有效急救措施，开展社会互济，积极动员群众组织起来战胜灾荒。3月1日，中共苏北区委作出决定，号召全体党组织和党员执行行署的紧急指示。苏北行署也召开专员会议，确定了救灾方案。

3月2日　苏南行政公署发出《关于开展合作社工作的指示》，指出合作社是新民主主义经济的主要组成部分，合作社运动又是群众运动的一部分，目前必须采取积极、稳步的方针，有重点、有计划地结合城乡的群众运动与生产救灾工作，巩固整顿原有组织，创造与培养典型，积累经验，打下进一步发展的基础。

4月15日　苏北行政公署改名江苏省苏北人民行政公署，苏南行政公署改名江苏省苏南人民行政公署。同年9月，又分别改为苏北人民行政公署和苏南人民行政公署。

7月2日　南京市各界人民代表在雨花台举行兴建革命烈士墓奠基典礼。

7月5日　中共苏南区委作出《关于苏南土地改革准备工作计

划》，计划于冬季开始土改，1951年春耕前基本结束。苏南农村工作团各队分赴无锡县东亭区坊前乡和安镇区查桥乡进行土地改革试点。

7月12日 苏北农村工作团分赴各地，协助老区进行土地改革结束工作，帮助新区创造土地改革条件。

11月7日 根据政务院《关于治理淮河的决定》，成立治淮委员会统一领导治理淮河工作。

11月28日 苏南人民行政公署公布《苏南区土地改革实施办法》。

12月15日 中共苏北区委发出《关于当前土地改革工作的指示》，要求各地党委加强领导，按期完成土改运动。

12月27日 中共苏南区委发出《关于放手发动群众，组织土地改革运动高潮的指示》，指出苏南土地改革工作，在典型实验和局部展开两个阶段中，已经完成了1157个乡的土地分配（占总乡数的43%），获得了一定的成绩。要求各级党组织放手发动群众，大胆开展土地改革运动，充分发挥广大农民的自觉性、积极性和创造性，使千百万农民投入运动。

一九五一年

1月4日 经政务院批准，苏南人民行政公署土地改革委员会成立。7日，苏南人民行政公署土地改革委员会召开扩大会议，会上报告了关于苏南土改的全面情况。

1月31日 无锡华昌丝厂缫出3A级丝（坐缫）、4A级丝（立缫），创全国生丝品质新纪录。2月26日，中央人民政府副主席刘少奇给该厂职工发来贺信。3月3日，中共中央办公厅秘书室代表毛泽东主席写信致贺。

2月24日 毛泽东主席视察徐州。

3月 苏南人民行政公署召开工商贸易工作会议，决定以发展城乡交流为全年工商工作的首要任务，并以发展土特产品交流作为上半年中心任务。

3月21日 苏南全区27个县基本完成土地改革。

5月8日 苏北区首届土产物资交流大会在扬州开幕，共有4000多种计10000多件展品参展。这一大会的举办，促进了苏北区生产的发展和城乡物资交流。13日，苏南区城乡交流物产展览会开幕，至7月1日闭幕，观众达50万人次，交易额1700多万元。

5月31日 中央人民政府治淮视察团在扬州市举行授旗典礼，将毛泽东主席题字的"一定要把淮河修好"锦旗，授予苏北治淮领导机关。

7月26日 全国第二次治淮会议决定，在苏北开挖灌溉总渠，按流量 700 立方米每秒设计，并决定为解决苏北灌溉的需要，洪泽湖经常蓄水位协商规定为 13.5 米。

7 月下旬　在毛泽东主席"一定要把淮河修好"的指示下，第一期治淮工程完成。

11 月 6 日　苏北灌溉总渠开工，次年 5 月 10 日竣工。灌溉总渠是一条新开的河道，西起洪泽湖，东到黄海边，全长 168 公里，渠底宽 60—140 米，堤顶宽 8 米，设计流量 700 立方米每秒。这是一条排洪、灌溉、航行综合利用的河道，该工程动员了淮阴、盐城、泰州等专区民工 119 万人次，共完成土方 7320 万立方米。与灌溉总渠同时开工的高良涧闸、运东分水闸及六垛南闸等建筑工程，于 1952 年 7 月建成。

同日　治淮委员会苏北工程指挥部成立。

11 月 20 日　苏北区党委、苏北人民行政公署联合发布治淮总动员令。

12 月　苏南区颁发土地证工作基本结束。在整个苏南区土改运动中，共有 27 个县和 3 个专区辖市包括城市郊区在内的 2741 个乡（镇）1000 余万农业人口参加了土地改革。

12 月 3 日　中共中央书记处书记刘少奇、陈云在南京视察。

12 月 31 日　中共苏北区委在沭阳县试办赵甫亚农业合作社，入社农户 13 户，这是江苏境内试办的第一个初级农业生产合作社。

一九五二年

1月4日　苏北区召开手工业合作社首届生产扩大会议，研究加强对手工业生产合作社和企业的组织领导问题，并制订了1952年手工业铁木农具生产合作社发展计划和企业增产节约计划。截至5月，全苏北已组织手工业农具生产合作社77个。

6月20日　山东省和苏北区导沂整沭工程全面竣工。此项工程的完成，使鲁南、苏北沂河、沭河流域的500万人民摆脱了洪水灾害；沿河十年九不收的1000万亩农田，可保证年年得到收成。

9月9日　中共中央华东局根据中共中央指示决定：南京市、苏南行政区、苏北行政区合并为江苏省。

9月16日　苏南人民行政公署发出《关于贯彻执行政务院〈关于劳动就业问题的决定〉的指示》，要求各市县人民政府有计划、有步骤地坚决贯彻执行文件精神，做好劳动就业工作。21日，苏北人民行政公署召开劳动就业会议，提出必须有计划、有步骤地在3至5年内解决劳动就业问题。据统计，解放以来，苏南区已有11万、苏北区已有9万失业人员得到工作安排或救济。

10月1日　在中央"蓄泄兼筹"的治淮方针和计划指导下，三河闸正式动工兴建。该闸上承洪泽湖，下接高宝湖，是洪泽湖入江口的大型控制工程。全闸共63孔，总长697.75米，设计排洪8000立方米每秒，是新中国成立后兴建的第二大闸，治淮重点工程之一。三河闸建成后，可使里下河地区1500万亩农田免受洪水灾害，并配合其他水利工程，可灌溉苏北2580万亩农田。该项工程集中了12个县近16万名民工及解放军战士，以及从各地招收、从湖北荆江分洪工程调来的各类技工2400多人，统一组织施工，并从国内9个省几十个城市调运设备和材料32万多吨。为争取在1953年汛期前完工，闸基处理方式采用不打基桩的措施，仅用时10个月，于1953年7月24日竣工。

10月28日 苏北区第三期治淮工程开始。这期工程西起洪泽湖，南到运河入江口，东到海边，包括17座大型水闸、12座涵洞，共需2380万立方米土方。

同日 毛泽东主席在徐州视察，他登上云龙山时指出：要发动群众上山栽树，一定要改变徐州荒山的面貌。

10月29日 苏北人民行政公署颁布《苏北区开发沿海荒地暂行办法》。

11月15日 中央人民政府委员会第十九次会议通过《关于调整省、区建制的决议》，决定成立江苏省人民政府，并于江苏省人民政府成立后，撤销苏南人民行政公署、苏北人民行政公署。现属山东省、安徽省原为江苏省旧辖之地区，均划回江苏省属。

12月23日 省政府召开全省第一次劳动就业工作会议，传达中央对劳动就业工作的指示，总结3年来劳动就业工作。3年来全省通过还乡生产、以工代赈、转业训练、介绍就业、生产自救、发放救济等办法，安置61万名失业、无业人员。

一九五三年

1月1日 江苏省人民政府召开第一次政府委员会议，宣布江苏省人民政府正式成立。

1月3日 南京市改为江苏省人民政府直辖市。江苏省人民政府驻地设于南京。南京市为江苏省省会。

1月26日 省政府发出《调整后的江苏省专区及市、县区划的通报》。全省辖8个专区、6个省辖市、6个专区辖市、71个县，及1个行政办事处和1个盐区。

1月31日 省政府发出《关于加强生产救灾工作的指示》，要求各地认真贯彻中央"生产自救、就地坚持"的方针。

2月23日 毛泽东主席视察南京，并为中共江苏省委机关报《新华日报》再次题写了报头。毛泽东主席在听取工作汇报时指出，要把南京改造成生产城市。要利用原有的工业基础，团结民族资产阶级，利用一切有利于国计民生的城乡资本主义因素，恢复和发展生产。

2月24日 毛泽东主席在列车上接见中共苏州市委书记和市长，对苏州市根据城市特点搞好建设的问题作了重要指示。

6月3日 省政府发出《关于做好转业军人安置工作的指示》。

6月26日 江苏省嵊泗县划归浙江省。

8月27日 省委召开扩大会议。会议期间，传达全国第二次财经会议精神和中共中央关于增加生产、增加收入、厉行节约、紧缩开支、平衡国家预算的紧急指示，省委领导和有关部门负责人根据中共中央指示精神，分别作了工业生产、农业生产、市场和商业工作的报告。

11月8日　省委发出《关于统购粮食的指示》。14日，又发出《关于执行〈中共中央关于实行粮食的计划收购与计划供应的决议〉的指示》，要求全党动员，全力以赴，各级党委领导亲自动手，向广大农民广泛深入地宣传党在过渡时期的总路线、总任务，保证统购统销任务的胜利完成。12月起，全省各地开始实行粮食计划供应。

一九五四年

1月1日 按照党在过渡时期总路线的要求,省委制定《江苏省1954年与1955年两年扩展公私合营厂矿的初步计划》,提出1954、1955年两年全省扩展公私合营工业企业的初步计划。上旬,全省300多家私营纺织印染厂,决定当年全部和国家订立合同,接受国家加工。月底,全省已有1389户私营粮食商店陆续为国营粮食公司经营专业经销、代销业务。

2月15日 江苏省人民银行召开农村金融工作扩大会议。会上讨论了农村金融的贷款、信用合作、储蓄三项工作,确定1954年农村金融工作的方针任务是:围绕着增产节约和互助合作运动的开展,紧紧抓住生产季节与群众需要的环节,及时地、合理地发放各种贷款,积极地、有领导地、稳步地开展信用合作工作;同时,积极开展农村储蓄,并与高利贷作斗争,以保证党在过渡时期总路线在农村中胜利贯彻。

3月15日 毛泽东主席由陈毅、柯庆施等陪同视察无锡。

4月 中央人民政府副主席朱德视察徐州。

5月4日 省政府发出指示,要求各地做好农业贷款发放工作,规定农业贷款的使用,应以保证粮、棉、油料作物增产所需资金为主,适当地扶持其他作物的生产。各地人民银行在第一季度中已发放了农业贷款500万元。

5月19日 当日起,江苏全省连日阴雨,江水上涨,山洪暴发。

7月，淮河流域连降 5 次暴雨，洪泽湖水位猛涨，旧三河漫溢，白马湖决口，下游海潮托顶，造成淮安、淮阴、泗阳 3 个县 18 个区 130.5 万亩农田全部沉入水底。8 月 17 日，南京长江水位高达 10.22 米，超过自有水文记录以来最高水位（1933 年为 9.29 米），南京郊区 11 处破圩，淹农田 60208 亩。在省委、省政府的领导下，全省人民紧急动员起来，各地党政领导机关协调大批干部，深入基层发动群众，排涝抢险，并首先确保铁路、交通和沿江重要工厂、仓库。南京军民有 24.9 万多人参加抢险救灾。解放军战士尹仕礼等 16 名战士在抢险中牺牲。

6 月 18 日　省委召开全省地方工业会议，会议总结了一年来地方工业生产的经验，进一步确定了 1954 年的工作任务。会议要求大力整顿和提高现有地方国营、公私合营厂矿；努力提高产品的质量和降低成本；逐步推行在党委领导下的厂长负责制；大力发动群众提合理化建议，推广先进经验，开展技术革新运动；适当地重视地方企业的发展任务，加强对私营厂矿的领导和进行社会主义改造工作，支援国家建设。

6 月 27 日　由于入夏以来全省各地连续阴雨，对农业生产造成严重危害，省政府发出《关于紧急动员做好防汛、排涝、保苗工作，争取农业丰收的指示》，要求受灾地区将防汛、排涝、保苗工作作为当前的中心任务。7 月上旬，省委农工部和省农林厅派出 8 个检查组深入灾区，指导这项工作。

7 月 19 日　省委发出《关于加强生产救灾工作的指示》，指出今年夏季雨量之大，时间持续之久，水情之严重，均为近百年来所罕见。要求各地继续加强防汛、抢险、补种、保苗；灾情严重地区，应把生产救灾作为压倒一切的中心工作。26 日，省委发出《关于生产救灾工作的指示》，指出近 3 个月来，全省广大干部群众与洪水内涝展开了持久顽强的斗争，已取得初步胜利。为了弥补部分受涝地区的减产损失，要求各级党委加强生产救灾工作的领导，力争完成和超额完成全年农业的生产计划，并在生产救灾工作中，努力巩固和提高互助合作组织。

8月5日 省第一届人民代表大会第一次会议在南京召开。

9月7日 省委发出《关于对初级市场私营商业改造，安排与加强市场管理的指示》，要求采取一面前进、一面安排和前进一行、安排一行的办法，把现存的私营小批发商和私营零售商逐步改造成为各种形式的国家资本主义商业。

同日 政务院发布《关于实行棉布计划收购和计划供应的命令》及《关于实行棉花计划收购的命令》。9月15日起，江苏省开始使用布票和絮棉票，棉花、棉布实行统购统销。

10月4日 省委召开公私合营工作会议，总结老合营企业的整顿和新合营企业的合营工作。

10月20日 江苏省水利厅召开水利工作会议。会议确定当前水利建设的基本方针是防洪、防涝、防旱统筹兼顾；部署冬春水利工作的任务是加高培厚江堤、港堤、湖堤，加固三河闸、高良涧闸。会议对农村小型农田水利确定以群众自办为主，按照"花钱少、受益多、收效快、技术上有成功把握"的原则，根据需要与可能大力开展，抗御水旱灾害。

12月11日 国务院批准：将原属安徽的泗洪、盱眙两县划归江苏省；原属江苏的萧县、砀山两县划归安徽省。

一九五五年

1月23日 为贯彻执行国家关于粮食统购统销的政策，省政府颁布《江苏省国家粮食市场管理暂行办法》，规定农民在交纳公粮、完成统购任务后，余粮可以进入国家粮食市场交易。江苏各地相继开办粮食市场。

2月1日 省政府根据国务院的规定，通知从即日起一律不调高商品的价格，以保证在新人民币发行时搞好市场供应和货币回笼，稳定市场物价。

2月10日 省第一届人民代表大会第二次会议在南京召开。会议选举产生江苏省人民委员会，选举产生江苏省省长，同时选举产生47位江苏省人民委员会委员。

2月15日 省人民委员会召开第一次会议，通过了《关于江苏省人民委员会设立工作部门的方案》和《关于江苏省人民委员会设立办公机构的方案》，决定设立2委、6办、14厅、6局的工作机构。

3月19日 省委召开手工业工作者代表会议，传达全国手工业工作会议精神，总结1954年对手工业进行社会主义改造的工作，部署1955年手工业合作组织的发展任务及生产任务。会议决定成立江苏省手工业生产合作社联合社筹备委员会。

5月 经过几个月的努力，全省长江沿岸大规模复堤工程基本完工。这项工程国家投资1300多万元，工程土方5600万立方米，超过新中国成立以来工程土方总数的 1 倍。

同月 江苏省 4 年来治淮工程共完成土方 11717.8 万立方米，涵闸 53 座，护岸石及运河西堤石埝 22.5 万立方米，永久式桥梁 2 座。

6 月 1 日 针对江苏有关地区最近发生蝗灾，严重危害农业生产的情况，省委发出《关于加强治蝗工作的紧急指示》。要求已发现蝗蝻的地区，当地领导干部必须亲自掌握治蝗工作，并迅速派遣干部，分片包干，深入蝗区，就地限期消灭；对尚未发现蝗蝻而可能发生的地区，特别是历史性的蝗区，必须加强查蝗工作；所有蝗区的各级党委必须加强治蝗工作领导，克服盲目麻痹思想，尚未建立治蝗机构的，应迅速建立。

9 月 1 日 江苏省开始实行粮食定量供应，南京、无锡等 9 个城市从当日起实行。2 日，省人民委员会颁布《关于执行〈市镇粮食定量供应暂行办法〉》和《〈农村粮食统购统销暂行办法〉的补充规定》。江苏省粮食厅发行江苏省地方粮票，自 11 月 1 日起，全国通用粮票在全省使用。

10 月 24 日 省委发出《关于巩固新社，提高老社，及时完成秋种工作的指示》。指出全省农业合作化运动已经度过大发展的第一个高潮，当前的任务是必须用最大的力量巩固新社，提高老社；整顿、巩固新社和提高老社，必须结合抓紧搞好生产这一中心环节来进行；在进行以生产为中心的整社中，各级党委必须进行农业生产规划和整个农村工作的规划。

11 月 21 日 省委召开扩大会议，检查和研究农业合作化的情况和问题。会议确定在 1956 年内全省基本实现初级农业合作化，同时有步骤地试办高级社，要求 1957 年全省大部分基础较好的乡都办高级社。

12 月 7 日 省委召开地、市、县委书记会议。会议传达学习中共中央对资改造工作会议精神和毛泽东主席的有关指示，讨论和部署了改造资本主义工商业的工作，一致同意省委提出的在 1956 年和 1957 年两年内基本完成对私营工商业实行公私合营的规划。

一九五六年

1月3日 省工商业联合会召开执委扩大会。会议传达学习毛泽东主席在邀集全国工商业联合会第一届执行委员会委员座谈时发表的讲话和国务院副总理陈云的报告，以及全国工商联第一届执行委员会第二次会议精神，研究加速私营工商业的社会主义改造工作。委员们一致表示要积极参加社会主义改造。会议期间，正在南京视察工作的毛泽东主席接见了全体代表。《新华日报》为此发表题为《大踏步地向社会主义前进！》的社论。

1月7日 省委发出《关于对当前改造资本主义工商业工作中几个问题的指示》，要求各级党委必须重视目前工商业资本家对参加公私合营、进行社会主义改造的热情，给予积极引导，有计划、有准备、有步骤地分期分批地开展工作，同时必须十分注意在企业合营前后将生产经营与改造工作妥善安排。2月29日，中共中央向全国批转了这个文件。

1月11日 毛泽东主席由陈毅、谭震林、罗瑞卿等陪同视察南京。

1月25日 省委和省人民委员会召开全省农业高额丰产社代表会议。与会代表积极响应全国农业劳动模范李顺达等开展农业增产运动的倡议，发起全省农业高额丰产竞赛运动。

1月29日 江苏省基本实现农业合作化。入社农户达到730余万户，占全省总农户的84%。参加高级社的农户占全省总农户的

36.6%。《1956 年到 1967 年全国农业发展纲要（草案）》第一条所规定的任务在江苏省提前实现。

1 月 31 日　江苏省 90% 以上手工业者组织起来，基本实现手工业合作化。

3 月 7 日　省人民委员会颁布《江苏省发展国民经济第一个五年计划的命令》。

5 月 23 日　江苏省第二座现代化流域性水闸——射阳河闸竣工举行放水典礼。该闸于 1955 年 9 月 25 日开工，共 35 孔，宽 410 米，是淮河下游里下河地区排水挡潮的重要工程。河闸可以蓄积淡水，灌溉两岸 1400 余万亩耕地，并能调节射阳河水位，发展渔业和航运。

5 月 29 日　省人民委员会决定：成立洪泽县人民委员会，属淮阴专区管辖。

7 月　毛泽东主席视察徐州。

7 月 19 日　徐淮地区雨涝严重，受灾面积达 1648 万亩，成灾 1017 万亩，减产粮食 9 亿公斤。省委第三届委员会第一次全体会议作出《根治徐淮地区的洪涝灾害，帮助徐淮人民彻底摆脱贫困》的决议，确定了"洼地必须结合除涝治碱，改旱作物为水稻"的方针。

8 月 21 日　南京永利宁厂根据世界最新技术试制成功多层高压容器，使中国能够自己制造化学、石油工业的全套合成设备。10 月 20 日，国务院对试制有功人员给予奖励。

9 月 22 日　里下河地区排水干河新洋港入海口开工兴建挡潮闸。该闸共 17 孔，每孔净宽 10 米，设计排水能力 1540 立方米每秒，能满足百年一遇的淮河最大洪水的排泄。该工程被国家建设委员会列为国家示范工程。该闸于 1957 年 5 月 30 日竣工放水。

10 月 18 日　省人民委员会公布全省第一批文物保护单位名单，共有 152 处。

一九五七年

1月1日 江苏省农村实现高级合作化，计有高级农业生产合作社 26895 个，参加农户 816 万户，占总农户的 90.3%。

1月5日 省第四次区委书记会议召开。省委书记处书记在会上作了报告。会议确定以整顿和提高农业生产合作社为中心，1957 年农村工作的中心任务是完成和超额完成国家计划，增加生产，增加收入，改善农民生活，加强思想政治工作，改善经营管理，进一步巩固农业生产合作社。

1月19日 江苏省各地农村依靠社会主义集体经济力量，对丧失劳动能力的鳏、寡、孤、独人员按需实行保吃、保穿、保烧、保教、保葬。全省享受"五保"待遇的计有 39.8 万人，占入社人数的 1.25%。

2月 江苏省医疗卫生事业得到迅速发展，全省病床达 1.19 万张，超过第一个五年计划规定的任务。门诊部和卫生所 590 个，比新中国成立前增加 24 倍。传染病发病率大大降低，基本消灭了天花、霍乱。

3月19日 毛泽东主席视察徐州，着重了解徐州市工业生产方面的情况。毛泽东主席指示说，徐州的煤和铁在江苏的地位很重要，要做好工作，大力发展煤炭工业、钢铁工业，有了煤炭、钢铁，其他工业就好发展了。同时也要发展轻工业，照顾市场，满足人民生活需要，不要畸形发展。

3 月 20 日　毛泽东主席在南京对江苏、安徽两省和上海市以及南京军区的党员干部发表重要讲话。他分析了中国社会主义改造基本完成以后的形势，明确指出全党全国人民面临一个新的伟大转变，即由阶级斗争转到向自然界作斗争，转到技术革命和文化革命，中心任务是搞经济建设。毛泽东主席指出，要正确处理人民内部矛盾，统筹兼顾，适当安排，加强思想政治工作；密切联系群众，要保持革命战争时期的那么一股劲、那么一股革命热情、那么一种拼命精神，把革命工作做到底，并且调动一切积极因素，为尽快把中国建成强大的国家而奋斗。

7 月 16 日　省人民委员会公布《农副产品自由市场管理办法》，规定第一类粮、棉、油料等为国家统购统销物资，第二类黄麻、茶叶等为国营商业和供销社统一收购物资，除第一、第二类外的第三类物资可进入集市自由买卖。

12 月 5 日　毛泽东主席视察南京。

一九五八年

3月1日 省人民委员会召开第二十七次会议。

4月1日 洪泽湖二河工程开工，省委动员盐城、扬州、南通和淮阴4个地区计11.18万人参加，次年1月竣工，完成土方3383.22万立方米、块石护坡6.4万立方米，总投资2738万元。该工程全长35.7公里，分淮入沂流量3000立方米每秒。

4月3日 南京永利宁厂钾肥试验车间竣工并进行中试，第一批国产钾肥诞生。9月17日，永利宁厂建成尿素中试装置。9月30日，生产出中国第一批尿素产品。

4月4日 国务院决定：撤销常熟市，将其原辖市改设虞山镇，将虞山镇划归常熟县。

4月12日 国务院决定：嘉定、宝山、上海三个县划归上海市管辖。

4月17日 中共中央副主席、中华人民共和国副主席朱德视察江苏。

6月28日 南京化学工业公司磷肥厂年产40万吨普通过磷酸钙装置建成投产。该厂成为中国生产磷肥的第一个大型企业。

7月15日 中共中央副主席、国务院副总理陈云在无锡视察。

8月20日 省水利会议召开。会议确定全省分4个片12类地区制订水利综合治理规划，以建设梯级河网化为中心，肯定"四分开、一控制"（即洪涝分开、排灌分开、高低分开、内外分开，控制地下

21

水位）的治理原则；计划以 13 条南北骨干河道和东西 11 条大河连接长江和五大湖泊，形成全省新水系。

9 月 19 日　中共中央副主席、全国人民代表大会常务委员会委员长刘少奇视察江苏。

9 月 20 日　毛泽东主席视察南京。

9 月 28 日　江苏省农村实现人民公社化。共建立人民公社 1490 个，入社农户达 960 万户，占全省总农户的 94% 以上。

11 月 18 日　中共中央华东局在上海召集江苏、浙江和上海两省一市领导研究确定太湖规划原则问题，对长江水利委员会提出的《太湖流域综合利用初步意见书》进行讨论，对太浦河、望虞河工程标准取得一致意见。太浦河、望虞河第一期工程于 11 月开工。太浦河除浙江、上海河段外，在江苏境内的河段于 1964 年 4 月竣工。同时建成的有太浦闸、望虞河闸、虞山船闸。望虞河除闸下河道按设计标准做足外，其余河段河底宽按 10—50 米开挖，于 1959 年 4 月竣工。

11 月 21 日　国务院决定：江苏的川沙、青浦、南汇、松江、奉贤、金山、崇明 7 个县划归上海市。

一九五九年

1 月 29 日　省委发出《关于人民公社经营管理若干问题的指示》，要求人民公社的经营管理工作，必须和它的所有制相适应，和现有的生产资料相适应，和当前的分配制度相适应。《指示》提出了改进人民公社经营管理的具体措施。

2 月 5 日　江苏六大水利工程——淮沭新河、通扬运河、通榆运河、大运河、太浦河、芜沪河先后开工，标志着江苏水利建设进入全面治理阶段。

3 月 10 日　省委召开全省六级干部大会，研究制订《关于人民公社的管理体制和若干政策的规定（草案）》，要求进一步整顿人民公社，停止"一平二调"，实行按劳分配，将基本核算单位退回到生产队。大会结束后，各县先后召开四级干部大会，传达中央和省委的要求，进行算账退赔。

6 月 30 日　中共中央副主席陈云在苏州视察期间，对发展苏绣作重要讲话。

8 月 4 日　入夏以来，江苏旱情严重，25 万多个池塘干涸，全省受旱农田达 1446 万亩。省委在镇江召开全省丘陵地区和平原高亢地区抗旱会议。会议号召受旱地区的干部群众坚持长期抗旱斗争，力争秋熟作物丰收。根据会议要求，受旱地区出动 20 余万群众参加抗旱，有 900 万亩农田得到灌溉，减少了损失。

10 月 26 日　省人民委员会向全省发出《关于调高大豆、花生、豆油、花生油等价格的通知》，要求各地贯彻执行国务院关于提高大豆、花生等收购价格和豆油、花生油等销售价格的指示，以促进全省农村发展大豆、花生等油料作物的生产，调动广大农民的积极性。

一九六○年

1月15日　江苏省除"五害"（苍蝇、蚊子、老鼠、麻雀、蟑螂，后改为除"四害"，不含麻雀）、讲卫生、消灭疾病现场会在扬州召开。中共中央防治血吸虫病9人小组办公室、中央爱国卫生运动委员会派员参加。据会议提供的资料，经全省人民的努力，自1959年以来大搞环境卫生，血吸虫病流行区灭螺面积达1.5亿平方米，治疗血吸虫病患者20多万人、丝虫病患者59万多人、钩虫病患者243万多人、疟疾病患者80多万人。

1月27日　省委向中共中央、国务院、国家计委报送《关于开垦荒地的报告》。报告称：十年来，全省累计已垦沿海荒地100余万亩，其中国营农场约60万亩，群众垦荒约40万亩，尚有可垦荒地约200万亩，希望国家投资垦荒。

4月5日　中共中央、国务院责成江苏、山东、安徽、河南四省共同负责在徐州市筹建"淮海战役烈士纪念塔"和"淮海战役纪念馆"。

4月26日　省人民委员会发布《江苏省推行基本建设投资包干的暂行规定》。

5月27日　苏州专区昆山县组织814名有培植水稻等技术的优秀干部和社员到盐城专区安家落户，支援"苏北赶江南"的活动。

7月29日　根据中共中央决定，省委抽调科学技术人员和干部67名，加强和充实西藏、青海地区和中国科学院的领导力量与技术力量。9月30日，被选调的干部前往西藏工委驻兰州、成都办事处报到和集中。在选调的干部中，有工程师2名、技师2名、高中级医务人员6名、其他各类专业人员52名、科长以上干部5名。

11月9日　省委发出《关于动员党员干部节约捐献寒衣的通知》，指出今年夏秋两季，全省迭遭霜冻、干旱、雨涝、风雹等自然灾害，受灾面积达2800多万亩，其中有240多万亩完全失收。《通知》号召县以上机关党员干部，发扬与群众同甘共苦的光荣传统，节约捐献衣服、被褥或现金，支援灾区人民安度严冬，以利休养生息，恢复生产。

一九六一年

2月20日 省人民委员会颁发《关于农副产品收购工作若干具体政策的暂行规定》。

8月31日 省人民委员会发出《关于调整农业税负担的决定》。省农业税任务由1960年实征细粮21.76亿斤减为14亿斤。

9月12日 江苏省人民委员会通知：经国务院批准，新海连市更名为连云港市。

11月25日 江苏省人民委员会通知：根据国务院决定，在苏州专区常熟、江阴县之间设立沙洲县。县人民政府驻杨舍镇。

12月1日 江都引江工程第一抽水机站破土动工。1963年3月建成，总装机容量6400千瓦。1964年建成第二站，1969年建成第三站，1977年建成第四站，前后共用17年。装机33台套，总容量49800千瓦，设计流量400立方米每秒。配套建筑物从1958年12月开始至1980年5月，共完成节制闸、船闸等15座。江都水利枢纽是江水北调东引、引江济淮的总枢纽，具有灌溉、排涝、调水、发电、航运和提供城乡工业、生活用水及沿海垦区洗碱冲淤等功能。该工程1982年被评为全国优质工程。

12月13日 毛泽东主席在无锡视察。14日和15日，毛泽东接见南京军区司令员、中共江苏省委第一书记、中共安徽省委第一书记，以及中共苏州市委书记、中共苏州地委第一书记、中共镇江地委第一书记等负责人，听取他们的工作汇报，并就国内外形势、克服经济困难、贯彻"农业60条"和"工业70条"等问题作了重要指示。16日，毛泽东接见解放军驻锡部队负责人，谈了部队的建设等问题。

一九六二年

3 月 12 日 省委发出《关于当前农业生产几个问题的指示》。强调要妥善处理国家计划和生产队作物布局的关系，继续贯彻多种多收和高产多收相结合的方针。各级领导要带头深入到基层生产队，帮助群众解决生产、生活方面的实际困难。

5 月 2 日 毛泽东主席视察无锡。

11 月 5 日 江苏省人民委员会通知：根据国务院决定，恢复邗江县。

12 月 10 日 中共江苏省第四届代表大会第一次会议召开。会议提出当前全省的任务是：贯彻执行中共中央和毛泽东主席提出的以农业为基础、以工业为主导的发展国民经济的总方针，把发展农业放在首要地位，加强人民公社、生产队建设，正确处理工业和农业的关系，坚决把工业部门的工作转移到以农业为基础的轨道上来，同时加强党的建设。会议选举产生了中共江苏省第四届委员会委员 39 名、候补委员 18 名，通过了第四届代表大会的决议。

12 月 15 日 毛泽东主席视察南京。

12 月 22 日 省委作出《关于抽调 5000 名干部加强农村人民公社工作的决定》，抽调 5000 名干部（其中科以上干部 500 名）到农村工作，参加农村的社教运动。被抽调的干部在基层担任实职，时间规定为 3—5 年。

12 月 25 日 省委、省人民委员会发出《关于加强农村集市贸易领导和管理的若干具体规定（草案）》。

同日 省委、省人民委员会发出《关于加强商业部门支援农业的指示》。

一九六三年

4 月 23 日 省委、省人民委员会发出《关于加强粮食统一管理问题的决定》，改变现行的分级包干、差额调拨的办法，全省的粮食征购计划、粮食销售计划由省统一下达，实行分级管理。为保证国家粮食征购任务，便于以丰补歉和余缺调剂，在分配征购时，由省统一增加机动粮。

4 月 29 日 省人民委员会颁布《关于加强农村粮、油集市贸易管理的暂行规定》。农民确实有多余的粮食、油料，可以进入市场出售。

8 月 31 日 省人民委员会发出《关于制订进一步调整工业布局规划的通知》。

10 月 18 日 全国人大常委会委员长朱德视察徐州。

一九六四年

本年　江苏省成立化肥建设指挥部，组织设计、制造、土建安装、人员培训等队伍，由省、市、县地方自筹建设资金，大搞小化肥建设，到 1974 年，实现县县都有化肥厂。

1 月 8 日　全国人大常委会委员长朱德，由南京市委第一书记陪同，视察南京汽车制造厂，并亲笔题写厂名。10 日，朱德委员长去苏州，参观苏州刺绣研究所，并作了"继承和发扬工艺美术的优秀传统"的题词。

7 月 14 日　中共中央副主席刘少奇视察南京。

8 月 18 日　国务院批复同意江苏省人民委员会关于 11 个市调整情况的请求报告：1. 撤销淮阴市，恢复清江市和淮阴县的建制；2. 缩小常州、徐州、泰州、扬州四个市的郊区等。

8 月 26 日　省委、省人民委员会联合发出《关于农业生产工作的指示》。

9 月 9 日　省委、省人民委员会发出《关于大力兴修小型农田水利的指示》。

一九六五年

1月1日　省委防治血吸虫病领导小组召开全省防治血吸虫病工作会议。会议交流、总结了一年来的防治工作经验，要求流行地区各级领导进一步把防治血吸虫病工作开展起来，并对新一年血防工作作出部署。

2月15日　南京地区16所医院中西医各科专家及医护技术人员40人组成的首批巡回医疗队，分成6个组，分赴大丰、太仓、新沂、海安、句容、涟水等县，开展防病治病工作。至5月下旬，全省有1398名医务人员组成161个农村巡回医疗队，深入各地为农民治病，帮助农村培训不脱产卫生员。

3月11日　省委在盐城召开盐碱土地区农业生产座谈会。参加会议的有滨海、阜宁、涟水、灌南等4个县的代表，会议研究了如何积极而有步骤地改造盐碱土的问题，提出了改变滨、阜、涟、灌低产面貌的初步设想和规划。会后，省委抽调一批干部和有技术的农民支援这些贫穷地区。省人民委员会决定拨300万元无息贷款，支援4个县改造盐碱土，发展农业生产。

6月2日　省委、省人民委员会发出《关于发展耕畜的几项政策规定》。

8月6日　据《新华日报》报道，江苏省农田水利有较快发展。1964年、1965年冬春之交以来，全省共完成土石方6.8亿立方米，建成小型配套建筑19.4万座，修建圩堤、沟渠、塘坝、小水库等小型水利工程 41 万余处。这些工程可改善排涝面积 1360 万亩，改善和增加灌溉面积 590 万亩，改良盐碱土 86 万亩；新增配套面积 770 万亩，旱涝保收面积达 220 余万亩，能抗御日雨量 110 毫米以上的面积达 6840 万亩，能抗旱 30 天的面积达 5980 万亩。基本上改变了里下河圩区与徐淮地区有雨即涝的局面。

9 月 2 日 省粮食厅、省物价委员会发出通知，对统购粮食实行加价奖励。以生产队为单位每人平均全年提供公粮和商品粮超过 50 公斤的部分，按统购价给予 12%的奖励金。

11 月 6 日 淮海战役烈士纪念塔和纪念馆在徐州市举行了落成典礼。毛泽东为纪念塔题词，刘少奇、周恩来、朱德、陈云、邓小平、陈毅、刘伯承、叶剑英等领导人为纪念馆题词。

11 月 13 日 毛泽东主席视察徐海地区的战备情况，调查了解当地工农业生产和人民生活情况，并作重要指示。

12 月 2 日 新沂河二期工程全面开工。该工程国家投资 44172 万元，共动员民工 54 万人次，完成土方 3213 万立方米、石方 64 万立方米。该期工程于 1972 年完工，可解决沂河、沭河、泗水沿河麦田排涝问题，分担淮河的排洪任务。

一九六六年

3月5日 省委、省人民委员会报经国务院批准，将原属扬州专区的六合县、仪征县、江浦县、金湖县和原属淮阴专区的盱眙县划出，设立六合专区，建立六合专署。中共六合地委也同时成立。六合地委、专署机关驻六城镇（六合专区1971年3月14日撤销），并决定将滨海县划分为滨海、响水两县；以中山河为界，河北为响水县，同时建立中共响水县委、响水县人民委员会。

7月12日 省人民委员会在盐城召开棉花田间管理工作会议，要求各地充分发动群众，加强棉田管理，千方百计增蕾保桃，争取完成和超额完成棉花增产计划。

一九六七年

3月1日　省军事管制委员会生产委员会先后召开全省农业科学技术工作会议和全省工业、交通、财贸工作会议，研究部署工作。

一九六八年

2 月　张家港港动工兴建。1969 年 10 月建成 4 个万吨级泊位及配套设施，1970 年正式投产。

8 月 28 日　南京热电厂—燕子矶变电所的过江电缆竣工送电，这是国内自行设计制造的第一条 110 千伏高压充油过江电缆。

9 月 30 日　1960 年春开始动工兴建的南京长江大桥铁路桥建成通车。1969 年元旦大桥完全建成。这是继武汉长江大桥之后，长江上又一座双层双线的公路、铁路两用桥。

10 月 1 日　望亭—常州的 220 千伏望常线投运，沪、杭、常形成 220 千伏输电三角环网。

一九六九年

　　4 月　入江水道工程指挥部在金湖县成立，负责入江水道的设计和施工。

　　5 月 1 日　无锡水泵厂制成我国第一台 3 米大口径农用轴流泵。

　　6 月 8 日　沭阳新沂河公路大桥建成通车。大桥全长 1276 米，宽 8.5 米，由连续 39 孔双曲拱组成，为当时全国最长的双曲拱桥。

　　9 月　南京紫金山天文台完成中国第一颗人造卫星轨道计算方案。

　　9 月 21 日　毛泽东主席视察南京长江大桥。

一九七〇年

本年 从 50 年代中期开始，分期分批改造里下河地区农田 400 万亩，每年向国家提供商品粮 60 万—85 万吨，产量比大面积改造前提高 2 倍，成为与太湖地区并驾齐驱的江苏第二个商品粮生产基地。

2 月 9 日 南京化肥厂研制成功高效氮磷钾复合肥料，填补了中国化学肥料工业的一项空白。

3 月 30 日 全省计划工作会议召开，传达全国计划工作会议精神，讨论修改《江苏省 1970 年和第四个五年国民经济计划纲要（草案）》，研究 1970 年工农业生产、基建、物资、财政等计划工作。

6 月 8 日 血防工作会议召开，号召江苏的血吸虫病疫区的全体军民动员起来，大打"送瘟神"的人民战争，力争在较短时期内消灭血吸虫病。

9 月 19 日 江苏省 11 条干线汽车邮路全部通车，总路程达 1500 多公里。至此，全省基本实现省会南京至各专区、市、县的邮路专程化。

10 月 5 日 据《新华日报》报道，江苏全省农业机械工业有较大发展，64 个县的农机修造厂得到充实提高，每个专区都建立了中小拖拉机厂和柴油机制造厂，初步形成了一个立足省内、自行成套的农机工业体系。

11 月 "分淮入沂"淮沭河段续建工程开工。工程到 1973 年基本完成，共做土方 3530 万立方米、石方 64 万立方米。此项工程的完成，为淮北地区灌溉、实行旱改水、发展航运和向连云港市送水创造了条件。

一九七一年

本年 江苏省公路、桥梁建设取得很大成绩。全省公路通车里程已达 1.21 万多公里，比 1949 年增长了 4.3 倍，基本做到县县通汽车、社社有公路。

8月2日 省委召开电话会议，号召全省各地立即行动起来，开展大规模爱国卫生运动，保障人民身体健康，同时要加强双抢抗旱斗争，夺取工农业生产的新胜利。

10月1日 南京冶山铁矿北矿区碎选矿工程投产，年设计能力为破碎 80 万吨，选矿 62 万吨，江苏省首次产出铁精矿粉和钴精矿粉。

11月 通启河续建工程开工。通启河西起南通县营船港船闸，东至启东县塘芦港，全长 93.4 公里。该河曾于 1958 年冬及 1959 年冬两次施工。1971 年冬，疏浚南通县竖石河至启东县三和港段，长 52.8 公里。1978 年春，开挖三和港至塘芦港段，长 24.8 公里。至此，通启河全线贯通。1978 年 7 月 20 日，建成塘芦港新闸。

11月11日 据江苏省血防领导小组统计，近 1 年来，江苏省钉螺面积下降了 78%，查病 27 万多人，治病 1.9 万人。

12月12日 江苏省大力发展小钢铁、小煤炭、小机械、小化工、小水电"五小"工业，取得新成绩。全省共有小铁矿 55 个，小钢铁厂 20 个，小煤井 110 对，小化工厂 380 个，小水电站 270 多座。

12月25日 里下河地区排水入海四港之一的黄沙港整治工程开工。从上游黄土沟到下游黄沙港闸全长 89.2 公里，动员 7 个县民工

14.68 万人，分 2 期施工，于 1973 年 7 月完成。

12 月 26 日 省委根据中共中央《关于农村人民公社分配问题的指示》，发出文件，要求各地从实际出发，总结当地好的经验，坚持那些为群众所欢迎的简便易行的办法；强调农业必须全面发展，不能把党的政策允许的多种经营当作资本主义去批判；同时还规定了有利于集体增产个人增收、减轻农民负担和使社员分配兑现的各项具体政策。

一九七二年

4 月 21 日　据《新华日报》报道，近几年来，江苏各地普遍开展了选育良种的工作，水稻、棉花、小麦、玉米、高粱等主要农作物已经基本实现良种化。

5 月　全省已实现县县有小化肥厂。全省共有小氮肥厂 72 个，其中已经投产 62 个。1971 年江苏小化肥厂的产量占全省化肥总产量的 77％，占全省农田施用化肥总量的 50％以上。

7 月 7 日　中国自行设计、自行制造和安装的江都水利枢纽工程开始引江济淮，对里下河乃至淮北地区的抗旱排涝具有重要作用。

10 月 27 日　入江水道控制工程的金湾闸工程开工，共 22 孔，总宽 157.2 米，1973 年 6 月竣工。至此，淮河入江水道控制工程全部完成。

11 月 23 日　国务院批准开放连云港为对外贸易口岸。

12 月　镇江焦化厂年产 5000 吨合成氨车间建成，这是中国第一个利用焦炉煤气生产合成氨的车间。1973 年 6 月 10 日生产出第一批合成氨化肥。

12 月 5 日　滁河马汊河分洪道开工，由扬州地区 8 个县和南京市江宁、江浦、六合、市郊区 10 万多名民工施工。分洪道除切岭段按行洪 1080 立方米每秒标准一次做足外，其余河段按行洪 500 立方米每秒开挖。同时开工的有江浦铁路圩的整治和扩大北支、堵闭南支等工程。以上工程于 1973 年完成。

12 月 10 日　江水北调第二级站淮安第一抽水站开工建设。该站是抽引江水补给淮北地区灌溉，结合白马湖地区排涝的综合利用工程。第一站共装单机 800 千瓦机组 8 台套，总容量 6400 千瓦，抽水 64 立方米每秒，工程于 1974 年 3 月建成。第二站安装单机 5000 千瓦机组 2 台套，总容量 10000 千瓦，抽水 120 立方米每秒，工程于 1975 年 1 月开工，1979 年 2 月完成。

一九七三年

4月1日 《关于实行农副产品统一奖售办法的通知》发布。

7月31日 铁路徐州北站（后改名西站）零担货场开始兴建。工程采用两线三台一体化大货棚，总使用面积为25000平方米。1981年4月15日竣工投入使用。该站由此成为全国13个重点零担货物中转站之一。

8月4日 江苏省首批支援西藏医疗队58人离宁赴藏。后于1975年6月6日派出第二批支援西藏医疗队58人，1977年6月3日派出第三批支援西藏医疗队58人。

8月16日 据新华社报道，中国水田机械化获得新的进展，南方主要产区之一的江苏省，在水田翻耕、整地、植保、排灌和脱粒等方面，较广泛地使用了各种农业机械。

一九七四年

本年　南京无线电厂研制成功全国产化熊猫牌 CB–47C1 型 49 cm 彩色电视机，江苏开始小批量生产彩色电视机。

1月1日　江苏省正式成立外贸口岸，直接对外经营进出口业务，揭开了全省对外贸易和经济技术合作的新篇章。当年经营厂丝、棉布、棉纱、冻猪肉、冻鸭、冻鹅、鲜蛋、腊板鸭、水果、煤炭、薄荷脑油等 11 种商品，出口额达 7689 万美元。

5月　南京炼油厂建成第二套年加工原油 300 万吨的常减压装置，使该厂加工原油能力达每年 550 万吨，成为全国大型炼油骨干企业。

5月3日　省委发出《关于印发江苏省农业机械化规划纲要（草案）的通知》，提出在 1980 年实现全省农业机械化。

8月1日　药品实行全面大幅度降价，比原价下降 37%，比 1950 年下降 80%，医疗器械、化学制剂和生物制品的价格也有不同程度的下降。

12月19日　连云港万吨级煤码头建成投产。

12月25日　南京十四所研制的雷达首次探测东方红二级火箭轨道目标成功，并进行跟踪。这是中国第一次用雷达对轨道目标进行的反射式跟踪。

一九七五年

本年 从 1956 年开始，淮北地区 800 多万亩农田经过改造，由历史上洪、涝、渍、旱、碱"五害"严重地区成为新稻区。

6 月 10 日 南京五台山体育馆建成并正式开放。

7 月 16 日 全国人大常委会副委员长陈云视察江都水利枢纽工程和真武油田。

8 月 4 日 城市、工矿区蔬菜及其他副食品生产供应工作会议召开，要求坚决贯彻执行中共中央关于城市郊区应当以生产蔬菜为主，同时生产其他副食品的方针，切实搞好城市和工矿区的蔬菜、副食品供应工作。

10 月 鲁宁输油管道江苏段开工建设，至 1978 年 8 月 1 日全线正式投产。鲁宁输油管道南北全长 664 公里，其中江苏段管道长 250 公里，起始于山东临邑，到长江岸边进仪征中转油港码头，年设计输油量 2000 万吨，为当时国内最长的输油管道。

10 月 4 日 8 月份以来，江苏省为控制血吸虫病的急性感染，组织医疗队伍，建立 2300 多个医疗组，共收治血吸虫病患者 13 万人，绝大部分已治愈。

10 月 14 日 据《新华日报》报道，江苏大力发展拖拉机生产，既生产一般拖拉机，又着重生产手扶拖拉机。有 5 个地区定点生产，加上常州、南京的骨干企业计划生产，全省手扶拖拉机总产量连年上升，农村平均每个生产大队已有 3 台左右。

12 月 16 日 谏壁抽水站开工，至 1978 年 7 月建成。它是江苏省长江南岸第一座大型抽水站，装机 6 台套，总容量 9600 千瓦，抽水流量 120 立方米每秒。

12 月 20 日 秦淮新河工程开工。这是一项防洪、灌溉、航运综合利用的大型水利工程，全长 18 公里，行洪 800 立方米每秒。新建枢纽工程 1 处，涵洞 34 座，电力排灌站 18 座，公路桥 5 座，铁路桥 1 座，农桥 4 座。工程历时 4 年，共动员民工 20 多万人，完成土方 1848 万立方米、石方 244 万立方米。1980 年 6 月 5 日举行通水典礼。

12 月 24 日 由国家第四机械工业部下达，以南京无线电厂等为主、共 150 多家单位参加的卫星通信地面接收站大会战任务告捷，中国第一套 10 米天线模拟制卫星通信地面站在南京诞生。1982 年经国际卫星通信组织验证，性能指标完全合格。这是中国第一座卫星通信地面接收站。此项设备获得全国科学大会奖、国家科技一等奖。

一九七六年

本年 从湖南引进杂交水稻栽培和三系制种技术，经多点小面积试种示范获得成功。1980 年以后，全省每年推广种植面积在 1000 万亩以上，每亩产量比常规中稻高 75 公斤左右，成为江苏重要粮食作物之一。

同年 全国著名甘薯育种专家、徐州农业科学研究所研究员盛家廉及袁宝忠、朱崇文等，通过甘薯有性杂交试验，培育成功的高产、抗病、优质的甘薯新品种"徐薯 18"，性能超过日本"胜利百号"，确定了中国第一个自育甘薯品种的主体地位。1982 年获国家发明一等奖。

同年 江苏省农科院傅寿仲等采用"宁油 1 号"为母本、"川油 2 号"之一品系为父本杂交，育成"宁油 7 号"，是国内三大油菜品种之一。

同年 自 1975 年冬以来，全省共有 670 多万人参加了以治水改土为中心的农田基本建设，共完成土石方 8.94 亿立方米，平田整地 336 万亩，修建梯田 13.6 万亩，开挖暗沟、暗墒 400 多万亩。

6 月 省环境保护办公室设立；1979 年 4 月，改为省环境保护局。

6 月 1 日 《江苏省根除血吸虫病规划》《江苏省 1976 年至 1980 年麻风病防治工作规划》获批转，要求从 1976 年起，在 5 年左右的时间内实现根除血吸虫病，以及力争在 5 年内全省麻风病治愈

2/3，患病率由 0.75‰下降到 0.2‰以下，年发病率由 1.8/10 万下降到 1/10 万以下。

7 月 29 日　江苏省组织 974 名医务人员，奔赴唐山丰南地震灾区参加救灾治疗工作。8 月 30 日，完成任务后返宁。南京、苏州、徐州、常州等市先后接收 3500 名唐山、丰南地震灾区的伤员（南京 1000 人、苏州 1000 人、徐州 1100 人、常州 400 人）。经过治疗康复后，灾区伤员分批返回家园。

8 月 23 日　全省 1300 万亩早稻获得丰收，总产量比上年增长二成，比历史最高水平的 1973 年增长一成以上。苏州、扬州两个地区早稻平均亩产达到 320 公斤，成为全国早稻大面积高产地区。

9 月 25 日　南京热电厂—燕子矶变电所的 220 千伏热燕 1 号线建成投运。这是当时国内跨越长江铁塔最高（193.5 米）、跨距最长（1933 米）的过江大跨越线路。

11 月 25 日　中央对江苏 1976 年实行定收定支、收支挂钩、总额分成、一定一年的财政体制。将原按固定比例留成改为固定补助，年终超收或短收的，地方财政要按照挂钩比例进行分成或分担。

一九七七年

2月9日 据报道,全省一批大中型水利骨干工程全面施工。这批工程包括徐洪河、秦淮河、三阳河、江海河、北凌河等排水灌溉工程,谏壁翻水站,以及司马港、新洋港、川东港等。

7月25日 江苏省各地军民隆重集会游行,庆祝中共十届三中全会胜利闭幕。坚决拥护中央《关于恢复邓小平同志职务的决议》等各项决议。

11月17日 据《新华日报》报道,江苏已经初步建成电子工业基地。全省从事电子工业的厂和车间已发展到340多个,拥有职工20多万人。其中属于地方办的占97%,职工人数占80%,总产值占81%。南京无线电厂已经发展成为能够自行设计、制造无线电通信设备、收音机、电视机和电子测试仪器、电子医疗器械等多种产品的大型无线电企业。

12月28日 镇江船舶工业学校附属船厂制造的千吨油轮"鲁烟1号"下水,第六机械工业部发来贺电。这是江苏省生产的第一条千吨级油轮。

一九七八年

本年 全省乡镇企业总产值达到 70.7 亿元，居全国各省、自治区、直辖市首位。

1月1日 无锡邮电局洛社支局开通 HJ–905 型 400 门纵横制自动电话交换机，为全省第一个农村自动电话支局。

2月16日 省委召开全省农村工作会议。会议要求，全省农村经济结构要从根本上改变单一的农业经济，社社队队都要农副工并举，走农副工综合发展道路。

5月11日 《光明日报》发表特约评论员文章《实践是检验真理的唯一标准》，该文主要由南京大学教师胡福明执笔。

同日 省科学大会在南京召开，与会代表 2400 多人。会议指出，向科学技术现代化进军，要求切实制定和落实科技发展规划，加强科技队伍的建设，落实党的知识分子政策，纠正冤假错案，把发展科技事业列入党委的重要议事日程。

6月12日 省委召开全省城市工作会议。会议交流了全省城市工作情况和经验，要求在全省范围内推广常州市扶持集体所有制企业发展的经验，以及无锡县"围绕农业办工业、办好工业促农业"的经验。

9月 省委和各地、市、县领导机关先后开展"实践是检验真理的唯一标准"问题大讨论。

同月 泗洪县上塘公社垫湖大队第五生产队实行分田到户。定产、定额承包。

10 月 9 日 南京栖霞山化肥厂建成投产。该厂于 1974 年 9 月动工兴建，拥有江苏省第一套引进的现代化大型化肥生产装置，投产后可年产化肥 114 万吨，约占全省化肥总产量的一半。

同日 江苏省第一个补偿贸易项目——江苏省纺织品进出口分公司与香港溢达企业有限公司合作的 12 条服装生产线（无锡 6 条、常州 4 条、苏州 2 条）补偿贸易项目经外贸部批准正式签订。

10 月 10 日 省委召开全省教育工作会议，贯彻落实全国教育工作会议精神。会议要求认真办好各级各类学校，力争多出人才、快出人才，把教育事业切实纳入整个国民经济的计划，按照实现四个现代化的要求和国民经济发展的需要和可能，确定教育事业的发展规划。

11 月 28 日 盱眙淮河大桥建成通车。该桥由石油化学工业部、江苏省交通局共同投资，1968 年动工建造，全长 1508.3 米，是国内最大的油管、公路两用桥。

12 月 江苏全省已拥有 55496 个社队工业企业，职工近 250 万人，年产值达 70.7 亿元，社队企业已成为江苏国民经济中的一支重要力量，居全国各省、自治区、直辖市之首。

一九七九年

1 月　省委决定，自 1 月起分期分批轮训全省城乡 100 万基层干部，进行形势、任务、政策、作风和管理等方面的教育，以适应党的工作重点转移到社会主义现代化建设上来的新形势。

5 月 6 日　省委召开工作会议，着重讨论今后一段时间国民经济调整任务。会议指出"在今后一段时间里，经济工作的主要任务是坚决地、逐步地把各方面失调的比例关系基本上调整过来"。

5 月 21 日　中共中央副主席李先念视察扬州。

6 月 26 日　江苏发出《江苏省水产资源繁殖保护实施办法的通知》。从当年起，恢复对集体渔业水产品实行派购政策。

9 月 24 日　江苏发出《关于认真宣传贯彻〈环境保护法〉的通知》。

11 月 10 日　省委召开工作会议，研究讨论根据江苏的实际情况切实搞好国民经济的调整工作，以进一步实现党的工作重点转移等问题。

11 月 19 日　江苏发出《批转省劳动局、财政局〈关于改进企业奖励制度的意见〉的通知》。将与工资挂钩提奖金的办法改为与利润挂钩提奖金的办法，同时改进企业内部奖金分配的方法，把过去的评奖法改为计奖法。

12 月 5 日　江苏省《关于发展城镇集体所有制企业若干问题的意见》发布。

12 月 17 日　省委六届二次全会在南京召开。会议要求 1980 年的工作要按照中共十一届三中全会、四中全会精神，真正把工作着重点转移到经济建设上来，切实贯彻执行中共中央关于对国民经济"调整、改革、整顿、提高"的方针，进一步促进国民经济的发展。

12 月 24 日　省第五届人民代表大会第二次会议在南京召开。

一九八〇年

1 月 1 日 省政府正式办公。

2 月 14 日 省政府批转省商业厅、省供销社《关于扩大商业企业自主权试点工作的报告》。

3 月 20 日 省政府在苏州召开全省环境保护工作会议。会议确定："用三年时间控制住污染，改善环境。"

6 月 19 日 中共中央副主席、全国人大常委会副委员长叶剑英视察江苏。

10 月 31 日 省政府发出《关于地方财力用于教育事业比例的通知》。《通知》规定，地方财力每年用于教育事业的经费比例不得少于 5%—10%。

11 月 26 日 省政府召开城市规划工作会议。提出"控制大城市规模、合理发展中等城市、积极发展小城市"的城镇发展方针。

12 月 26 日 省政府召开全省农村人民公社经营管理工作会议，贯彻落实调整方针，加强农业生产责任制。

一九八一年

2月4日 经省政府批准，江苏省日用工业品交易市场在徐州开业。

3月4日 省委召开会议，要求响应中共中央的号召，在全省广泛深入地开展以"五讲四美"为主要内容的文明礼貌活动，努力加强社会主义精神文明建设。

6月 省委召开常委会议，研究安置就业问题。会议指出，今后解决劳动就业问题，要以发展集体企业和个体经营为主，广开就业门路，实行多种渠道安置就业，逐步改变由国家统包下来的做法。

7月10日 省政府根据国务院《关于在国民经济调整时期加强环境保护工作的决定》发出通知，要求各地严格控制新污染源。规定新建、改建的基建项目，挖潜、革新、改造的项目，都要严格执行"防止污染和其他公害的设施，必须与主体工程同时设计、同时施工、同时投产"的规定。

9月9日 省委、省政府颁发《关于发展城镇集体与个体经济的若干规定》。

9月10日 省政府决定对各市、县全面试行财政收入包干和超额分成的办法。

一九八二年

本年 省政府成立太湖水源保护委员会，发布《太湖水源保护条例》。

1 月 国务院决定，常州市列为全国经济体制综合改革试点城市之一，并批准《常州市经济体制综合改革初步规划》。

10 月 29 日 据《新华日报》报道，江苏省统计局公布全省第三次人口普查常住人口为 60521114 人，其中，男 30767366 人，占总人数的 50.84%；女 29753748 人，占总人数的 49.16%；女性与男性的比例为 100:103.4。

11 月 9 日 省政府发出《关于贯彻执行国务院批转国家物价总局等部门〈关于逐步放开小商品价格实行市场调节的报告〉的通知的补充通知》，除全国先放开 6 类 160 种小商品价格的规定外，江苏增加 105 种一并执行。

11 月 11 日 中共中央总书记胡耀邦视察江苏。

11 月 12 日 全国人大常委会批准张家港港为对外开放港口。该港为长江下游、江苏境内中转集散港，苏、锡、常新门户。

一九八三年

1月10日　省委召开农村体制改革座谈会。会议确定，基本上以原有公社的规模建乡，个别特大的公社做适当调整；基本上以大队建村，设立村民委员会，作为群众自治组织。

1月18日　国务院批准江苏省政府关于实行市管县新体制和调整行政区划的报告。新体制从3月1日起正式实行。

2月6日　中共中央政治局常委、中央顾问委员会主任邓小平视察江苏。在视察过程中，邓小平同志指示江苏的经济建设，要走"外引内联"的路子。

2月25日　省政府批复：同意建立盐城地区沿海滩涂珍禽自然保护区。

6月5日　中共中央总书记胡耀邦陪同朝鲜劳动党中央书记金正日一行到南京参观访问。

7月　沿江和苏南地区遭受特大洪涝灾害。各级党委和政府带领群众进行抗灾斗争。南京军区和省军区派出7000多名指战员投入抗洪。21日，中共中央、国务院发出紧急指示，勉励广大干部群众和解放军指战员，再接再厉防御特大洪水。全省党政军民全力以赴，连续奋战，终于战胜了历史上罕见的洪涝灾害，确保了全省工业生产正常进行和农业的秋熟丰收。

9月1日　省委印发《关于减轻农民负担的10项规定》。

12 月 12 日　省委、省政府发出《关于加强和改革普通教育若干具体政策问题的通知》。

一九八四年

1月10日 省政府召开省计划经济工作会议。会议提出"积极提高苏南，加快发展苏北"的战略方针。

2月7日 中共中央总书记胡耀邦、国家主席杨尚昆等视察江苏。

2月25日 全国人大常委会委员长彭真视察南京。

4月9日 省政府批准省民政厅《关于扶贫工作情况和今后工作意见的报告》，要求各地在积极支持一部分农民先富起来的同时，加倍关心和帮助常年贫困户和优抚对象尽快地走上富裕之路。

4月18日 省委、省政府召开全省科技工作会议。会议指出，全省科技战线的中心任务是继续学习、贯彻科技发展新方针，加强科技进步，促进经济建设的进一步发展。

4月19日 省政府发出《关于认真做好支援西藏经济建设工作的通知》。

4月26日 省委、省政府发出《关于大力发展农村商品生产的若干政策规定》。

5月15日 省委、省政府发出《关于改革国营企业经营管理体制几个问题的意见》。

5月25日 省委批转无锡市委《关于总结和推广无锡县堰桥乡乡镇工业"一包三改"经验的报告》，并要求全省各地学习推广。

7月3日 省政府批准沙洲县创办沙洲职业工学院，这是全国第一所县办大专学校。

7月23日 国务院批准南京市进行经济体制综合改革试点。

8月22日 省委、省政府颁布《关于促进科技进步的暂行规定》。

10月5日 省委、省政府批转省供销合作社《关于加快供销社体制改革，由"官办"改为"民办"问题的报告》。

11月18日 省委召开工作会议，研究和部署1985年全省工作。会议确定，1985年全省工作要坚定地创造性地贯彻执行中共十二届三中全会精神，进一步解放思想，加快经济体制改革步伐。

一九八五年

2月1日　中共中央政治局常委、中央顾问委员会主任、中央军委主席邓小平视察南京。

2月28日　省政府发出通知，从1985年起取消粮食统购，改为合同定购。

3月12日　省委发出《关于巩固和发展农村大好形势的意见》，要求在进一步把农村经济搞活的同时，加强农村社会主义精神文明建设，坚持"两个文明"一起抓，搞好文明村、镇的建设。

3月27日　省委决定建立对外开放领导小组。

3月28日　省政府批转省财政厅《关于在全省建立乡（镇）一级财政的报告》，并通知各地遵照执行。

4月27日　省政府决定成立江苏省扶贫工作领导小组，省政府顾问李执中任组长。

4月29日　省委、省政府就贯彻执行中共中央、国务院《关于进一步活跃农村经济的十项政策》作出若干具体政策规定，鼓励和指导农民按照市场需求，因地制宜调整农村产业结构。

5月　国务院批准苏州、无锡、常州三市和所属的12个县以及张家港港区为经济开放区。

5月3日　省政府在南京召开振兴中医工作会议。6月7日，省政府发出《关于振兴中医的决定》。

5月17日　省委、省政府批转《苏北13个县经济发展座谈会纪要》，指出加速苏北 13 个县的经济发展，是贯彻落实"积极提高苏南，加快发展苏北"方针的重要步骤。《纪要》中的原则精神，也适用于其他经济发展较慢的县。

5 月 31 日　省政府决定从 7 月 1 日起放开猪肉零售价，取消对城镇人口定量供应猪肉的办法，同时对城镇居民实行肉食品价格补贴。

6 月 4 日　省政府在常熟召开全省乡镇企业工作会议，要求各地自觉服从宏观控制，坚持"实事求是，分类指导，量力而行，尽力而为"的原则，努力提高经济效益，实现全省乡镇企业持续、稳定、协调地发展。

6 月 8 日　省政府批转省劳动局《关于全民所有制单位试行劳动合同制的意见》。

6 月 30 日　省委印发《关于当前加强思想政治工作若干问题的意见》，强调要结合各项改革实践，做好思想政治工作。

8 月 2 日　省委、省政府召开全省农村工作会议，要求坚定不移地推进农村第二步改革，继续进行农村产业结构调整，不断充实和加强农业基础，坚持公有制的主体地位，发展和完善合作经济。

8 月 12 日　省委、省政府批转省委对外开放领导小组《关于落实中央 3 号文件，加快苏锡常地区对外开放的实施意见》。

9 月 5 日　省政府发出《关于加强环境保护工作的决定》，并成立江苏省环境保护委员会。

11 月 7 日　省政府批转省教育厅关于《江苏省实行九年制义务教育的意见》和《江苏省普通教育实行分级办学分级管理若干问题的意见》。

12 月 19 日　中共中央政治局常委、国家主席李先念视察江苏。

12 月 23 日　全国人大常委会委员长彭真视察江苏。

一九八六年

本年　江苏省地区生产总值达 744.94 亿元，比 1980 年翻一番。

1 月 23 日　省委召开农村工作座谈会，传达贯彻全国农村工作会议精神，部署全省农村工作，要求进一步完善家庭联产承包责任制，坚定稳妥地推进农村第二步改革的深入发展，继续调整农村产业结构。

2 月 13 日　省政府发出《关于加强水利工作的通知》。

3 月 2 日　省政府在淮阴市召开苏北 13 个财政补贴县发展经济工作会议，并于 1986 年 4 月 15 日印发了《会议纪要》。

3 月 15 日　省委召开省直各部门负责人会议，决定从省级机关抽调 600 多名干部，到徐州、淮阴、盐城、连云港等四市加强农村基层工作。

3 月 18 日　省委、省政府发出《关于加快发展外向型经济若干问题的意见》。

4 月 18 日　省政府颁发《江苏省施行〈中华人民共和国城乡个体工商业户所得税暂行条例〉的细则》。

7 月 3 日　省委、省政府召开全省对外开放工作会议，提出当前对外开放重点是坚持改革，加快出口和引进。

7 月 10 日　为贯彻国务院《关于进一步推动横向经济联合若干问题的规定》，省政府提出 50 条实施办法。

7 月 15 日　省委、省政府发出关于贯彻中共中央、国务院《关于加强土地管理，制止乱占耕地的通知》的意见，要求各地加强土地管理，切实保护耕地。

7月20日　省委、省政府发出《关于加快我省对外开放步伐的意见》。

9月5日　省委、省政府召开全省农村工作会议，研究制定新措施，鼓励和支持农民发展粮食生产。

10月28日　省政府颁发《关于鼓励发展粮食、棉花生产若干政策的规定》。

11月3日　省政府颁发《江苏省乡镇、街道企业环境管理办法》。

11月10日　省政府发布《关于鼓励外商投资的若干规定》。1986年12月6日，省政府又发出《坚决贯彻落实国务院〈关于鼓励外商投资的规定〉的通知》。

一九八七年

1月15日 全国第一个县级资金市场——常熟农村资金市场开业。

3月3日 省政府发出贯彻《国务院关于深化企业改革增强企业活力的若干规定》的通知。

4月5日 省政府颁发《江苏省农村五保户供养工作暂行规定》，自1987年5月1日起试行。

4月14日 省政府发出《关于深化商品流通体制改革促进商品经济发展的通知》。

同日 经国务院同意，江苏省被国家旅游局列为全国第一个旅游业改革试点省。

5月9日 省委、省政府发出《关于深化农村改革若干问题的意见》。

5月16日 省政府向国务院作《关于在苏南建立社会主义农业现代化试验区的报告》。经国务院批准，无锡、吴县、常熟三县（市）为"江苏省社会主义农业现代化试验区"，重点探索土地规模经营和农业现代化问题。

9月5日 省政府颁发《关于支持苏锡常地区建立和发展外向型经济的若干措施》和《关于鼓励苏锡常地区乡镇企业扩大出口创汇的暂行办法》。

9月14日 省委、省政府召开农村工作会议。会议确定，发展粮食生产的基本方针是稳定增长、人均超千、控制消费、自给有余；

恢复棉花生产的基本要求是恢复面积、提高单产、基本自给、适当出口。

9月18日 省政府在南京召开土地管理座谈会,明确今后土地管理工作重点是依法保护耕地,制止乱占滥用。

10月15日 省委、省政府在无锡县召开全省社会主义农业现代化试验区工作会议。

11月16日 省政府发出《关于鼓励发展粮食、棉花生产的有关政策规定》。

一九八八年

3月18日 省委、省政府发布《关于加快发展外向型经济若干问题的意见》,主要政策措施是:推行承包经营责任制;扩大吸收外商投资;充分发挥江苏劳动力资源和加工能力的优势;建立并完善出口生产体系;加快基础设施建设;结合本地情况,用好、用足、用活对外开放政策。

3月22日 省政府发出《贯彻〈国务院关于加快和深化对外贸易体制改革若干问题的规定〉的暂行规定》。

4月8日 国务院决定扩大沿海经济开放区范围,其中包括江苏南京、镇江、扬州、盐城、南通、连云港市的所辖全部和大部分县(市)。

5月12日 省政府批准,江苏第一个回族乡——高邮县菱塘回族乡成立。

5月27日 省委、省政府提出《关于1988年至1995年发展农村经济的十条意见》。

5月28日 省委、省政府批转省工商局《关于对党政机关和党政干部经商办企业问题的意见》,坚决制止党政机关和党政干部经商办企业。

同日 省委、省政府发出《关于党政机关保持廉洁作风的若干规定》。

6月4日 省政府批转省住房制度改革领导小组《关于全省城

镇住房改革实施规划和若干政策》的报告。省政府决定，从 1988 年起，用三年时间，在全省城镇分期分批全面推开住房制度改革。

6月5日　省政府发出《关于进一步完善外贸承包经营责任制的通知》。

8月8日　国务院总理李鹏视察南京。

9月2日　省政府发出《关于加快普通教育事业发展和改革的决定》。

11月1日　全国政协主席李先念视察无锡。

11月26日　省政府发出《关于加强粮食经营管理的若干规定》。

11月28日　省委、省政府在江都召开全省科技工作会议。

12月8日　省政府决定对化肥、农药、农膜加强管理，实行专营。

12月19日　省委、省政府召开全省乡镇企业工作会议，进一步明确以效益求生存、以效益求发展和以调整为中心的指导思想，在战略上实现"五个转变"。

一九八九年

1月5日　省委、省政府印发《关于依靠科技进步振兴江苏经济的决定》。

1月30日　国家主席杨尚昆视察常州、南京、扬州、镇江等地。

2月4日　省政府决定实行各级政府领导干部任期绿化责任制。

3月23日　省委、省政府提出《关于推行"两公开一监督"（公开办事制度，公开办事结果，依靠群众监督）促进廉政制度建设的意见》。

3月27日　省政府决定从1989年1月1日起，粮食商业财务下放到市管理。

7月11日　省政府发出《关于进一步加强土地管理工作的通知》。

10月28日　省政府发出《关于稳定经济搞活企业的意见》。

12月9日　省委、省政府提出《贯彻〈中共中央关于进一步治理整顿和深化改革的决定〉的意见》。

一九九〇年

1月19日 国务院总理李鹏视察南京、无锡等地。

2月 省委、省政府发出《关于发扬艰苦奋斗传统，真正过几年紧日子的通知》。

2月6日 省委、省政府发出《关于贯彻〈中共中央、国务院关于组织党政机关干部下基层的通知〉的意见》，要求各级领导干部身体力行，率领机关干部真正深入到基层，帮助解决实际困难。

2月10日 常熟市徐市镇发生5.1级地震。11日，国务院来电慰问受灾群众。3月，省政府向灾区增拨救灾款130万元、钢材100吨，帮助受灾群众重建家园。

5月24日 省委、省政府发出《关于加快乡村农业服务体系建设的通知》。

6月27日 在中央决定实施上海浦东开发开放，带动整个长江流域的发展战略后，江苏省与上海市签署会谈纪要，提出"坚决支持，主动服务，迎接辐射，促进发展"的方针，并相应作了新的部署，确立加快发展沿海、重点发展沿江、积极建设东陇海沿线的"三沿"战略，与浦东开发开放接轨。

9月24日 省委发出《关于加强农村工作若干问题的决定》，要求正确分析农村形势，大力发展和提高农村综合生产能力，进一步深化农村改革，加强农村社会主义精神文明建设和思想政治工作，加强农村基层组织建设，加强对农村工作的领导。

10 月 8 日　省委、省政府印发《关于控制和减轻农民负担的通知》，要求各地抓好农民负担的清理整顿工作，明确负担范围，严格控制负担总量。

12 月 7 日　省政府发出《认真贯彻执行国务院〈关于打破地区间市场封锁，进一步搞活商品流通的通知〉的通知》。

一九九一年

1月30日 省委八届三次全委（扩大）会议在南京召开。会议审议通过《中共江苏省委关于制定江苏省国民经济和社会发展十年规划和"八五"计划的建议》。

2月5日 省委、省政府批转省扶贫领导小组《关于加快"八五"期间扶贫工作的请示》。

2月12日 省政府向国务院报送《关于加快发展外向型经济的报告》。

3月18日 省政府召开经济体制改革工作会议。会议要求加大改革分量，推进改革进程，以深化企业改革为中心，搞好结构调整，促进经济稳定发展和经济效益的提高。

3月23日 省委、省政府召开全省农村工作座谈会。会议指出，深化农村改革的主要任务是：稳定和完善家庭承包为主的责任制，健全统分结合的双层经营体制；建立和健全社会化服务体系，发展壮大集体经济；推行农村流通体制的改革，促进农村商品经济的发展。

4月23日 省委印发《关于在全省农村普遍开展社会主义思想教育的通知》，要求各级党委充分认识在农村普遍开展社会主义思想教育的必要性和重要性，切实加强对这项工作的领导。

5月4日 省政府印发《江苏省国民经济和社会发展十年规划和第八个五年计划纲要》的通知。

5月26日 省政府发出《关于稳定发展轻工集体经济若干政策

规定的通知》。

5月29日 省政府发出《贯彻〈国务院关于进一步改革和完善对外贸易体制若干问题的决定〉的通知》。

6月5日 省委、省政府发出《关于苏南、苏北部分市、县（市）互派干部、对口协作、相互支援的通知》。

6月6日 省政府召开建设高新技术开发区（带）动员大会。

6月12日 淮河以南地区普降暴雨、大暴雨，部分地区遭特大暴雨袭击，主要河湖水位迅速上涨。14日晚，省政府召开全省防汛抗灾紧急电话会议，动员全省人民做好抗大洪大涝灾害的准备。15日，省委、省政府发出《关于防汛抗灾的紧急通知》。与此同时，南京军区、江苏省军区、省武警总队紧急组织官兵和民兵投入抗洪战斗。23日，省委召开常委会议，指出抗洪救灾、抓好工农业生产是当前全省的中心任务。

7月9日 江泽民总书记、田纪云副总理赴苏州察看灾情。

7月21日 李鹏总理赴遭受严重洪涝灾害的兴化市、常州市察看灾情，慰问灾区干部群众。

7月22日 李鹏总理在上海主持召开安徽、江苏、浙江、上海三省一市负责人会议，研究抗洪救灾和治理太湖、淮河问题。

8月9日 省七届人大常委会第二十二次会议在南京举行，会议通过了《关于进一步动员全省人民夺取抗洪救灾恢复生产全面胜利的决议》。初步统计，江苏省受灾人口共4500万人，其中重灾740万人，直接损失达233亿元。

9月 进入汛期后，江苏遭受百年未遇的特大洪涝灾害。据不完全统计，7、8、9三个月中，江苏先后收到中央国家机关、解放军、有关省（市）、金融保险机构、港澳台同胞、国际友人及有关企业的捐款赠物，计人民币901万元、港币2858万元、日元210万元、美元 59.5 万元，卡车 20 辆，服装 34000 套又 26900 件，帐篷 10400 顶，粮食 245638 公斤。驻江苏部队、武警部队还派出了大量官兵参加抗洪抢险。

9 月 7 日　全省农村工作会议在南京召开，会议讨论了省委、省政府提出的《关于恢复和发展农村经济的若干意见》，提出了坚持粮食生产和发展多种经营的方针，把稳定和完善农村政策、加强服务体系建设作为深化农村改革的中心环节。

9 月 13 日　全省双拥工作会议在南京召开。会上宣读了省政府、省军区《关于授予铜山等 13 个"双拥模范县（市、区）"荣誉称号和军地 45 个双拥工作先进单位的决定》。

9 月 15 日　省委、省政府印发《关于贯彻〈中共中央、国务院关于加强计划生育工作严格控制人口增长的决定〉的通知》和《关于恢复和发展农村经济的若干意见》。

10 月 10 日　朝鲜劳动党中央委员会总书记、朝鲜民主主义人民共和国主席金日成一行，到达南京参观访问。中共中央总书记江泽民在东郊宾馆迎接金日成主席。江泽民陪同金日成参观南京梅园新村、扬州瘦西湖等地。

10 月 13 日　省政府发出《关于促进全省工业结构调整若干措施的通知》。

11 月 11 日　省委、省政府发出《关于表彰江苏省 1991 年抗洪救灾先进集体和先进个人的决定》，对全省 233 个抗洪救灾先进集体和 819 名抗洪救灾先进个人予以表彰。

11 月 14 日　省政府印发《江苏省城镇住房制度改革实施意见》。

一九九二年

1月18日　江泽民总书记在徐州、连云港、无锡、常州、镇江、泰州和南京考察工作。

2月13日　省委、省政府召开全省科技工作会议。

2月14日　省委、省政府印发《江苏省社会主义精神文明建设"八五"规划纲要》，要求切实加强领导，保证社会主义精神文明建设的健康发展。

2月20日　邓小平视察南方途经南京，接见江苏省领导同志时谆谆嘱托："江苏应该比全国平均速度快一点。"

3月17日　省政府发出《关于加快开发区建设若干问题的通知》。

3月26日　全省扶贫工作会议在淮阴召开。省委、省政府决定把扶贫作为加强农业和农村工作，加快发展苏北，实现社会主义现代化建设第二步目标的战略措施。

4月15日　省委召开工作会议，作出《关于加快改革开放和促进经济发展若干问题的决定》，确定90年代江苏经济发展"三个为主，四个加快"的发展战略。

4月17日　省委、省政府印发《江苏省"八五"期间"科技兴省"实施方案》，确定"八五"期间"科技兴省"的基本思路、主要目标、重点任务和关键措施。

4月27日　省委、省政府召开省级机关处级以上干部大会，动员省级机关全体干部，深入学习贯彻邓小平视察南方时的重要讲话和中央政治局全体会议精神，进一步解放思想、振奋精神、抓住机遇、真抓实干，确保省委、省政府提出的加快改革开放和经济发展的各项任务和措施落到实处。

4 月 28 日　省委、省政府召开苏南、苏北互派干部、对口协作会议。

5 月 20 日　国家体改委在常熟市召开全国县级综合改革经验交流会。国务院总理李鹏出席会议并作了重要讲话。

5 月 21 日　李鹏视察苏州、吴县、常熟、张家港、江阴、无锡。

6 月 12 日　中共中央政治局常委乔石到苏州、无锡、常州、镇江、南京等地考察。

6 月 14 日　沪宁高速公路（江苏段）正式动工。

6 月 30 日　省政府发出通知：授予常熟、泰州、昆山、江阴、张家港、无锡、吴县、武进 8 个县（市）省辖市管理权限。

8 月 21 日　省委、省政府召开全省教育工作会议。会议强调，要牢固树立教育必须为经济建设服务的指导思想，牢固确立教育优先发展的战略地位，切实加强对教育工作的领导，实现教育与经济、科技协调发展。

8 月 22 日　国务院批复江苏省政府，同意设立昆山经济技术开发区。

8 月 27 日　国务院批准兴建新（沂）长（兴）铁路。新长铁路全长 653 公里，其中江苏省境内 627 公里。

9 月 11 日　国务院、中央军委批复江苏省政府，同意新建南京禄口民用机场。

9 月 19 日　省委、省政府发出《关于放手发展第三产业的实施意见》，要求充分认识第三产业的加快发展是生产力提高和社会进步的必然结果，第三产业的发展水平是衡量现代社会经济发达程度的重要标志。

9 月 21 日　省委、省政府发出《关于加快教育发展和改革若干问题的决定》，要求紧紧围绕经济建设这个中心，加快实现教育运行与社会主义市场经济运行基本同步。

10 月 16 日　国务院批复江苏省政府，同意设立张家港保税区。

12 月 1 日　省委、省政府印发《关于进一步解放和发展科技生产力的通知》，要求提高对科学技术是第一生产力的认识，采取措施，进一步加快解放和发展科技生产力。

一九九三年

1月1日 省委、省政府召开全省农业和农村工作会议，全面贯彻落实党中央、国务院保持农业稳定发展的十条措施，解决好江苏省当前农业生产和发展中存在的突出问题，保护农民利益，调动农民生产积极性，全面发展和振兴农村经济。

1月13日 省委、省政府在淮阴市召开淮北贫困地区社教与扶贫工作现场经验交流会，提出坚持"两手抓"的方针，加快贫困地区脱贫致富。

1月14日 全省加快第三产业发展工作会议在南京召开。

1月21日 省政府发出《关于1993年要继续抓好治理淮河、太湖工程，加强农业资源综合开发，继续加强农业服务体系建设等26件实事的通知》。

2月3日 全省经济工作会议召开。会议围绕建立社会主义市场经济体制的要求，提出要进一步解放思想、实事求是、真抓实干，深层次推进改革、全方位扩大开放。

2月11日 《江苏省全民所有制工业企业转换经营机制实施办法》发布。

3月5日 省政府发出《关于加快粮食流通体制改革步伐的通知》，从1993年起放开粮食、油料购销价格和经营，向粮油商品化、经营市场化方向发展。

3月17日 省政府发出《关于进一步加强土地管理依法保护耕

地的通知》。

4 月 11 日 省政府发出《关于改进粮棉"三挂钩"兑现办法的通知》,从 1993 年粮食、棉花生产年度起,粮棉"三挂钩"的化肥、柴油由奖售实物改为平议差价,以价外加价形式付给农民。

5 月 21 日 国家副主席荣毅仁在江苏省考察并听取了省委、省政府和南京、无锡市的工作汇报。

7 月 6 日 省政府召开新一届政府全体(扩大)会议,总结上半年工作,部署下半年任务(着重抓好八项工作:加强总量调节,集中保证重点;稳定金融秩序,缓解资金矛盾;积极推进改革,理顺经济关系;加快对外开放,开拓国际市场;稳定农业生产,实现增产增收,坚决把农民的负担减下来;加速科技进步,调整优化结构;抓好财政工作,争取收支平衡;加强精神文明建设,维护社会安定),研究进一步改进和加强省政府工作。

7 月 7 日 省委、省政府召开省级机关减轻农民负担工作会议。

8 月 14 日 省政府发出《关于改革棉花流通体制的通知》。

8 月 21 日 省委、省政府召开全省多种经营和农业综合开发工作会议,部署加快农业结构的调整,加快多种经营和农业综合开发步伐,加快流通体制和投入机制的改革,把多种经营作为致富工程抓紧抓好。

9 月 5 日 省委印发《关于反腐败斗争近期工作部署的意见》,要求着重做好党政领导干部带头廉洁自律;集中力量查办一批大案要案;紧紧抓住本地区、本部门、本单位的突出问题,刹住群众最不满意的几股不正之风等三项工作。

9 月 6 日 《江苏省排放污染物总量控制暂行规定》公布施行。

10 月 6 日 省委、省政府召开全省科技工作会议。会议围绕"在加强经济宏观调控和结构调整的新形势下,如何通过深化改革,加快科技进步，大力发展高新技术产业"议题，进行专门研究和部署。

10 月 17 日　省政府印发《关于近期开展反腐败斗争的实施意见》。

10 月 18 日　应新加坡共和国副总理王鼎昌的邀请，经国务院批准，江苏省政府代表团访问新加坡共和国。访问期间，省政府和新加坡贸易与工业部签署了《关于新加坡政府机构向苏州市提供经济和公共管理软件的备忘录》，苏州市人民政府和新加坡–苏州园区开发财团签署了《苏州工业园区商务协议书》。

11 月 1 日　省委、省政府在连云港召开全省南北挂钩工作经验交流会，动员全省继续大力支持淮北经济薄弱地区发展经济，加快脱贫致富奔小康的步伐，促进地区之间经济协调发展，实现共同富裕。

11 月 8 日　省政府发出《关于进一步加快农业多种经营发展的通知》。

一九九四年

1月3日 省委、省政府发出《关于发展农业和农村经济的政策规定》。

2月1日 全省"菜篮子"和粮棉油工作会议召开,要求各级政府都要高度重视"菜篮子""米袋子"问题,一定要放在突出位置,下大决心、花大力气,把这件直接关系人民生活和经济发展全局的工作抓紧抓好。

2月13日 全省科技工作会议召开,对"科技兴省"进行再发动再部署,要求把江苏建成科技先导型省份。

2月19日 邓小平乘专列由上海回北京,途经南京车站作短暂停留。省委主要领导就江苏近几年的发展情况向邓小平作简要汇报。邓小平强调,发展经济,能快则快,不要搞快呀慢呀的争论。

2月26日 中国政府和新加坡政府在北京签署关于合作开发建设苏州工业园区的协议。李鹏总理和吴作栋总理出席签字仪式,李岚清副总理和李光耀内阁资政分别代表两国政府在协议书上签字。

3月29日 《江苏省农民承担费用和劳务管理办法》公布施行。

4月18日 省委、省政府主要领导在南京出席"中外合资宁沪高速公路有限公司"合资合同签字仪式,这是江苏省利用外资建设交通基础设施的新举措。

4月25日 省委、省政府在丹阳市召开全省乡镇企业工作会议。会议要求,积极采取综合措施,加快苏北尤其是淮北乡镇企业的发展，重点是发展农副产品加工业，提高加工深度，增加附加值。苏南要加快将劳动密集型工业向苏北转移，加强南北经济联合和资金、技术、人才的协作。

5月17日 国务院总理李鹏在省委、省政府主要领导陪同下，先后考察连云港、淮阴、扬州、镇江等地的商品粮生产基地和国有大中型企业，走访农民家庭，并和当地干部、农民进行座谈。

6月9日 全省对台经济工作会议召开。会议传达国务院对台经济工作会议精神，交流全省扩大对外开放、开展对台经济工作，特别是引进台资的情况和经验，研究部署进一步开展对台经济工作的政策、任务和措施。

7月1日 省政府发出《关于选择百家企业进行现代企业制度试点的实施意见和通知》。

7月6日 省政府下发《关于分税制财政管理体制的实施办法》。

10月13日 国家副主席荣毅仁在无锡市考察。

11月18日 省委、省政府召开全省对外开放工作会议。

11月22日 江阴长江公路大桥开工典礼在江阴市举行。

11月25日 省政府发出《贯彻国务院〈关于进一步加强知识产权保护工作的决定〉的通知》。

12月7日 国务院副总理朱镕基到南通、苏州、无锡、常州、南京等地考察，并听取了省委、省政府和有关市、县的工作汇报。

12月28日 省委、省政府发出《关于扩大对外开放的若干意见》。

一九九五年

1月18日　省委、省政府根据省第九次党代会精神，制定和下发《江苏扶贫攻坚计划》。文件指出：一手抓好以沿江为重点的经济比较发达地区的改革开放，加快经济发展；一手抓好以淮北为重点的经济比较薄弱地区的改革开放，加快脱贫致富，是 90 年代指导江苏省区域经济发展的战略方针。

2月17日　省政府召开全省土地使用改革工作会议，强调要培育规范土地市场，切实保护耕地。

3月1日　中共中央、国务院正式批准《江苏省党政机构改革方案》，指出江苏省党政机构改革的主要内容是：转变政府职能，实行政企分开；理顺关系，合理划分职权；精兵简政，提高工作效率。

3月20日　省政府发出《关于深化住房制度改革的方案的通知》。

3月26日　省委在张家港市召开"以经济建设为中心、两个文明一起抓"的经验交流现场会。会议充分肯定张家港市、无锡县的经验，要求全省各地学习先进，振奋精神，狠抓落实，以经济建设为中心，两个文明一起抓。

3月29日　省委、省政府在张家港市召开农村工作会议，传达贯彻中央农村工作会议精神，落实中共中央、国务院有关扶持农业、保护农民利益的各项政策措施，部署全省农业和农村工作。

4月4日　省政府发出《关于进一步加强土地管理，深化土地使用制度改革的若干政策规定》。

4月13日 省委、省政府发出《关于推动经济联合促进生产力发展的意见》。

4月26日 国家副主席荣毅仁考察无锡和常州市的经济开发区、港口码头和粮食、蔬菜、淡水鱼生产基地。

5月12日 中共中央总书记、国家主席江泽民考察苏州、无锡、吴江、吴县、张家港、昆山6个市、县（市）的工厂企业以及苏州工业园区和张家港保税区，听取了省委、省政府的工作汇报，高度评价了全省两个文明一起抓的经验和所取得的成绩。

6月13日 省委、省政府召开全省科学技术大会。

6月29日 省政府下发《关于进一步深化流通体制改革，加快发展商品流通的若干意见》。

9月5日 省委、省政府在徐州召开全省奔小康经验交流现场会。

9月22日 省委、省政府在镇江召开全省实施龙头带动战略、发展贸工农一体化经验交流会。会议提出加快实施龙头带动战略，推动贸工农一体化经营快速、健康、有序地发展，以进一步推进农村产业结构的调整、优化，提高多种经营的组织化程度和经济效益，增加农民收入，促进农村经济的全面繁荣。

10月18日 中共中央宣传部和国务院办公厅在张家港市召开全国精神文明建设经验交流会。会议总结推广张家港市重视精神文明建设、促进两个文明协调发展的经验，研究在社会主义市场经济条件下，如何进一步加强精神文明建设的问题。

10月31日 江苏省与拉萨市对口支援工作纪要签字仪式在南京举行。

11月25日 省政府在盐城召开建设苏北"星火"产业开发带动员大会。

12 月 18 日 省委九届三次全委（扩大）会议在南京召开，会议审议并通过《中共江苏省委关于制定江苏省国民经济和社会发展"九五"计划和 2010 年远景目标的建议》。

一九九六年

1月14日　国务院总理李鹏在南通、苏州考察。

4月4日　省委、省政府召开全省发展海洋经济工作会议，部署"九五"和到2010年全省发展海洋经济的主要任务。

4月9日　省委、省政府制定《关于切实加强环境保护工作的若干意见》，要求坚持可持续发展，实施跨世纪绿色工程，落实环境保护措施，加大环保工作力度，强化对环保工作的领导。

4月16日　省委、省政府在淮阴市召开扶贫现场办公会，会议强调要按照两个根本性转变的要求，加快实施淮北致富工程，确保如期实现1997年基本脱贫、20世纪末全面实现小康的目标。

4月28日　国务院总理李鹏在徐州考察。

5月11日　苏州工业园区股份有限公司在苏州正式成立。

5月22日　省委、省政府在江阴市召开全省乡镇企业工作会议，总结"八五"期间全省乡镇企业发展的经验，分析面临的形势，研究确定江苏省"九五"期间进一步加快发展和提高乡镇企业的目标和措施。

6月13日　省委、省政府召开全省科学技术大会。会议强调要全面落实"科学技术是第一生产力"的思想，始终坚持"科教兴省，必须先兴科教"的指导原则，把科学和教育摆在经济社会发展的主体战略位置。

6月14日　省委召开精神文明建设座谈会，要求各级党委、政府总揽"两个文明"建设的全局，把精神文明建设放在突出的位置，努力开拓进取，把全省精神文明建设提高到一个新水平。

7月12日 省政府作出《关于进一步加强土地管理切实保护耕地的决定》。

7月25日 省政府发出《关于全省加快发展第三产业的若干意见》。

7月30日 全省科教兴农大会在常熟市召开。会议进一步明确了全省"九五"期间"科教兴农"的目标和任务，强调要加大实施"科教兴农"的力度，促进农业增长方式的转变和农业综合生产能力的提高。

8月12日 省政府正式公布经国务院批准的江苏部分地区行政区划调整方案，决定将扬州市和淮阴市的行政区划一分为二。撤销县级泰州市，设立地级泰州市，将扬州市代管的泰兴、姜堰、靖江、兴化4个县级市划归泰州市代管。泰州市设立海陵区，以原县级泰州市的行政区域为海陵区的行政区域。调整后的扬州市辖广陵、郊区2个区和邗江、宝应2个县，代管仪征、江都、高邮3个县级市。撤销县级宿迁市，设立地级宿迁市，将淮阴市的沭阳、泗阳、泗洪3个县划归宿迁市管辖。宿迁市设立宿豫县和宿城区。调整后的淮阴市辖淮阴、涟水、金湖、洪泽、盱眙5个县和清河、清浦2个区，代管淮安市。同时，将原属淮阴市的灌南县划归连云港市管辖，撤销盐城市郊区，设立盐都县。

8月14日 省政府召开高新技术产业化工作会议，大力推进全省高新技术产业化进程。

8月19日 省政府发出《关于撤销大丰县设立大丰市的通知》：经国务院批准，同意撤销大丰县，设立大丰市（县级），以原大丰县的行政区域为大丰市的行政区域，大丰市人民政府驻大中镇。

9月13日　省政府召开徐连经济带规划建设工作会议，动员各地各有关部门共同推进徐连经济带的建设和发展。

9月15日　全长248公里的沪宁高速公路江苏段建成并投入试营运，江泽民总书记题写路名。

10月15日　省政府发出《关于在省辖市建立城市居民最低生活保障制度的通知》。

10月16日　国家副主席荣毅仁在无锡、扬州市考察。

10月25日　省委、省政府作出"挥师北上、加快苏北高速公路建设"的战略决策，广靖高速公路开工建设，拉开苏北高速公路建设的序幕。

11月9日　省委、省政府召开全省扶贫工作会议，研究部署今后几年的扶贫开发工作。

11月28日　国务院总理李鹏视察沪宁高速公路江苏段。

12月6日　省政府召开沿江"火炬"带高新技术产业开发带建设动员大会。

12月11日　省委、省政府在张家港市召开苏南及沿江地区农业现代化会议。

一九九七年

1月8日 省委、省政府发出《关于贯彻落实〈中共中央、国务院关于切实做好减轻农民负担工作的决定〉的意见》。

3月15日 省政府在无锡召开省太湖水污染防治委员会会议，强调保护太湖刻不容缓。

3月18日 省委、省政府召开全省减轻农民负担工作会议，要求各地全面贯彻落实党中央、国务院有关决定，1997年基本解决部分地区农民负担过重问题，使全省农民负担监管工作基本规划化、法制化。

4月17日 省委、省政府召开全省卫生工作会议，确定到2000年初步建立起与小康和现代化建设目标相适应的包括卫生服务、医疗保障和卫生监督执法的卫生体系，实现人人享有初级卫生保健，部分地区初步实现卫生现代化。

5月6日 省委、省政府召开贯彻三项基本国策、坚持可持续发展工作会议，就计划生育、耕地保护、环境保护工作作出部署。

7月29日 省委、省政府发出《关于加快徐连经济带建设的若干意见》。

8月5日 省委、省政府在连云港召开徐连经济带建设工作会议，研究部署徐连经济带建设工作任务。会议提出了把徐连经济带建设纳入全省现代化建设的战略布局和经济社会发展的总体规划。

8月15日 全省农村现代化试验区工作会议在无锡召开。经国务院批准，江苏农村改革试验的主题由"农业现代化"发展为"农村现代化"，国家级试验区范围由锡山、吴县、常熟三县（市）扩展为整个苏锡常地区，并新增武进为国家级试验基点县。

9月24日 省委、省政府召开全省科技成果向生产力转化经验交流和表彰会议。

9月29日 省委、省政府发出《关于调整经济结构的意见》。

同日 省政府召开电视电话会议，热烈祝贺江苏在全国率先实现行政村村村通电话。

10月26日 省委、省政府在苏南运河起点段镇江市谏壁沿江公路桥南侧，举行苏南运河四级航道胜利建成通航典礼。

11月24日 省委、省政府召开全省个体私营经济工作会议，会议要求各级党委、政府进一步统一思想、转变观念，采取有效措施，放手推动个体私营经济快速健康发展。

11月27日 《江苏省农民财产权益保护办法》发布施行。

12月15日 省委印发《关于推进依法治省工作的决定》。

一九九八年

1月12日　全省扶贫工作总结表彰大会在南京召开。大会传出令人振奋的消息：随着淮北地区200万贫困人口基本脱贫，江苏省已经县县告别贫困，实现了《江苏省扶贫攻坚计划》第一步目标。省委、省政府在大会上发出《关于表彰江苏扶贫攻坚贡献突出单位和带领群众脱贫致富成绩显著单位的决定》，并表彰省扶贫先进工作者。

1月14日　省委、省政府召开全省农村"三项政策"落实工作电视电话会议。会议要求进一步总结经验，针对存在的问题，加大整改力度，确保党的农村政策真正落实到基层和农户，巩固和发展农村改革、发展稳定的大好局面。

2月16日　省委、省政府在淮安召开周恩来铜像揭幕暨周恩来遗物陈列馆落成典礼。

2月17日　省委、委政府在南京隆重举行纪念周恩来诞辰100周年大会。

3月24日　省委、省政府召开全省稳定和完善农村土地承包关系工作会议，强调第二轮土地承包期延长30年不变。

4月7日　省委、省政府在苏南、苏中、苏北分别召开农业产业化经营工作座谈会。会议强调要进一步拓展思路，以市场为导向，以资源为基础，以科技为支撑，以农民增收为目的，进一步推进农业产业化经营。

4月20日　中共中央总书记江泽民和国务院副总理温家宝在无

锡、泰州等地考察。其间，听取了省委、省政府关于乡镇企业工作的汇报。江泽民就乡镇企业的发展问题发表了重要讲话，强调要从战略高度重视乡镇企业的发展。要通过深化乡镇企业改革，调整优化结构，推进技术进步，努力开创乡镇企业工作的新局面。

6 月 4 日 省委、省政府发出"奋战五年，决战苏北，确保全省高速公路联网畅通"的战略号召。

6 月 11 日 省委、省政府在昆山召开全省文明城市创建工作会议，要求各地进一步认清创建文明城市在"两个文明"建设中的重要性，加强领导，形成机制，落到实处。

8 月 长江江苏段水位持续上涨，江苏防汛抗洪形势严峻。省委、省政府动员人民群众全力以赴，上堤抗洪，抢修险工险段，加高加固堤防。省委、省政府领导深入抗洪第一线指挥，领导抗洪斗争。中旬，省委多次召开常委扩大会议，要求各级党委、政府一定要充分认识当前抗洪抢险斗争的重要性和紧迫性，把长江抗洪抢险工作作为当前头等大事，全力以赴确保长江大堤安全，确保人民生命财产安全。

9 月 15 日 省政府召开全省发展农村个体私营企业工作会议，强调要加快农村个体私营企业发展步伐。

10 月 5 日 中共中央总书记江泽民在昆山市调查研究。其间，江泽民总书记主持召开了省、市、县部分领导干部和农业专家参加的座谈会，就进一步发展农村经济，搞好农村工作广泛听取了意见。

10 月 10 日 省委召开常委扩大会议，要求把防洪保安工程放在各项基础设施建设的首位，统一认识，深入发动，加快建设步伐，经过 10—20 年的努力，基本建立起国内一流、国际先进的现代化防洪保安工程体系。

一九九九年

2月25日 省依法治省领导小组召开全体会议。会议指出，要建立健全执法责任制和冤案错案追究制，积极推行政务公开、审判公开、检务公开，切实加强基层民主政治建设。

3月6日 省委、省政府分别发出《关于进一步扩大内需促进经济增长的意见》《关于提高我省国有大中型工业企业竞争力的意见》《关于进一步加快全省小企业改革与发展的意见》《关于全面推进农业产业化经营加快发展高效农业的意见》《关于推进高新技术产业化加快经济结构调整的意见》《关于进一步加快小城镇建设的意见》。

4月22日 江苏省和南京市在胜利广场隆重举行渡江战役胜利暨南京解放50周年纪念大会和刘伯承同志塑像揭幕仪式。中共中央总书记、国家主席、中央军委主席江泽民为刘伯承塑像题名。

5月29日 省委、省政府召开全省科教兴农工作会议。

8月9日 省委、省政府召开全省大中型乡镇企业工作会议，要求进一步统一思想，明确思路，落实措施，加快改革力度，加快结构调整步伐，推动大中型乡镇企业再上新台阶。

9月 省委、省政府发出《关于切实加强环境与发展综合决策的通知》，要求各地各部门尽快建立和完善环境与发展综合决策10项制度。

9月28日 江阴长江大桥建成正式通车。中共中央总书记江泽民出席通车典礼。

10 月 20 日　位于连云港市的江苏田湾核电站正式开工建设。

10 月 22 日　省委、省政府召开淮北小康建设工作会议，强调要加大工作和扶贫力度，夺取小康建设的全面胜利。

10 月 24 日　经国务院批准，淮河入海水道正式开工建设。省政府在淮安召开动员大会，号召全省上下打响江苏省水利史上的"淮海战役"。

二〇〇〇年

1月7日 省政府印发《关于全面推进依法行政工作的决定》。

1月12日 省委、省政府召开全省农村工作会议。会议强调，要把农业结构调整作为2000年和今后一个时期农业和农村工作的中心任务，切实抓紧抓好，千方百计增加农民收入，维护农村稳定。

2月28日 省委、省政府召开减轻农民负担工作会议，部署切实减轻农民负担工作。

3月23日 全省科技创新大会召开。会议要求以技术创新和体制创新为动力，促进生产力和生产关系的变革，加快科教兴省和发展高新技术及其产业的步伐，增创跨世纪发展的新优势。

4月12日 国务院总理朱镕基先后在徐州、宿迁、淮阴、扬州和南京考察工作，并就地方金融改革和防范金融风险、粮食流通体制改革、农村稳定和发展等问题召开座谈会，听取干部、群众的意见。

5月22日 经中央和国务院批准，江苏省省级政府由原有副厅级以上机构67个，改设为49个，省级政府人员编制按照省级政府行政编制的49%的比例进行精简。

5月25日 省委、省政府召开省级党政机构改革动员大会，对省级党政机构改革进行动员和部署。经中共中央、国务院批准的中共江苏省委机构改革方案和江苏省政府机构改革方案，开始正式组织实施。

5月29日 省委、省政府在昆山、吴江召开全省乡镇企业工作会议，部署进一步解放思想，加大乡镇企业改革力度。

7月7日 省委、省政府在连云港召开淮北小康建设工作汇报交流会议，总结淮北地区小康建设的情况和经验，研究部署加大力度促进小康工作。

8月28日 省政府在大丰市举行隆重仪式，欢迎三峡移民落户江苏。

10月20日 中共中央总书记江泽民出席在扬州举行的润扬长江公路大桥开工典礼。

10月30日 省委九届十二次全委（扩大）会议召开。会议审议通过《中共江苏省委关于制定江苏省国民经济和社会发展第十个五年计划的建议》。

12月7日 国务院总理朱镕基先后在常熟和南京等地考察。

二〇〇一年

1月13日 省委、省政府制定《关于加快发展私营个体经济的意见》，要求放宽私营个体经济经营范围和经营条件，支持私营个体经济参与国际竞争，鼓励私营个体经济参与经济结构的战略性调整等。

2月10日 经国务院批准，原地级淮阴市更名为淮安市。

2月23日 省委、省政府召开全省农村税费改革工作会议。

3月1日 省委、省政府制定《关于进一步加强高层次人才队伍建设的意见》。同日，省委办公厅、省政府办公厅印发《关于实施江苏省"333新世纪科学技术带头人培养工程"的意见》。

3月6日 省委、省政府制定《关于加快农业和农村经济结构调整促进农民增收的若干政策意见》，提出了调整农业结构、增加农民收入的45条政策措施。

3月17日 国务院总理朱镕基视察南京长江第二大桥，接见建设者。3月26日，南京长江第二大桥开通。

3月19日 中共中央总书记江泽民视察南京长江第二大桥。

4月5日 省委、省政府发布《关于加快农业和农村经济结构调整促进农民增收的若干政策意见》。

4月20日 全省经济国际化工作会议召开。

4月26日 省委、省政府在淮安召开苏北区域发展座谈会，交流苏北地区的发展情况和工作思路，讨论《关于进一步加快苏北地区发展的意见》。

5 月 27 日 全省文化工作会议召开，会议明确今后 5 到 10 年江苏文化事业和产业发展的总体目标和基本思路。6 月 19 日，省委、省政府出台《江苏省 2001—2010 年文化大省建设规划纲要》。

6 月 6 日 省委、省政府制定《关于进一步加快苏北地区发展的意见》，提出加快苏北发展的重点任务是：加强基础设施建设，继续优化投资环境；加快工业化进程，促进经济结构战略性调整；放开搞活多种所有制经济，提高经济活力和市场竞争力；积极实施城市化战略，加快劳动力转移；振兴科技教育，增强发展后劲。

6 月 8 日 中共中央总书记、国家主席江泽民在苏州会见来华参加苏州工业园区成立七周年纪念大会的新加坡内阁资政李光耀。

7 月 6 日 省委、省政府召开苏南区域发展座谈会，要求苏南着重从提升市场化程度、增创体制机制的新优势，提升科技创新能力、增创产业结构的新优势等方面提升发展水平，增创新的优势。

7 月 27 日 省委、省政府在南通召开苏中区域发展座谈会。会议指出，为促进苏中快速崛起，要推进思想大解放，努力实现区域发展新突破，大力培育区域经济新优势，积极培植区域发展新亮点，着力构筑人才新高地，形成城乡协调发展新格局。

9 月 17 日 以"华商携手新世纪，和平发展共繁荣"为主题的第六届世界华商大会在南京国际展览中心开幕。全国政协主席李瑞环出席开幕式并致辞。

9 月 19 日 国务院总理朱镕基出席第六届世界华商大会举行的"中国经济论坛"活动并发表演讲。

10 月 22 日 省政府召开全省城镇职工基本医疗保险制度和医药卫生体制三项改革工作会议。

11 月 8 日 中共江苏省第十次代表大会召开。会议提出富民强省要在 2005 年取得阶段性成果，2010 年取得实质性进展，到 2021 年建党 100 周年，富民强省提升到新的水平，全省大部分地区基本实现现代化，成为经济繁荣、教育发达、生活富裕、法制健全、社会文明、环境优美的地区。大会选举产生了中共江苏省第十届委员会和省纪律检查委员会。12 日，省委十届一次全会召开，选举产生新一届省委常委会。

12 月 省政府发出《关于建立和完善全省土地有形市场的通知》。

二〇〇二年

1月21日 省政府发布《江苏省城市居民最低生活保障办法》。

3月29日 省委、省政府召开全省化解村级债务、深化农村税费改革工作电视电话会议。

4月2日 省委、省政府印发《江苏省扶贫开发"十五"规划纲要》。《纲要》明确提出，"十五"期间的扶贫开发要以增加农民收入和改善经济薄弱地区群众的生活条件为重点。

5月8日 省委、省政府制定《关于进一步加强社会治安综合治理的实施意见》。

9月27日 省委、省政府召开全省再就业工作会议。会议传达贯彻全国再就业工作会议精神，深入分析全省就业和再就业工作的形势，对做好新时期就业和再就业工作作出全面部署和安排。

10月18日 省政府召开全省中医药工作会议，研究部署加快发展江苏中医药事业。

11月20日 省委十届三次全会在南京召开。会议传达学习中共十六大精神，提出江苏要在全面建设小康社会的基础上率先基本实现现代化的奋斗目标。

12月27日 南水北调东线工程在江苏和山东同时开工。国务院在北京设立主会场，举行开工典礼。江苏在扬州宝应县潼河施工现场举行三阳河、潼河、宝应站开工典礼。南水北调工程东线1156公里，江苏境内投资203亿元。

二○○三年

1 月 8 日 省政府批准南京、徐州两大都市圈规划。

1 月 16 日 全省农村工作会议在南京举行，要求统筹城乡经济社会发展，继续加大扶贫开发工作力度，加快全面建设小康社会进程。

1 月 17 日 省委、省政府召开全省扶贫开发工作总结动员会议。省委扶贫工作队派驻县由原来的 11 个增加到 15 个，"五方挂钩"帮扶单位由 182 个增加到 214 个，全省扶贫投入不断增加。

2 月 18 日 《新华日报》发表社论《凝聚在"两个率先"的目标下》，首次在全省提出"两个率先"的口号。"两个率先"是指，在全国率先全面建成小康社会、率先基本实现现代化。

2 月 28 日 国家主席江泽民陪同正在我国进行国事访问的古巴国务委员会主席兼部长会议主席菲德尔·卡斯特罗抵达南京访问。

3 月 28 日 省委保持共产党员先进性教育活动试点工作领导小组召开第一次会议。根据中央统一部署，江苏常州市为全国开展保持共产党员先进性教育活动试点单位。

4 月 14 日 省委印发《关于在全省开展"学习'三个代表'，力争'两个率先'"主题教育活动的意见》。

4 月 19 日 省委召开常委扩大会议，听取省非典型肺炎（简称"非典"）防治工作领导小组工作汇报，对进一步加强全省预防工作作出部署。

4 月 26 日 省政府向全省发布通告，就进一步加强"非典"防治作出十项规定。

6月9日　省政府常务会议审议通过《江苏省实施〈突发公共卫生事件应急条例〉办法》。

6月19日　省政府召开全省农村五件实事工作会议,部署用三年时间完成农村改水、草危房改造、乡村道路建设和改造、建立以大病统筹为主的新型农村医疗合作制度、调整完善农村税费改革政策。

6月25日　省委、省政府召开沿江开发工作会议,要求全面启动、整体推进新一轮沿江开发,建设国际化制造业走廊,在更高层次上促进区域共同发展。

7月13日　国务院总理温家宝到江苏淮阴和里下河地区实地察看水情和防洪设施。

7月15日　省委、省政府制定《关于加快沿江开发的意见》,要求强化改革开放在沿江开发中的动力作用,落实科教兴省和可持续发展的各项措施,进一步营造全面推进沿江开发的良好环境。8月,制定《江苏省沿江开发总体规划》。

7月22日　省委十届五次全会在南京召开。会议通过《中共江苏省委关于学习贯彻"三个代表"重要思想,努力实现"两个率先"的决定》,进一步明确全省"两个率先"的奋斗目标。

8月1日　省委、省政府决定:从2003年起到2005年底,开展"建设平安江苏、创建最安全地区"活动。

8月3日　省政府决定三年内安排资金2亿元,全面完成农村改水任务。到2005年,全省将新增自来水受益人口940万人以上,自来水普及率达到95%以上。

8月30日　全国政协主席贾庆林考察苏州。

10月10日　省政府面向全省普通高校设立江苏省政府奖学金,以资助品学兼优的经济困难大学生顺利完成学业。奖学金的资助标准为每人每年 2000 元。

12 月 3 日 省委十届六次全会在南京召开。会议审议通过《中共江苏省委贯彻落实〈中共中央关于完善社会主义市场经济体制若干问题的决议〉的意见》。

12 月 30 日 省政府召开全省土地管理工作会议，全面落实中央部署的土地市场秩序治理整顿和建立被征地农民基本生活保障试点工作和土地开发整理工作。

二〇〇四年

1月14日　省委、省政府召开全省扶贫开发工作会议。会议要求，坚持激活内生生产力，坚持统筹区域共同发展，坚持分类帮扶，坚持全社会参与。

1月16日　江苏省进出口总额超过1000亿美元，实现历史性突破。

2月13日　省政府公布机构改革方案，调整后的省政府工作部门为42个。

2月26日　省委、省政府制定《关于促进农民增加收入若干政策的意见》，要求加快建立农民收入持续快速增长的长效机制，保证全省农民人均收入按照"两个率先"的时序要求，实现全面小康目标。

2月27日　省委、省政府印发《关于推进绿色江苏建设的决定》，要求以保护和改善生态环境，提高人居环境质量，促进经济社会可持续发展为出发点，实现经济社会发展和环境保护相协调、人与自然相和谐。

3月20日　省委、省政府在南京召开全省民营经济工作会议。

3月25日　国务院总理温家宝在江苏无锡、苏州考察。

4月3日　全省农业和粮食工作会议召开，宣布省委、省政府关于降低农业税税率、实行对种粮户直接补贴等措施，进一步调动农民种粮积极性，千方百计增加粮食生产的决定。

4月9日 省委、省政府制定下发《关于进一步加快民营经济发展的若干意见》，对发展民营经济作出 22 条重大规定。

4月30日 中共中央总书记胡锦涛先后到南京、扬州、淮安、宿迁、苏州等地，深入企业车间、科研院所、田间地头、社区商场，就落实科学发展观、加强党的建设等进行调研。

5月19日 省政府召开全省整治违法排污企业，保障群众健康环保专项行动电视电话会议。

5月30日 省委十届七次全会在南京召开。会议学习贯彻胡锦涛总书记视察江苏的重要讲话精神，进一步统一思想，推动全省上下更加自觉地树立和落实科学发展观，坚定不移地推进"两个率先"，努力建设以人为本、全面协调可持续发展的新江苏。

7月12日 省委、省政府颁发《江苏省加强和改进未成年人思想道德建设行动计划》。

7月31日 全省农村税费改革工作会议在南京举行。

8月18日 省委、省政府制定《关于进一步繁荣发展哲学社会科学的意见》。

8月31日 省委、省政府在南京召开全省人才工作座谈会，部署加快推进人才强省建设。

9月7日 省政府在淮安召开全省淮河流域水污染防治工作会议，要求加大力度加快进度如期完成淮河流域水污染防治"十五"计划任务。

10月21日 省政府召开全省市县政府机构改革动员会议，对市县政府机构改革工作进行动员部署。

11月11日 省委十届八次全会在南京召开，会议审议并通过《中共江苏省委贯彻〈中共中央关于加强党的执政能力建设的决定〉的意见》。

11月30日 省委、省政府召开全省可持续发展工作会议。

12月4日 省委、省政府制定《关于落实科学发展观促进可持续发展的意见》，提出努力建设以人为本、全面协调可持续发展的新江苏。

二〇〇五年

1月11日 省委印发《关于深化干部人事制度改革的意见》和《关于对党员领导干部行使权力实施有效制约和监督的意见》。

1月24日 省委印发《关于巡视工作暂行规定》，对开展巡视工作的目的、任务等作出具体规定。

2月17日 省政府发布《关于全面免征农业税的通知》，根据2005年中央1号文件精神，从2005年起在全省全面免征农业税。

2月20日 省委、省政府召开全省扶贫开发工作会议。会议指出，扶贫开发工作要围绕促进农民增收，大力强化各项工作措施；着眼提高扶贫开发成效，积极探索建立有效机制；切实加强领导，努力形成扶贫开发的强大合力。

4月3日 省委、省政府制定《关于加快苏北振兴的意见》，要求全面建设小康社会的既定目标不变，时序进度不变，质量要求不变，实际进程加快。

4月30日 全国人大常委会委员长吴邦国出席润扬长江公路大桥通车庆典仪式。

5月8日 省委、省政府在徐州召开沿东陇海线开发工作会议，对建设沿东陇海线产业带进一步作出总体规划和全面部署。

6月28日 联合国教科文组织第28届世界遗产委员会会议在苏州市召开。

7月23日 省委、省政府印发《关于加快发展现代服务业的若干政策》。27日，省委、省政府印发《关于加快发展现代服务业的实施纲要》。两个文件对江苏发展现代服务业的目的、内涵和规划作出全面安排部署。

7月28日 省委、省政府召开全省农村税费改革工作会议，巩固发展农村税费改革成果，推进农村综合配套改革试点。

8月21日 省委制定《江苏省加强和改进大学生思想政治教育的实施意见》，要求努力构建全省大学生思想政治教育新体系，全面提高大学生思想政治教育工作的水平和成效。

9月2日 省委、省政府在南京举行江苏各界纪念中国人民抗日战争胜利60周年座谈会。

9月26日 由全国绿化委员会、国家林业局和江苏省政府主办的首届中国绿化博览会在南京开幕。

10月7日 世界上第一座"人"字弧线形钢塔斜拉桥——南京长江第三大桥正式通车。该桥的建成使纵贯华东至西南的沪蓉干线实现了真正意义上的贯通。

10月12日 中共中央总书记胡锦涛在南京、镇江、常州等地考察，并出席12日晚第十届全国运动会开幕式。

同日 第十届全国运动会在江苏举行。这是新中国成立后规模最大、参加人数最多的一次全国综合性体育盛会。

10月22日 国务院总理温家宝考察江苏，并参加23日晚第十届全国运动会闭幕式。

12月 江苏省进出口总额首次越过2000亿美元，达到2300亿美元。"十五"期间江苏外贸进出口额实现翻两番，进出口额平均增速达到37.6%，增幅列全国沿海省市首位。全省造船完工量达200万载重吨，船舶工业企业销售收入全国排第二，利润总额和出口交货值名列全国第一，4家造船企业经济指标进入全国前十位。

二〇〇六年

1月5日 省委、省政府发出通知，要求全省各地开展"学习昆山经验，推进两个率先"活动。

1月7日 省委、省政府召开全省农村工作会议，要求全面实施新农村建设"十大工程"。

1月9日 省委常委会审议通过《关于逐步推进党务公开的意见》《关于领导干部个人重大事项报告制度的实施办法》《关于建立市厅级领导干部廉政档案的暂行办法》《关于严格控制公务宴请活动的规定》《关于领导干部勤政廉政公示暂行办法》等反腐倡廉制度。

1月20日 省委、省政府制定《关于积极推进城乡统筹发展，加快建设社会主义新农村的若干意见》，要求加快产业结构调整步伐，进一步解放和发展农村生产力，科学编制城乡规划，发挥城市对农村的带动作用。同日，省委、省政府召开全省文化体制改革工作会议，南京、苏州、无锡、常州、淮安、宿迁6市和90家文化单位被列为改革试点地区和单位。

2月23日 省委、省政府召开全省扶贫开发工作会议。会议提出，"十一五"期间，江苏扶贫工作要更加注重"重心下移，扶贫到户"。

2月27日 省政府常务会议召开，讨论确定推进农村道路通达、教育培训、农民健康、环境整治、文化建设等农村新五件实事，加快农村基础设施建设和社会事业发展。

3月1日 省委、省政府对建设社会主义新农村作出部署,重点抓好走新型"三农"发展道路,着力构建农民增收长效机制,加快建设现代高效农业等10个方面的工作。

3月22日 《全省村庄建设整治工作实施方案》实施。全年省财政将投入3.6亿元,完成1000个新农村居住示范点建设和200个村庄环境整治工程。

4月5日 省政府召开全省农村新五件实事工作会议,对推进农村新一轮五件实事进行部署。

同日 省委、省政府制定《关于加快建设节约型社会的意见》。

4月18日 省委、省政府下发《关于增强自主创新能力建设创新型省份的决定》。

4月19日 全省科技创新大会召开,对落实科教优先方针,推进自主创新和科技创业,努力建设创新型省份作出规划和部署。

4月20日 全国政协主席贾庆林到连云港、淮安、扬州、泰州、南通、无锡、南京等地调研,了解建设社会主义新农村和提高自主创新能力情况。

4月21日 全省沿江开发工作会议举行,会议提出3项经济集约化指标和5项生态环境指标。

5月11日 省委、省政府召开电视电话会议,贯彻落实全国社会治安综合治理工作会议精神,部署深入推进平安江苏建设工作。

6月7日 省精神文明建设指导委员会制定《关于深入学习实践社会主义荣辱观,大力加强思想道德建设的实施意见》。

7月13日 全省环境保护大会召开,研究部署江苏实施环保优先方针、进一步推动科学发展的意见。

7月20日 省委、省政府制定《关于坚持环保优先促进科学发展的意见》,要求以建设生态省为主要载体,以创新环保体制机制为主要动力，以"不欠新账、多还旧账"为重要原则，通过积极的环境建设优化产业结构、优化建设布局、优化人居环境，实现由"环境换取增长"向"环境优化增长"的转变。

7 月 28 日 省委、省政府决定，从 2006 年秋季学期开始对全省农村义务教育阶段学生免收学杂费。

9 月 19 日 省委、省政府制定《关于在全省开展新一轮平安江苏建设的意见》，提出再经三年努力，确保江苏社会治安综合治理与平安建设工作在全国领先，确保人民群众对社会治安的满意度在全国领先，做强做实"平安江苏"品牌。

10 月 4 日 省委、省政府印发《关于发展先进文化，建设文化江苏的决定》，要求在推进"两个率先"的实践中不断解放和发展文化生产力，促进文化与经济、政治、社会协调发展。

10 月 17 日 省委十届十一次全会在南京召开。全会通过《中共江苏省委贯彻〈中共中央关于构建社会主义和谐社会若干重大问题的决定〉的意见》。

11 月 8 日 中共江苏省第十一次代表大会召开。会议指出今后 5 年全省总的奋斗目标是全面达小康、建设新江苏。

11 月 16 日 全国政协主席贾庆林在江苏视察指导工作。

12 月 1 日 沪苏浙三省市领导座谈会在扬州举行，共商加强长三角合作与交流大计，共谋促进联动与和谐发展良策。

12 月 11 日 省委、省政府制定《关于加强高层次创业创新人才队伍建设的意见》，要求大力培育和引进高层次创业创新人才。

12 月 18 日 江苏、安徽两省政府在南京就进一步加强交通合作进行协商并签署合作协议。

二〇〇七年

1月1日 国务院总理温家宝在连云港市看望并慰问苏北革命老区干部群众。

1月4日 省委、省政府决定，从2007年春季学期起对全省所有义务教育阶段学生免收学杂费。

1月16日 省十届人大常委会第二十八次会议审议《省政府关于提请审议省树、省花的议案》，确定银杏树为"省树"、茉莉花为"省花"。

2月1日 省委、省政府制定《关于大力发展现代农业加快推进社会主义新农村建设的若干意见》。

3月27日 省委、省政府在泗阳县召开全省实施"千村万户帮扶"工程经验交流会，强调要进一步加强领导，强化责任，总结经验，创新机制，各方参与，推动"千村万户帮扶"工程取得更大进展。

3月29日 省政府公布首批省级非物质文化遗产名录，分为民间文学、民间音乐、民间舞蹈、传统戏剧、曲艺、民间美术、民间手工技艺、传统医药、杂技与竞技、民俗10大类123项。

4月9日 省政府颁布《关于建立城镇居民基本医疗保险制度的意见》。

4月21日 省委、省政府在盐城召开沿海开发工作会议，对推进新一轮沿海开发作出总体规划和全面部署。

5 月 22 日　省委、省政府召开动员大会，对选拔千名应届高校毕业生到经济薄弱村任职工作进行部署。

6 月 2 日　省政府在无锡召开省太湖流域水污染防治暨太湖蓝藻治理工作会议，部署太湖蓝藻治理应急处置措施，研究今后一个阶段太湖流域水污染综合整治工作。

6 月 29 日　国务院总理温家宝专程到无锡考察太湖水污染防治工作。30 日，温家宝在无锡主持召开太湖、巢湖、滇池"三湖"治理工作座谈会。

7 月 7 日　省委、省政府在无锡召开太湖水污染治理工作会议。省政府与南京、苏州、无锡、常州、镇江 5 市分别签订"十一五"太湖水污染治理目标责任书。

7 月 19 日　省政府发布《江苏省太湖流域湿地保护与恢复工程方案》。

8 月 3 日　省政府常务会议审议并通过《江苏省企业职工基本养老保险规定》。

8 月 17 日　《江苏省沿海开发总体规划》正式印发。根据《规划》，江苏省要用 10 年时间，完成固定资产投资 3 万亿元，把全省沿海地区打造成为区域性国际航运中心、新能源和临港产业基地、农业和海洋特色产业基地、重要的旅游和生态功能区。

8 月 20 日　省委、省政府召开深入推进新一轮平安江苏建设电视电话会议，对深入推进大调解机制、大防控体系和基层基础建设"三大建设"进行部署。

9 月 27 日　省委、省政府在苏州召开苏南工作会议，对苏南率先建成高水平全面小康社会，率先向基本实现现代化迈进作出部署。

9 月 29 日　省委、省政府召开全省村企结对帮扶工作会议，对推动工商企业与经济薄弱村开展结对帮扶作出部署。

11 月 25 日　省委十一届三次全会在南京召开。会议审议通过《中共江苏省委关于深入学习贯彻党的十七大精神，率先全面建成更高水平小康社会的意见》。

二〇〇八年

1月1日　《江苏省环境资源区域补偿办法（试行）》正式实施。

1月8日　亚洲最大的铁路枢纽站——京沪高铁南京南站打下第一根站房基础桩，标志着京沪高速铁路南京南站进入实质性开工阶段。

1月12日　长三角交通一体化的重要快速通道——沪苏浙高速公路江苏段正式通车。

1月17日　国家统计局江苏调查总队发布的抽样调查资料显示，2007年江苏城镇居民人均可支配收入为16378元，按当日人民币汇率计算，相当于人均2258美元，比上年增长16.3%，增速连续6年保持两位数。城镇居民收入整体水平达到省委十届五次全会确定的"人均可支配收入16000元"的小康标准，标志着江苏"富民优先"战略实现了新的突破。

1月21日　兴化市垛田镇新徐庄村开通汽车，全省"村村通"工程全部完成。

1月30日　建设部授予昆山市2007年"中国人居环境奖"，授予常熟市梅李镇规划建设管理项目、南京市南湖片区社区公共管理与服务项目2007年"中国人居环境范例奖"。

2月14日　省委、省政府印发《关于强化农业基础建设促进农民持续增收的意见》。

2月16日　全国内河航标第一塔在京杭运河苏北段与长江交汇

处的六圩口建成，塔尖高 66.9 米，灯光射程和灯塔视距达 10 公里，提高了苏北运河南大门入口通过能力。

2 月 17 日 省政府决定，从 2008 年的第一个学期起，为全省城乡义务教育阶段学生免费提供教科书。

2 月 19 日 省劳动和社会保障厅公布全省各市、县（市、区）执行最低工资类别。一类地区为 850 元 / 月，小时工资为 7.2 元；二类地区为 700 元 / 月，小时工资为 5.9 元；三类地区为 590 元 / 月，小时工资为 5.0 元。六合区、浦口区将原来执行的二类最低工资标准提高到一类；海安县、如东县、如皋市将原来执行的三类最低工资标准提高到二类。

同日 国家统计局江苏调查总队公布，截至 2007 年末，全省居民私人轿车拥有量达 124.83 万辆，较 2005 年末净增 64.1 万辆，两年实现翻番。按常住人口计算，2007 年末全省每百人拥有私人轿车 1.64 辆。省辖市中，居民私人轿车拥有量前三位城市分别是：苏州 35.46 万辆，南京 21.2 万辆，无锡 19.47 万辆。

2 月 28 日 全省首家村镇银行——江苏沭阳东吴村镇银行股份有限公司正式开业。该行位于沭阳县扎下镇，由江苏东吴农村商业银行和苏州工业园区新海宜电信发展股份有限公司等 5 家企业入股组成，注册资本 1500 万元。

3 月 3 日 据《新华日报》报道，丰县等 11 个贫困人口较多的苏北县（区）被确定为省脱贫攻坚重点县，由省派驻扶贫工作队实施重点帮扶。

3 月 5 日 中共中央总书记胡锦涛在参加十一届全国人大一次会议江苏代表团审议时指出，江苏要当好深化改革开放的排头兵，以改革开放的新举措推动经济社会新发展，在不断解放思想、坚持改革开放上迈出更大步伐，在推动科学发展、促进社会和谐上取得更大成绩，朝着全面建设小康社会目标奋勇前进。

3月14日 据统计，全省通过组织实施"千村万户帮扶"工程，苏北经济薄弱地区低收入农户增收明显加快。2007年苏北1011个省定经济薄弱村农民人均纯收入达到2984元。全省农村年纯收入在1500元以下的低收入人口，由2005年底的310万人减少到2007年底的201万人，两年共减少了109万人。

3月18日 全省扩大新型农村社会养老保险试点，在现有36个试点县（市、区）的基础上，再增加23个试点县（市、区），确保苏南、苏中、苏北新型农村养老保险制度在县一级建立率分别达到85%、45%和30%。

3月27日 第四届省工艺美术大师、工艺美术名人表彰大会在南京举行，56人被评为省工艺美术大师，70人被评为省工艺美术名人。大会授予扬州玉器·漆器、宜兴紫砂、苏州镇湖刺绣和东海水晶4个传统工艺美术地区"江苏省传统工艺美术特色产业基地"称号。

4月3日 据《新华日报》报道，全省各类持证执业经纪人从业人员达到38万多人，经纪人数量全国第一。其中，以农产品经纪活动为主的农村经纪人达27万人。

4月6日 《2006—2020年太仓市主要污染物总量控制和减排规划》通过评审，这是全国县级市中第一个通过评审的"减排规划"。

4月10日 由中国文联、国家文物局、无锡市政府主办的2008中国（无锡）吴文化节在无锡开幕，开幕式上，举行了"世界同宗祭祀泰伯典礼"。同日，鸿山遗址博物馆、吴文化博物馆正式落成开放。

4月18日 国务院总理温家宝在北京出席京沪高速铁路开工典礼，宣布京沪高速铁路全线开工。京沪高铁在江苏境内共设徐州、南京、镇江、常州、无锡、苏州、昆山7个站点。

同日　省政府在淮安召开加快苏北发展座谈会，交流苏北发展工作情况，研究进一步振兴苏北工作意见。

4月22日　省政府出台《江苏省促进国际服务外包产业加快发展的若干政策措施》。

4月24日　张家港市建成全球首个国际卫生港口。

4月30日　省政府批准吴江市汾湖镇、海门市余东镇、昆山市锦溪镇、姜堰市溱潼镇为江苏省历史文化名镇。

5月1日　《江苏省农民工权益保护办法》正式施行。

5月5日　省政府下发《关于解决城市低收入家庭住房困难的实施意见》，明确到2010年底，全省基本实现低保家庭住得上廉租住房，低收入家庭住得起经济适用住房，新就业人员租得起住房。

同日　全省174家公共博物馆、纪念馆和爱国主义教育基地免费开放，数量和范围在全国领先。

5月6日　全省首个环境保护审判庭在无锡市中级人民法院挂牌。

5月7日　省委、省政府召开选聘高校毕业生到村任职工作会议，要求建立健全促进到村任职大学生健康成长的长效机制，鼓励引导高校毕业生到新农村建设第一线干事创业、成长成才。

5月8日　江苏省新一轮高层次创新人才引进工作全面启动。省委、省政府决定，进一步加大引进人才力度，从2008年起将人才引进专项资金从1亿元增加到2亿元，每年引进150名左右高层次创新创业人才。

同日　中国电信江苏宽带用户突破500万，成为继广东之后全国第二个实现电信宽带用户超500万的省份。

5月16日　全省沿江开发工作座谈会召开，提出今后五年的沿江开发目标是：到2012年，沿江地区在全省率先基本实现现代化。

5 月 19 日 省委、省政府召开会议，研究部署做好支援四川灾区抗震救灾工作，研究紧急向四川灾区调运急需物资和组织抗震救灾物资生产等工作。

5 月 27 日 国务院决定，江苏省对口帮助建设四川省绵竹市。

6 月 2 日 省统计局、省发改委、省委研究室联合发布《2007 年江苏省县级全面建设小康社会进程监测统计报告》，溧阳、金坛、海门、丹阳、江宁 5 个县级市（区）总体达到省定全面小康标准。

6 月 3 日 常熟市、武进区、丹阳市、仪征市、海安县、大丰县、新沂市和泗阳县 8 个县（市、区）被评为 2007—2008 年度全省首批金融生态达标县（市、区）。

6 月 11 日 据《新华日报》报道，江苏累计为 28 万多户中小企业建立了信用档案，居全国首位。

同日 面向苏中、苏北 34 个县（市、区）350 万人口的 2008 年农村安全饮水工程实施方案以及 47 个工程项目初步设计，全部通过技术审查和专家论证。至此，全省农村安全饮水工程进入启动实施阶段。

6 月 13 日 省政府办公厅下发《关于在太湖主要入湖河流实行双河长制的通知》，省长等 15 位领导干部担任望虞河、漕桥河、武进港、社渎港、太滆运河、梁溪河、直湖港、陈东港、乌溪港、太滆南运河、大浦港、洪巷港、大港河、小溪港、官渎港 15 条太湖主要入湖河流的"河长"，并与河流所在地的政府主要负责人形成"双河长制"，共同负责 15 条河流的水污染防治。

6 月 18 日 江苏省首批普通公路服务区——323 省道碾庄服务区和徐庄服务区建成运营。"普通公路缺乏服务设施"的现象在江苏率先改观。

6 月 27 日 全省实施全民科学素质行动计划推进会在苏州吴江

召开。《科学素质纲要》启动实施以来，公民科学素养稳步提升，2007年江苏公民具备基本科学素质的比例为2.76%，比2003年提高0.73个百分点，位居全国前列。

6月30日 世界上跨径最长的斜拉大桥——苏通长江大桥提前一年建成通车。大桥总投资为78.9亿元，全长32.4公里，其中跨江大桥长8146米。苏通大桥的建成通车，创造了最大主跨、最深塔基、最高桥塔、最长拉索4项桥梁"世界纪录"，实现了世界斜拉桥的"千米跨越"，成为中国从桥梁大国向桥梁技术强国转变的标志性工程。

7月1日 铁道部、江苏省和上海市在南京召开沪宁城际铁路开工动员大会，沪宁城际铁路正式开工建设。工程投资估算总额394.5亿元，速度目标值每小时200公里以上，正线全长300公里，其中上海市境内32公里，江苏省境内268公里，全线设21个车站，将于2010年7月1日前通车运营。

7月2日 省政府在连云港市召开全省农村饮水安全工程建设现场会。会议要求全面推进全省农村饮水安全工程建设，迅速掀起农村饮水安全工程建设高潮，确保2008年完成350万人农村饮水安全工程建设任务，用3年时间解决全省1200万农村居民饮水不安全问题。

7月4日 国务院总理温家宝在无锡、苏州就经济运行情况进行调研。

7月8日 省委、省政府召开深入推进法治江苏建设大会。

7月9日 省委、省政府制定《关于加快转变经济发展方式的决定》《关于进一步加强节能减排促进可持续发展的意见》《关于建立促进科学发展的党政领导班子和领导干部考核评价机制的意见》。

7月16日 如东洋口港关键配套工程——耗资10亿元、长达

12.6 公里的跨海陆岛通道黄海大桥合龙，实现全线贯通。

7 月 19 日 省委、省政府印发《关于组织实施脱贫攻坚工程的意见》。

7 月 21 日 省委、省政府印发《关于建立科学发展评价考核体系的意见》。

同日 省委、省政府出台《关于切实加强民生工作若干问题的决定》，力争用 3—5 年时间，使群众关注的突出民生问题得到较好解决。

7 月 22 日 省政府在南京召开全省促进农民就业创业工作会议，提出今后 5 年促进农民就业创业的新目标：从 2008 年起，每年新增农村劳动力转移 45 万人，新增转移就业人员培训率达到 50% 以上；农村劳动力自主创业、返乡创业达到 3 万人左右。

同日 全国科技进步统计监测及综合评价课题组发布的全国及各地区专项统计监测报告显示：2007 年江苏省科技进步综合水平指数为 54.24%，比上年提高 1.68 个百分点，比全国平均水平高出 3.46 个百分点，在全国各省市中居第 5 位。

7 月 29 日 全省首家以少年儿童读者为对象的全英文图书馆——南京金陵图书馆的公益性少儿英文图书馆正式对外开放。

8 月 1 日 全国最早建成的时速达 250 公里的客运专线——合宁铁路正式开行"和谐号"动车组列车，合肥至南京间运行时间最短为 59 分钟。

同日 江苏省和上海市在启东联合举行崇启大桥奠基仪式。崇启大桥全长约 52 公里，其中江苏段约 21 公里，全线按双向 6 车道高速公路标准设计，采用主跨 185 米的六跨钢连续梁桥的设计方案，总投资约 76 亿元，计划于 2012 年建成通车。

同日 太仓市被环境保护部正式命名为"国家生态市"。

8月3日 经国家标准化管理委员会批准，由江苏省质量技术监督局负责筹建的全国土壤质量标准化技术委员会在南京成立。这是全国首个专门负责土壤质量标准研究和标准制修订的专业标准化技术委员会，标志着土壤质量研究进入更加规范的轨道。

8月5日 国务院副总理回良玉在南京浦口区滁河晓桥实地察看江苏滁河流域防汛情况，并考察全国新农村建设示范点浦口区永宁镇侯冲村。

8月6日 国务院总理温家宝主持召开国务院常务会议，审议并原则通过《进一步推进长江三角洲地区改革开放和经济社会发展的指导意见》。《意见》首次对长三角区域的发展定位提出要求，首次将"长三角一体化"提升至国家层面，提出要把长江三角洲地区建设成为亚太地区重要的国际门户和全球重要的先进制造业基地，具有较强国际竞争力的世界级城市群。长三角区域范围由"16城市"扩容至上海、江苏和浙江两省一市，江苏全境被纳入"长三角"区域。

8月7日 由省政府牵头组织，苏浙沪两省一市在无锡召开太湖水环境治理及蓝藻应对协调会。会议通过《关于太湖水环境治理和蓝藻应对合作协议框架》。

8月10日 全省淮河流域暨南水北调东线水污染防治工作会议在南京举行。会议要求各地各有关部门以更大的决心、更高的标准、更硬的措施，坚决打好淮河流域暨南水北调东线水污染防治攻坚战。

8月14日 财政部、环境保护部和江苏省政府联合举行太湖流域水污染物排污权有偿使用和交易试点启动仪式，江苏太湖流域率先试点排污权有偿使用和交易。

同日 环境保护部命名泰州市为"国家环境保护模范城市"。至此，江苏沿江8个省辖市全部建成国家环保模范城市，成为全国地域面积最大的环保模范城市群。

8月15日　中国乡镇企业博物馆在中国第一家乡镇企业——无锡市锡山区春雷造船厂旧址奠基。

8月31日　省委、省政府批准苏州市作为江苏省城乡一体化发展综合配套改革试点区。

9月1日　省政府决定从即日起取消、停止征收和规范调整行政事业性收费121项、政府性基金2项。通过此次清理，每年将减少企业收费38.98亿元。

同日　宁杭高速公路二期工程建成通车。至此，全省高速公路通车总里程已达3721公里，首轮规划的"四纵四横四联"高速公路网所有项目全面建成。

同日　省委、省政府召开全省促进农民增收工作会议。会议要求加大脱贫攻坚力度，确保完成100万贫困人口脱贫的年度目标，促进贫困人口增加收入。

9月4日　淮安市被建设部命名为"国家园林城市"。

9月6日　据《新华日报》报道，常熟市荣获联合国世卫组织颁发的"健康城市奖"中的"城市人口老龄化与保障优秀实践奖"，成为全球第三、中国首个获此荣誉的城市。

9月8日　长江南京至浏河口段数字航道示范工程通过交通部验收，全国第一段数字航道建成。

9月12日　省政府在无锡召开全省住房保障工作现场推进会，部署全省城市低收入家庭住房保障工作。

9月16日　江苏省政府和新疆维吾尔自治区政府在乌鲁木齐市召开江苏建筑企业进疆30年总结表彰大会。30年来，江苏13个省辖市全都派出过建筑队伍进疆施工，累计达70多万人次，施工范围遍及新疆所有的州、地、市、县，累计完成施工面积3300多万平方米。

同日　苏州市在全国率先为镇、村两级集体经济组织核发农村集体资产产权证。

9月17日　省人才工作领导小组启动"江苏万名海外高层次人才引进计划",决定从2008年起到2012年,将采用多种方式引进不少于10000名海外高层次人才,集聚不少于50名具有世界领先水平的科学家和科技领军人才。

9月25日　省政府出台《关于进一步支持苏北地区加快发展的政策意见》。《意见》主要包括支持转变经济发展方式、支持重点开发区平台建设、支持新能源产业加快发展、实施土地利用优惠政策、降低出口退税负担比例、继续实施电费综合补贴、大力加强人才队伍建设、进一步帮助改善民生、增强基层财政保障能力、实行全面小康推进奖励等10个方面内容。

10月1日　全国第一部城市社区卫生服务地方性法规——《江苏省城市社区卫生服务条例》正式实施。

10月6日　联合国人类住区规划署宣布,中国南京市政府因成功治理并开发流经市区的秦淮河,获2008年度联合国"人居奖特别荣誉奖",张家港市政府获联合国"人居奖荣誉奖"。

10月14日　苏浙沪政府合作项目"信用长三角"第二届高层研讨会在杭州举行。

10月15日　国内首家产业转移促进中心正式落户昆山。

10月20日　省劳动和社会保障厅、省公安厅联合出台《关于做好优秀农民工落户城镇工作的意见》,鼓励在各行各业表现突出的优秀农民工,特别是有技能的优秀农民工落户江苏城镇。

同日　省委、省政府决定,在全省建立退役士兵免费职业技能培训制度,由政府安排资金,对所有退役士兵进行以中高级职业技能为主的培训,帮助他们实现充分稳定就业。

10月22日 省委、省政府决定，从省内高校选派高层次人才任科技特派员，到苏南经济强镇等基层单位挂职，并在常熟市先行试点。首批15名科技特派员10月22日正式启程。

10月28日 江苏最大的陆海通道——洋口港正式通航。洋口港位于南通市如东县，它的建成通航，标志着江苏告别了连云港以南上千公里海岸线无深水大港的历史。

11月2日 省委十一届五次全会在南京召开，会议审议通过《中共江苏省委关于贯彻落实党的十七届三中全会〈决定〉加快推进农村改革发展的意见》。

11月7日 国务院确定的治淮19项重点工程之一、沂沭泗洪水东调南下骨干工程——新沭河治理工程开工仪式在连云港市举行。工程总投资8.7亿元。工程实施后，沂沭泗河中下游地区防洪标准将提高至50年一遇。

11月8日 2008全国中小城市综合实力测评结果揭晓，江苏有24个县（市、区）进入"2008年度全国中小城市综合实力百强"，前10位中江苏占9席，昆山市、张家港市、江阴市分列前3位。

11月13日 省委、省政府在南京召开领导干部会议，就贯彻落实中央关于进一步扩大内需促进经济增长的重大决策作出全面部署，出台10项促进经济稳定较快增长的措施。10项措施是：加快建设保障性安居工程；加快农村民生工程和农村基础设施建设；加快铁路、港口、机场和能源等基础设施建设；加快医疗卫生、教育、文化等社会事业发展；加快节能减排和生态环境工程建设；加快自主创新和产业结构调整；千方百计扩大外贸出口；提高居民收入特别是农民和城乡低收入群体收入；推进增值税转型改革；加大银行信贷对经济增长的支持力度。

11月16日 联合国环境规划署将"环保节能新型示范城市"称

号授予宿迁市。

11 月 18 日　中国海盐博物馆在盐城开馆。

11 月 19 日　省委、省政府出台《关于加快振兴徐州老工业基地的若干意见》。

11 月 20 日　国家统计局江苏调查总队发布江苏农村全面小康实现程度监测报告。报告显示，2007 年江苏农村全面小康综合实现程度为 68.7%，比上年提高 7.9 个百分点。全省农村全面小康建设进程已过三分之二。

同日　全国首个由商务部以国别名义授予的"中德企业合作基地"在太仓揭牌成立。

同日　国务院正式批准如皋港为国家一类开放口岸。

11 月 25 日　据《新华日报》报道，改革开放 30 年来，全省民营经济从个体经济起步，经过前 20 年的发展能量积蓄，形成了近 10 年来全面高速发展的良好局面，私营企业数连续 7 年位居全国第一。截至 9 月，全省个体工商户为 215.7 万户，是 30 年前 2.3 万户的 94 倍，私营企业从零发展到 72.2 万家。

11 月 28 日　全省第一期乡村干部科学发展能力专题培训班在南京开班，标志着江苏新农村建设带头人科学发展能力培训工程正式启动。

12 月　"江苏省高科技产业发展（841 攀登）计划"开始实施。

同月　科技部批准同意建立"昆山电路板特色产业基地"和"盐城环保装备特色产业基地"，并认定江阴高新技术创业中心、南京江宁高新技术创业服务中心、苏州市沧浪科技创业园、苏州国环节能环保创业园 4 家科技创业园为国家高新技术创业服务中心。至此，江苏省国家级特色产业基地总数达 59 个，国家级科技创业园总数达 22 家，数量位居全国第一。

12 月 1 日　总投资 12.13 亿元的连云港港 15 万吨级航道正式开通使用,世界上最大的集装箱船舶可全天候通航。15 万吨级大型散货船可满载乘潮进出港区。

同日　江苏首座百万装机规模的日调节纯抽水蓄能电站——宜兴抽水蓄能电站建成并投入商业运行。

12 月 4 日　省政府召开全省农民工工作会议。

12 月 5 日　江阴市、大丰市被科技部授予"国家可持续发展先进示范区"称号。

12 月 12 日　总投资达 165 亿元的 10 项省重点交通工程在全省 7 个市同时开工建设。

12 月 14 日　省委、省政府在南京召开纪念改革开放 30 周年大会。

12 月 15 日　海峡两岸"三通"(空运直航、海上直运、直接通邮)启动。当日,苏台直航首航船"天福"轮从太仓港出发驶向台湾基隆港,太仓港至台湾直航航线正式开通。17 日下午从台北桃园机场起飞的首架直航包机"华航"AE721 号航班,抵达南京禄口机场,苏台首次实现空中直航,整个飞行过程只需 1 小时 50 分钟。

12 月 18 日　南京至安庆城际铁路工程在安徽省铜陵市正式开工。宁安城际铁路为新建客运专线,全长 258 公里,其中江苏省境内 33 公里,安徽省境内 225 公里。宁安城际铁路设计时速 200 公里以上,工程投资估算总额 257.02 亿元,建成后,安庆至南京的运行时间将由原来的 5.5 小时缩短至 1.5 小时。

12 月 22 日　省委、省政府制定《关于促进房地产市场健康发展的意见》。

12 月 23 日　省政府办公厅出台《关于当前金融促进经济发展的若干意见》,提出 8 条保增长促发展政策措施:保持信贷总量较快增长，积极支持重点信贷需求，积极增加农村有效信贷供给，努力扩大直接融资规模，充分发挥保险保障和融资功能，改善外汇管理和服务，加强财税政策与金融政策配合，切实维护金融安全稳定。

12月24日 省政府下发《关于建立新型农村社会养老保险制度的指导意见》，明确用4年左右时间，在全省逐步建立新农保制度，切实保障农村老年居民的基本生活，全省约3000万农村居民将直接受益。

12月25日 南京至杭州铁路客运专线建设动员大会在宜兴市举行。宁杭铁路客运专线北起南京枢纽南站，经江苏句容、溧水、溧阳、宜兴和浙江长兴、湖州、德清，向南直达杭州东站，全长249公里，其中，江苏省境内147公里。列车设计时速350公里，投资估算总额313.8亿元，工期4年。

12月27日 全国农业工作会议表彰200个"粮食生产先进县"，江苏13个县（市）获此荣誉。其中，兴化市以全省粮食产量第一县、年总产138.08万吨的实绩，第三次获"全国粮食生产先进县标兵"称号。

12月28日 国内跨径最大的三跨吊悬索桥、江苏境内开工建设的第8座长江大桥——南京长江第四大桥主桥正式开工建设。南京长江第四大桥全长28.996公里，其中跨江大桥长5.448公里，主跨为1418米三跨吊悬索桥，跨径在同类桥梁中居国内第一、世界第三，项目总投资约69亿元。

同日 全国第一个与地级市医疗应急系统实现数据、语音和图像实时传输的省级急救医疗指挥系统——江苏省急救医疗指挥中心，经过4年建设，在省人民医院正式启用。全省13个市突发公共卫生事件应急指挥中心及"120"由此实现联网，标志着江苏公共卫生服务体系建设取得重大突破。

12 月 31 日　长三角（江苏·上海）高速公路电子不停车收费（ETC）系统投入开通试运行，江苏和上海在全国率先实现跨省市联网不停车收费。

二〇〇九年

1月1日 江苏上调企业退休人员基本养老金。全省约340万名企业退休人员受益。

1月8日 省政府办公厅出台《关于促进外经贸健康稳定发展的意见》。

1月9日 国务院总理温家宝在江苏考察。温家宝到无锡、常州、南京深入企业、市场、学校和社区，就经济形势进行调查研究，广泛听取干部群众的意见和建议。温家宝强调，要统一思想、坚定信心、狠抓落实，让国家出台的一揽子扩内需、保增长的政策措施早见成效。考察期间，温家宝主持召开企业家座谈会。

1月20日 全国精神文明建设工作表彰大会在北京举行。南京市、南通市、苏州市被中央文明委授予第2批全国文明城市称号，扬州市、无锡市、常州市被授予全国创建文明城市工作先进城市称号，江阴市华士镇华西村等28个村镇被授予全国文明村镇称号，南京市鼓楼区工人新村社区等45个单位被授予全国文明单位称号，赵卫等5人被授予全国精神文明建设先进工作者称号，首批全国文明城市张家港市通过复查，继续保持荣誉称号。

2月1日 江苏13个省辖市同时启动"家电下乡"政策。对农民购买指定品牌、型号的彩电、冰箱、洗衣机、手机4类电器产品，省财政按产品最终销售价格的13%给农民发放补贴，这一优惠政策将持续4年。

同日　《江苏省实施〈中华人民共和国就业促进法〉办法》正式施行。

同日　国务院副总理王岐山在江苏考察并主持召开服务外包工作座谈会。王岐山先后到南京、扬州考察部分工业企业、服务外包企业和旅游产业发展情况，对江苏积极应对国际金融危机带来的挑战，千方百计扩大内需、巩固外需，调结构、保增长、促发展的做法给予肯定。

2月15日　国家知识产权局与江苏省政府在南京签署创建实施知识产权战略示范省合作协议。

2月17日　经环保部考核认定，江苏省2008年二氧化硫和化学需氧量（COD）排放量分别比2007年削减7.2%和4.48%，均超额完成年度减排任务。江苏省已连续3年完成国家下达的污染减排指标。

2月21日　国务院副总理李克强在江苏考察，先后到苏北和苏南地区，深入企业车间，走进居民家庭，着重就经济运行和重点民生问题进行调研考察。李克强强调，要按照党中央、国务院的决策部署，深入贯彻落实科学发展观，做好扩内需保增长调结构的各项工作，着力解决好人民群众关心的突出问题，促进经济社会又好又快发展。

2月25日　省政府印发《江苏省太湖流域水环境综合治理实施方案》。

2月28日　江苏全部撤销政府还贷二级公路收费，此举共涉及收费站点131个，4496公里普通公路从此告别收费。

3月1日　省委、省政府决定，在兴办农村两轮实事基础上，根据经济社会发展新要求和农民群众新期盼，并与上一轮农村实事相衔接，规划实施新一轮农村实事工程，分别是：农村人才工程、农民健康工程、为农服务工程、农村文化工程、农村环境工程、脱贫攻坚工程。2009 年省级将投入资金 78.3 亿元，专项用于农村实事工程建设，各地也将加大投入力度。全省计划本年完成 100 万农村贫困人口脱贫任务，2012 年年底前基本消除绝对贫困现象。

同日　江苏在太湖流域的南京、无锡、常州、苏州、镇江 5 个省辖市推行环境资源区域补偿制度，范围主要覆盖太湖西部上游地区、望虞河、京杭运河苏南段以及 14 条主要入湖河流水系。环境资源区域补偿标准为：化学需氧量每吨 1.5 万元，氨氮每吨 10 万元，总磷每吨 10 万元。水质补偿目标由省环保厅根据国家、省太湖治理工作要求每年进行调整。环境资源区域补偿资金主要用于太湖水污染治理。

同日　《江苏省地质环境保护条例》实施。

3 月 2 日　如皋港一类口岸正式对外开放。根据《国务院关于同意江苏如皋港口岸对外开放的批复》，如皋港一类口岸开放范围岸线总长 11.64 公里，计有码头泊位 35 个，其中 30 万吨级泊位 3 个。

3 月 7 日　《江苏省重要生态功能保护区区域规划》正式出台。全省共划分出 12 类重要生态保护类型共计 569 个重要生态功能保护区。12 种类型是：自然保护区、风景名胜区、森林公园、地质遗迹保护区（公园）、饮用水源保护区、洪水调蓄区、重要水源涵养区、重要渔业水域、重要湿地、清水通道维护区、生态公益林和特殊生态产业区。

3 月 12 日　由江苏省援助编制的《拉萨市城市总体规划（2009—2020）》，获国务院正式批准实施。至此，江苏援助拉萨城市规划工作全部完成。

3 月 18 日　经国务院批准，泰州医药高新技术开发区升级为国家级高新区。这是江苏省继南京、苏州、无锡、常州后获批的第 5 家国家级高新区，也是全国第一家国家级医药高新区。

3月23日 经国务院批准，撤销通州市，设立南通市通州区。新的通州区全区面积1351平方公里，人口128万，下辖19个镇和1个省级开发区，区政府设在金沙镇。南通市原管辖面积为355平方公里，通州成为新辖区后，城市面积扩大至1521平方公里，人口规模超过200万。

3月27日 全国政协主席贾庆林和国务院副总理回良玉，到无锡产业园区、企业和乡镇进行调研。调研期间，贾庆林充分肯定江苏省近年来改革发展取得的显著成绩，勉励江苏努力在科学发展道路上迈出更加坚实的步伐，继续当好深化改革开放的排头兵，朝着率先全面建成小康社会、率先基本实现现代化的目标奋勇前进，把江苏的明天建设得更加美好。

4月1日 太湖流域水环境综合治理省部际联席会议第二次会议在苏州召开。来自国家发展改革委等13个国务院部门和江苏、浙江、上海两省一市的领导和有关专家出席会议。会议提出，2009年太湖流域水环境治理要"确保不发生水质大面积黑臭，确保饮用水安全"和"主要入湖河流劣五类数量下降、主要入湖污染物总量下降、太湖湖体综合营养指数下降"的新目标和8项具体要求，合力推进太湖治理，尽早重现碧波美景。

4月7日 住房和城乡建设部发出《关于2008年中国人居环境奖获奖城市（项目）名单的通报》，南京市被授予"2008年中国人居环境奖"，淮安市中心城区物业管理与社区服务项目、江阴市申港镇人居环境建设项目、常熟市沙家浜镇生态环境建设项目被授予"2008年中国人居环境范例奖"。

4月9日 亚太环境保护协会授予联合国"全球生态500佳"——姜堰市沈高镇河横村"亚太（国际）低碳农业奖"。

4月10日 南京市被科技部正式批准为国家科技体制综合改革

唯一的试点城市。5月31日，国家科技体制综合改革试点城市建设动员大会在南京召开。作为试点城市，南京将通过创新科技管理统筹协调机制、企业技术开发机制、技术转移机制、科技投入机制、科技人才激励机制、科技评价机制6大机制，深化科技体制综合改革。

4月24日　由国家旅游局、江苏省政府主办，世界旅游组织支持的首届江苏国际旅游周活动同时在南京、苏州、无锡、常州、镇江、扬州和南通举行。

5月5日　人力资源和社会保障部、卫生部、国家中医药管理局联合授予全国30位从事中医临床工作55年以上的泰斗级老中医"国医大师"称号。南通市中医院朱良春、南京中医药大学周仲瑛、江苏省中医院徐景藩3位名老中医当选。这是新中国成立以来政府首次在全国范围内评选国家级中医大师。11月25日，省政府在南京召开表彰"国医大师"大会，授予朱良春、周仲瑛、徐景藩3位"国医大师""江苏省先进工作者"称号。

5月9日　江苏省对口援建绵竹市首批49个项目竣工仪式在绵竹孝德镇举行。首批竣工项目总投资7亿多元，涵盖学校、医院、敬老院等民生设施以及基础设施，其中包括17所学校。江苏省援助绵竹资金约90亿元，先后安排3批项目共219个。

5月10日　宿淮铁路项目正式启动。宿淮铁路西起京沪铁路符离集车站，东至新长铁路袁北站，途经安徽省宿州市、灵璧县、泗县，江苏省泗洪县、宿迁市、泗阳县、淮安市。正线全长210.4公里，江苏境内97.5公里，设计行车速度120公里每小时，预留160公里每小时，以货运为主、客运为辅。项目总投资52.8亿元，其中江苏段概算总额为24.8亿元，总工期2年6个月。宿淮铁路项目是2009年江苏计划开工建设的6条铁路中的第一个正式启动的项目。

5月25日　国务院副总理王岐山在苏州主持召开外贸企业座谈

会。王岐山强调，稳定外需对于保增长、保就业、保民生至关重要，要进一步落实和完善政策，全力保持中国出口市场份额。

同日 南京生态科技园项目奠基仪式在南京江心洲举行，项目由南京和新加坡合作建设。

5月26日 中国—新加坡合作苏州工业园区开发建设15周年庆祝大会在苏州举行。苏州工业园区是中国和新加坡两国政府间的重要合作项目，自1994年5月启动以来，经中新合作双方的共同努力，园区经济社会始终保持又好又快发展势头，主要经济指标年均增幅达30%左右，累计上交各类税收近1030亿元（含海关收入），引进合同外资347亿美元、实际利用外资152亿美元、注册内资1345亿元，创造就业岗位49万个，综合发展指数在国家级开发区中名列前茅。2008年，园区实现地区生产总值1001.5亿元，进出口总额625亿美元，其中出口311亿美元。

同日 由中交集团所属二航局承建的国内首座外海无遮掩人工岛——南通洋口港区人工岛通过竣工验收。外海人工岛工程位于南通市如东县海滨辐射沙洲的西太阳沙海域，西距小洋口港约32公里，东南距吕四港近50公里，距最近的陆域海岸线约13公里，是南通港洋口港区航道—码头栈桥—人工岛—陆岛通道系统项目的重要组成部分。人工岛面积1.44平方公里，岛壁结构总长4688米，为永久性建筑物，结构安全等级为一级，设计使用年限50年。人工岛于2006年12月1日开工建设，2008年10月28日初步实现通航，创下在复杂施工环境下"人员零伤亡、环境零污染、水上交通零事故"的纪录。

同日 江苏省通信管理局和中国电信江苏公司联合召开新闻发布会宣布：江苏实现自然村100%通宽带，成为全国首个实现自然村"村村通宽带"的省份，全省农村每个聚居20户以上居民的自然村落都具备宽带上网能力，带宽可达4兆。同时，全省电信宽带初步实现大提速。

6月1日 《江苏省未成年人保护条例》正式施行。

6月25日 江苏省"万顷良田建设工程"在金坛市启动。至2010年，将建成高标准农田2万公顷以上，新增耕地面积600公顷以上。

6月28日 省委、省政府在南京人民大会堂举行高校毕业生到村（社区）任职欢送大会，为2009年选聘的即将奔赴新农村建设第一线的5010名大学生村官送行。

6月30日 全国首个6岁以下幼儿教育数字电视频道落户江苏。

7月3日 《江苏省城乡规划条例（草案）》立法辩论会在南京举行，这是全国首次为征集公众意见举办的专门立法辩论会。

7月14日 省委、省政府在泰州召开全省铁路建设工作会议，研究部署加快推进江苏铁路建设。会议提出，要抓住机遇，加快建设，推动江苏铁路建设大发展大跨越，到2012年使全省铁路营运总里程达到3200公里以上。

同日 宁启铁路复线电气化工程建设动员大会在泰州举行。宁启铁路位于江苏省中部，处在长江北岸，呈东西走向，西起南京铁路枢纽京沪线林场站，途经六合、仪征、扬州、江都、泰州、姜堰至海安，与新长铁路相交，过海安经如皋至南通，在南通与沪通铁路衔接连通上海方向，长约268.3公里。

7月30日 省政府机构改革动员大会在南京召开。省政府机构改革后，设置工作部门40个，设置部门管理机构7个。

8月18日 省政府出台《江苏省外经贸发展纲要（2009—2012）》。

8月19日 省政府召开新闻发布会公布，江苏省从2005年至今，先后对涉及企业行政审批、行政许可等收费项目进行了清理，共减少收费项目 178 项，每年减少收费 60.56 亿元，成为全国清理收费项目力度最大、减轻社会负担最多的省份。

8 月 22 日 长江上隧道长度最长、盾构直径最大、工程难度最高的南京长江隧道全线贯通。这是南京市政府第一次采用项目法人市场化招标方式进行建设的大型 BOT 项目。

9 月 19 日 江苏首届乡村旅游节在常州溧阳开幕。至 2008 年底，江苏共有全国农业旅游示范点 124 家，数量居全国第一。

9 月 28 日 世界第一座六线铁路大桥——京沪高速铁路南京大胜关长江大桥实现合龙贯通。南京大胜关长江大桥是中国第一座高速铁路过江大桥，是京沪高铁建设重要的控制性和标志性工程，也是沪汉蓉 I 级铁路干线和南京地铁的过江通道。

10 月 20 日 国内首个海上潮间带风力发电项目——龙源江苏如东海上潮间带试验风场并网发电成功，首批两台 1500 千瓦风力发电机组正式并网运行。这是世界首个潮间带试验风场。

10 月 28 日 太湖流域水环境综合治理走马塘工程开工仪式在无锡市锡山区举行。走马塘工程是国务院批准的《太湖流域水环境综合治理总体方案》确定的重要调水引流工程之一。河道工程全长 66.5 公里。

10 月 29 日 由吴江市恒力集团在宿迁投资的二期德力化纤项目举行开工奠基仪式。至此，恒力集团在宿迁的总投资达到 75 亿元，成为当时省内最大的南北产业转移项目。

11 月 23 日 省第十一届人大常委会第十二次会议表决通过《江苏省农民专业合作社条例》。

11 月 24 日 省政府印发《贯彻国务院关于进一步推进长江三角洲地区改革开放和经济社会发展指导意见的实施方案》。

11 月 27 日 第 7 届江苏名特优农产品交易会在上海开幕，江苏

15 大类、700 多个名特优农产品面向广大上海市民展销展示。

12 月 1 日　江苏省中小企业协会在南京成立。江苏省 100 万户中小企业创造了全省 60% 以上的经济总量，吸纳了 80% 以上的从业人员，提供了 50% 以上的税收。

12 月 29 日　全省新型农村社会养老保险工作会议在南京召开。省政府出台《江苏省新型农村社会养老保险制度实施办法》，《实施办法》提出，在已全面开展新农保试点工作的基础上，力争到 2010 年底所有涉农县（市、区）全部推行新农保，基本实现对全省农村适龄居民的全覆盖，这一目标比国家规定提前 10 年左右。

二〇一〇年

1月1日 科技部发布《2009 年中国区域创新能力报告》。《报告》显示，2009 年江苏区域创新能力排名由 2008 年的第四位上升至第一位，成为全国创新能力最强的地区；在企业创新能力指标中，江苏的大中型工业企业科技活动经费内部支出、外观设计专利申请数、技术改造投入、新产品销售收入均居全国第一。

同日 农业部发布 2010 年超级稻品种名录，里下河地区农业科学研究所的"扬粳 4038"、南京农业大学的"宁粳 3 号"和省农科院粮食作物研究所的"南粳 44"入选，占超级稻品种认定总数的 1/4。

1月3日 据《新华日报》报道，2009 年，江苏城市告别"绝对贫困"，所有符合条件的贫困人口全部进入低保。城乡人均低保标准分别为每月 307 元和 207 元，比上年同期增长 9.3% 和 21.8%。全省已有 13 个县（市、区）城乡低保标准实现统一。

1月4日 省政府决定，授予"果蔬食品的高品质干燥关键技术研究及应用"等 195 个项目 2009 年度江苏省科技进步奖，其中，一等奖 18 项，二等奖 59 项，三等奖 118 项。

1月5日 国家环保核查组对江苏 2009 年主要污染物减排进行核查。2009 年，江苏共实施 1121 个减排项目，顺利完成全年减排任务，成为唯一连续三年完成总量减排省份。

同日 科技部发布 2009 年度国家高新技术产业化基地和现代服

务业产业化基地名单，盐城市被认定为首家"国家海上风电高新技术产业化基地"。

同日 省政府出台《关于促进沿海开发的若干政策意见》，提出 2009—2012 年重点在沿海发展专项资金、沿海港口建设、沿海交通基础设施建设、沿海地区电源点建设等 15 个方面加大扶持力度。

1 月 6 日 国家发展改革委决定，在推进深圳市创建国家创新型城市试点工作的基础上，扩大试点范围，原则同意南京、苏州、无锡等全国 16 个城市申报的创建国家创新型城市总体方案，支持以上城市开展创建国家创新型城市试点。

同日 科技部公布第二批 56 家企业国家重点实验室建设计划项目名单，江苏康缘药业股份有限公司"中药制药新技术国家重点实验室"、省建筑科学研究院有限公司"高性能土木材料国家重点实验室"、常州天合光能有限公司"光伏技术国家重点实验室"、雨润食品产业集团有限公司"肉品质量与安全控制国家重点实验室"获得批准，数量居全国省份之首。至此，江苏国家级重点实验室已达 26 家。

1 月 7 日 第四届"长三角最具投资价值县市"评选在上海揭晓，江苏 10 县市当选，占当选县市近一半。江阴、昆山、常熟、宜兴、丹阳获"最具竞争力奖"，太仓获"最具创新力奖"，如东、高淳、大丰、沛县获"最具投资潜力奖"。

同日 全省第 100 家 AAAA 级景区在盱眙县第一山挂牌，江苏成为全国首个 AAAA 级以上景区超百家的省份。截至 2009 年底，全省 A 级景区已达 368 家，位居全国前列，其中 AAAAA 级景区 5 家，排名全国第一。

1 月 11 日 国家科学技术奖励大会在北京召开，江苏共有 51 项（通用项目）具有自主知识产权的科技成果获奖，获奖数量为历年最多，跃居全国第二。其中，由江苏省中科院植物研究所陈守良教授等主要参与编研的《中国植物志》，获唯一的国家自然科学一等奖；由南京水利科学研究院、河海大学等15家单位联袂完成的"膨胀土地区公路建设成套技术"，攻克膨胀土边坡屡治屡滑的技术难题，获国家科学技术进步奖一等奖；江苏省电力公司泰州供电公司许杏桃，成为江苏首位获得国家科学技术奖的工人。

同日 省人力资源和社会保障厅公布，2009年12月，全省当月新增农村零转移家庭1298户，1280户家庭在各级政府的帮助下至少1人就业，就业率为98.6%，基本实现农村零转移家庭至少1人就业的目标。

1月12日 省政府决定，授予南京市建邺区、常州市钟楼区、南通市崇川区、连云港市新浦区和扬州市广陵区"江苏省社区卫生服务先进区"称号。

1月14日 苏浙皖三地联合制定的《关于长三角地区职工基本医疗保险关系转移接续的意见》《长三角地区异地居住企业离退休人员养老保险待遇资格协助认证合作协议》《长三角地区失业保险关系转移及待遇享受的合作协议》等文件正式公布。《意见》明确，在转出地已经参加职工医保、后因跨地区就业的，可转移医保关系，未达到国家法定退休年龄的机关、事业单位和建立稳定劳动关系的企业职工，可以进行医保异地转接，以后再逐步扩大到灵活就业及其他人员。

同日 全国人大常委会委员长吴邦国在南通、苏州、无锡等地调研。

1月15日 全省农村工作会议在南京召开。据统计，2009年全省农民人均纯收入突破省定全面小康指标，首次突破8000元大关，提前1年实现全面小康目标。会上，省委农村工作领导小组授予华西村等100个村"江苏省社会主义新农村建设示范村"称号。

1 月 20 日　历时两年的江苏省第二次全国经济普查结束。第二次全国经济普查数据显示，2008 年全省 GDP 总量为 30981.98 亿元，总量居全国第二位，增长 12.7%。

同日　"2009 年度中国社会政策十大创新"年度评选在北京揭晓，南京首创的"投资项目就业评估制度"入选年度十大创新社会政策，"江苏全面提高残疾人救助、福利、康复、教育保障水平"入选年度社会政策八大优秀事例。

1 月 21 日　全国首部慈善法规——《江苏省慈善事业促进条例》，经省第十一届人大常委会第十三次会议审议通过。《条例》共分八章六十条，主要规定了慈善组织、慈善捐赠和募捐、慈善救助和服务、扶持和奖励、慈善文化建设以及法律责任等内容，并规定每年 11 月第一个星期为江苏慈善周。《条例》于 2010 年 5 月 1 日起施行。

同日　省政府授予全省 62 个县（市、区）"江苏省教育现代化建设先进县（市、区）"称号。

1 月 22 日　省人力资源和社会保障厅召开新闻发布会宣布，截至 2009 年底，全省新农保制度共吸引 591.37 万人参保，并有近 140 万农民和城市居民一样按月领取养老金，新农保参保人数和待遇享受人数居全国首位。

1 月 23 日　省人力资源和社会保障厅宣布：经省政府同意，从 2010 年 2 月 1 日起，上调最低工资标准。一类地区上调到每月 960 元，二类地区上调到每月 790 元，三类地区上调到每月 670 元。一类、二类、三类地区月最低工资标准分别较调整前增长 12.95%、12.86%、13.56%。调整后，江苏省一类地区的最低工资水平已与上海、杭州等地基本持平。江苏成为我国受金融危机冲击作出政策调整之后，第一个上调最低工资标准的省份。

同日　据《新华日报》报道，江苏在全国率先实现社会救助城乡一体化。全省106个县（市、区）中近一半已实现医疗救助与城镇医保、新农合的"无缝对接、同步结算"。

1月26日 常州国家高新区宣布：科技部正式批准以常州天合光能有限公司为承担主体，建设光伏技术国家重点实验室。这是全国首批获准建设的2家光伏技术国家重点实验室之一，也是华东地区首家。

1月28日 农民工服务管理经验交流会暨联合国开发计划署项目试点城镇扩展会在吴江市盛泽镇召开。会上，江苏盛泽镇等全国7个城镇被联合国开发计划署、国家发展改革委城市和小城镇中心命名为"联合国开发计划署试点城镇"。盛泽镇也是江苏首个针对农民工服务管理的试点城镇。

1月30日 2008—2009江苏优秀文艺作品颁奖晚会"时代的召唤"在南京举行。自2007年10月以来，江苏在众多国家级评选中，共获得480多个奖项。在第十一届全国"五个一工程"评选中，江苏以电视剧《人间正道是沧桑》为代表，共有10部作品获奖。

2月4日 宿迁市、泰州市、金坛市被住房和城乡建设部命名为"国家园林城市"，溧水县、高淳县、金湖县被命名为"国家园林县城"，江阴市新桥镇被命名为"国家园林城镇"。

2月5日 全球首所太阳能特色的"低碳"校园——无锡外国语学校新址落户太湖新城。

2月7日 南水北调东线25项截污导流工程中第一个建成的工程，总投资8125万元的江都市南水北调截污导流工程正式投入运营。南水北调源头安全洁净的长江水将调往缺水的北方地区。

2月8日 江苏省美术馆新馆落成典礼暨美术作品特展开幕式在南京举行。

2月9日 国务院和中央军委批复同意，在江都新建苏中民用机场。苏中江都民用机场由扬州、泰州两市联合共建，是国家规划建设的国内支线机场，位于扬州江都市丁沟镇麋村，项目总投资 9.74 亿元。3 月 18 日，苏中民用机场正式奠基，计划 2011 年底建成。

2 月 24 日 省太湖水污染防治委员会第四次全体（扩大）会议在南京召开。

2 月 25 日 江苏省政府和科技部、卫生部、国家食品药品监督管理局、国家中医药管理局在南京签订协议，决定共同推动泰州中国医药城建设。当日，共同推进泰州中国医药城建设启动仪式在南京举行。

同日 世界首座集钻、探、储油三种功能于一体的超深水海洋钻探储油平台在中远船务启东基地建成。

2 月 27 日 盐城市政府与省环保厅联合举行记者见面会，宣布在盐城国家级珍禽自然保护区经停的候鸟已达 395 个种类、近 300 万只。盐城"国家级自然保护区"将核心区由 1.38 万公顷扩大到 2.19 万公顷。

2 月 28 日 中国社科院发布 2008—2009 年《中国省域经济综合竞争力蓝皮书》，上海、北京、江苏 3 省市位列全国 31 个省级行政区经济综合竞争力前三名，江苏在政府作用和产业经济两项竞争力指标上均居首位。

3 月 1 日 省政府在南京召开全省保障性安居工程建设工作电视电话会议。会议提出，2010 年全面完成保障性安居工程建设阶段性任务，实现低保住房困难家庭申请廉租住房实物配租和租金补贴应保尽保、低收入住房困难家庭申请购买经济适用住房和廉租住房租金补贴应保尽保，同时逐步扩大供应范围，将廉租住房实物配租保障对象逐步扩大到低收入无房家庭，将经济适用住房保障对象逐步扩大到中低收入住房困难家庭。

同日 省教育厅与人保产险等 3 家保险公司正式签订全省学生人身伤害事故责任险保险合同，这标志全省 1300 多万在校大中小学生和在园幼儿全部纳入学生人身伤害事故责任保险范围。

3 月 3 日 据《新华日报》报道，2009 年江苏全省高等教育毛入学率达到 40%，高中阶段毛入学率达到 95%，初中在校生年巩固率达到 98.56%，多项指标提前 10 年达到国家中长期教育事业发展目标。

3 月 4 日 省政府办公厅转发省发展改革委、省民政厅《关于进一步加强民政公共服务设施建设的意见》，在全国首次提出将民政公共服务设施建设纳入本地经济社会发展规划和城乡建设规划，今后民政公共服务设施建设所需经费纳入财政预算，并吸引更多社会资本投入民政项目建设。

3 月 8 日 首批 41 家江苏省科技产业园经省科技厅确认并启动建设。

3 月 10 日 住房和城乡建设部、国家旅游局联合发布第一批 105 个全国特色景观旅游名镇（村）名单，江苏昆山市周庄镇、吴江市同里镇、江阴市徐霞客镇、常熟市沙家浜镇、宜兴市湖滏镇、苏州市吴中区木渎镇、姜堰市溱潼镇、常熟市支塘镇蒋巷村、苏州市吴中区越溪街道旺山村 9 个镇（村）入选，数量为全国最多。

3 月 12 日 省政府在南京召开全省妇女儿童工作会议，对加快全省妇女儿童事业发展、深入推进妇女儿童 8 件实事作出部署。

3 月 13 日 苏沪高速公路全线贯通。至此，江苏与上海之间的高速公路已达 4 条，共有 26 个车道，两地高速公路网实现无缝对接。

3 月 14 日 我国最大的水运工程——长江口 12.5 米深水航道全线贯通，5 万吨级海轮可以全天候进出太仓港。

3 月 17 日 省建筑行业协会公布数据：2009 年江苏省建筑业

全年总产值达 10079 亿元，成为全国首个建筑业年产值超 1 万亿元的省份。

同日　长江口深水航道治理二期 10 米水深航道向上延伸工程（南京—浏河口段）通过交通运输部组织的竣工验收。南浏段航道维护水深达到 10.5 米，3 万吨级海轮可以从长江口直达南京。

3 月 19 日　环境保护部发布公告，授予全国 398 个乡镇"全国环境优美乡镇"称号、83 个村"国家级生态村"称号。江苏南京市江宁区淳化街道等 64 个乡镇、无锡市华西村等 11 个村分别入选。

同日　徐州市故黄河水利风景区、太仓市金仓湖水利风景区、南京市珍珠泉水利风景区、南京市天生桥河水利风景区被水利部正式确定为第九批国家水利风景区。

3 月 23 日　省工商局发布《2009 年度个体工商户私营企业发展情况分析报告》。《报告》显示，2009 年江苏个私经济实现增加值占全省 GDP 的比重由 2008 年的 37.1% 上升到 39.4%，增加 2.3 个百分点，首次超过国有和集体企业。截至 2009 年底，江苏私营企业总量达 91.16 万户，连续九年位居全国第一；个体工商户达到 261 万户，连续五年位居全国第二。

同日　国家物联网标准工作组成员单位——无锡物联网产业研究院提出的《关于物联网信息处理服务和接口规范的标准提案》，获国际标准化组织和国际电工委员会信息技术委员会物联网国际标准工作组的立项。这是我国在物联网领域立项的第一个国际标准。

3 月 26 日　省第十一届人民代表大会常务委员会第十四次会议正式通过《江苏省城乡规划条例》，自 2010 年 7 月 1 日起施行。

同日　在浙江嘉兴举行的长三角城市经济协调会第十次市长联席会议上，江苏盐城市、淮安市与安徽合肥市、马鞍山市和浙江金华市、衢州市 6 个城市正式成为长三角城市经济协调会会员。至此，长三角城市经济协调会成员城市增至 22 个。

3 月 29 日　江苏首批对口支援云南抗旱物资发往昆明。此次对口支援的有上海、江苏、浙江、山东 4 个省市，江苏抗旱物资第一个发往云南。

3 月 30 日　全国对口支援新疆工作会议在北京闭幕。会议确定北京、天津、上海、江苏、广东等 19 个省市承担对口支援新疆的任务。

4 月 1 日　中编办、中农办、国家发展改革委、公安部、民政部、财政部六部门决定在全国 25 个经济发达镇开展行政管理体制改革试点，江苏昆山市张浦镇、江阴市徐霞客镇、兴化市戴南镇、吴江市盛泽镇等 4 个镇列入试点。

同日　环境保护部、商务部、科技部正式批准无锡新区为国家生态工业示范园区。至此，全国国家级生态工业示范园区共有 6 家，其中江苏占 3 家。

同日　全国绿化委员会授予苏州市"全国绿化模范城市"称号，授予响水县、盱眙县、泰兴市、溧阳市、丰县、睢宁县、如皋市"全国绿化模范市县（市）"称号。

同日　从 4 月 1 日起至 11 月 15 日，江苏省南京、苏州、南通和连云港 4 个城市 26 个国控空气自动监测站点，全部纳入长三角区域大气污染和灰霾联合监测范围，长三角重点城市空气监测"一体化"正式启动。

4 月 7 日　江苏代表团赴陕西考察访问，两省举行苏陕经济社会发展座谈会，签署《关于进一步加强两省能源和其他优势产业战略合作框架协议》。

同日　经工商部门审批，扬州市邗江区汉河高桥社区股份专业合作社领取"社区股份专业合作社法人"营业执照。这是《江苏省农民专业合作社条例》颁布后，江苏首家农民社区股份专业合作社法人。

4月14日 中央扩大内需促进经济增长政策落实检查组反馈意见会在南京举行。检查组反馈意见认为，江苏贯彻有力、成效显著，经验值得借鉴。2008年11月以来，中央4批新增投资项目计划共下达江苏省项目707个，总投资1161.28亿元，其中中央新增投资64.35亿元。

4月15日 据《新华日报》报道，省住房和城乡建设厅与省财政厅联合下发《关于开展"十二五"住房保障规划编制工作的通知》，在全国首次正式提出"两个扩面"和"三个应保尽保"。"两个扩面"是指廉租住房实物配租扩大到低收入家庭，经济适用住房供应对象扩大到中低收入家庭。"三个应保尽保"是指实现全省城市低收入无房家庭申请廉租住房实物配租"应保尽保"，中低收入住房困难家庭申请购买经济适用住房"应保尽保"，新就业人员、外来务工人员和部分住房特殊困难的中低收入家庭申请公共租赁住房"应保尽保"。这标志着江苏住房保障政策体系已走在了全国前列。

同日 常熟市被住房和城乡建设部列为全国首个"村镇污水治理县域综合示范区"。

同日 江苏核电有限公司与俄罗斯原子能建设出口公司正式签署田湾核电站1、2号机组最终验收证书，标志着中俄经济合作的最大项目——田湾核电站一期工程建设总合同规定的所有任务顺利完成。

4月16日 上海世博会江苏馆落成，于5月1日正式开馆。江苏馆位于中国国家馆一层，参展主题为"锦绣江苏，美好家园"，通过"园林""园区""家园"三大要素集中体现。镇馆之宝为世界上最大的一棵玉雕白菜。

4月18日 江苏省党政代表团，到新疆克孜勒苏柯尔克孜自治州、伊犁哈萨克自治州调研考察和进行工作对接，与自治区和克州、伊犁州党委政府共商进一步做好对口支援工作、扩大两省区交流合作大计。

4月20日 江苏省、浙江省、上海市高院在上海联合签署《长三角地区人民法院司法协作交流联席会议议事规则》等6项司法协作规则。

4月23日 省政府办公厅转发省人力资源和社会保障厅、省财政厅制定的《江苏省企业职工基本养老保险关系转移接续实施意见》，对全省1386万参保人员关心的养老保险关系省内转移接续作出明确具体规定。

同日 我国第一个以地质矿产为主要内容的专业博物馆——南京地质博物馆新馆建成开馆。

5月1日 全省唯一无城市公交的睢宁县举行城市公共交通特许经营权授予暨首批公交开通仪式，这标志着江苏所有县级城市全部开通了公交车。

5月7日 淮海经济区核心区城市市长会议在徐州召开，徐州、连云港、宿迁、枣庄、济宁、商丘、淮北、宿州4省8市签署《关于加快淮海经济区核心区一体化建设的意见》，标志着淮海经济区核心区一体化建设正式启动。

5月9日 淘宝网发布《2009—2010年度中国网购热门城市报告》。《报告》显示，继上海、北京、深圳、杭州、广州之后，南京、苏州位列全国网购消费力十大城市第六、第七位。

5月13日 江苏省首批20家省级新型工业化产业示范基地授牌成立。

5月14日 中共中央政治局常委、中央纪委书记贺国强在江苏考察工作。

5月19日 省政府办公厅转发《关于江苏省义务教育优质均衡改革发展示范区建设的意见》，确定南京市、无锡市、苏州市、常州市、铜山县、如皋市、灌南县、洪泽县、盐城市盐都区、扬州市邗江区、丹阳市、靖江市、泗阳县13个市、县（市、区）为首批创建义务教育优质均衡改革发展示范区。

5月23日 根据中央部署，省委常委会决定，由12个省辖市和昆山、江阴、张家港及南京市江宁区，分别承担对口支援新疆伊犁州所有直属的10个县（市）、克州的3个县（市）、新疆生产建设兵团2个农师（团场）以及霍尔果斯口岸任务。

5月24日 国务院正式批准实施《长江三角洲地区区域规划》。依据《规划》，长江三角洲地区发展的战略定位是：亚太地区重要的国际门户、全球重要的现代服务业和先进制造业中心、具有较强国际竞争力的世界级城市群。

5月28日 南京地铁二号线及一号线南延线通车、长江隧道通车试运营、纬三路过江通道奠基庆典在南京举行。

6月1日 江苏临海高等级公路在大丰市先导段正式开工。临海高等级公路是实施沿海开发的重大交通基础设施工程，也是江苏省干线公路建设历史上规模最大、里程最长、技术最复杂的单项工程项目。该项目开工，标志着江苏新一轮沿海开发交通基础设施建设序幕正式拉开。

6月3日 科技部、财政部发布2010年度科技型中小企业技术创新基金第一批立项项目，江苏获得立项379项，占立项总数的11.03%，支持金额28035万元，占11.3%，居全国各省市之首。

同日 由农业部、文化部、中国文联主办的"美丽的田野·首届中国农民艺术节开幕式文艺晚会"在昆山举行。开幕式晚会后，丰富多彩的农民艺术节系列单项活动在全国各地陆续展开。

6月4日 省委、省政府决定设立"江苏杰出人才奖",2010年将在全省范围内评选10名在经济、科技、教育、卫生、文化、社会等领域获得突出成就的优秀人才进行重奖,这是江苏省人才方面的最高奖项。

6月8日 据《新华日报》报道,江苏总投资超过200亿元的新一轮淮河治理工作正式启动,主要任务包括淮河入江水道整治、淮河入海水道二期、洪泽湖大堤加固、分淮入沂整治以及里下河洼地治理等项目。

6月9日 省委政法委发布中央综治办对31个省(区、市)2009年社会治安综合治理工作的考评结果。江苏省得分为94.453分,位居全国第一。至此,江苏连续五年在此项考评中位居全国第一。同时,在国家统计局开展的2009年全国公众安全感抽样入户调查中,江苏省公众安全感达到98.86%,位居全国第一,自2003年开展此项调查以来,江苏该项指标一直位于全国最前列。

6月20日 省政府出台《江苏省服务业提速计划》。《计划》提出,到2012年,服务业年均增长15%左右,全省服务业增加值达到22000亿元左右,服务业增加值占GDP比重、服务业从业人员占全社会从业人员比重每年分别提高1个百分点以上,生产服务业增加值占全省服务业增加值比重力争达到40%。

6月22日 省政府出台《江苏省传统产业升级计划》。《计划》提出,到2012年,全省纺织、冶金、轻工、建材四大传统产业实现创新能力、发展后劲、品牌效应、集聚水平、经济效益"五个明显提升",主营业务收入达46000亿元;到2015年,四大传统产业转型升级取得实质性进展,主营业务收入达67700亿元。

同日 东风悦达起亚第一百万辆汽车下线,标志着盐城成为江苏省最大的乘用车生产基地。

6月24日　拉萨市代表团到江苏访问考察,双方就进一步做好对口支援工作进行商谈。

6月25日　国家发展改革委公布2009年各省市区节能目标责任评价考核结果,2009年江苏省单位GDP能耗下降5.17%,超出降低4%的年度目标。

6月28日　省政府在南京召开全省加快发展新兴产业大会。会议明确全省发展新兴产业的主要目标是:尽快形成新兴产业的技术优势、品牌优势和规模优势,基本形成结构布局合理、自主创新能力强、消耗低排放少、经济效益好的新兴产业体系,关键核心技术的拥有率明显提升、国内外市场占有率明显提升、对经济增长的贡献率明显提升、对经济结构调整的带动力明显提升,在全国战略性新兴产业发展中处于领先地位。

同日　靖江民营造船企业新世纪造船公司与希腊船东达纳康油轮管理公司签下中国民营船企"第一单"——4艘32万吨VLCC超大型油船,合同总金额3.8亿美元。这不仅是中国民营造船企业承接超大型油船的首份订单,也是江苏造船史上金额和总吨位最大的一单。

6月30日　省政府出台《关于加快淘汰落后产能工作的实施意见》,要求深入开展化工生产企业专项整治,2010—2012年重点淘汰电力、钢铁、水泥、化工、造纸、制革、印染等行业的落后产能。

7月1日　沪宁城际高速铁路通车典礼在上海、南京两地同时举行,沪宁城际高速铁路正式开通运营,上海至南京的最快运行时间缩短至73分钟。沪宁城际高速铁路是我国乃至世界上标准最高、里程最长、运营速度最快的一条城际高速铁路。它的建成通车,标志着构建长三角"一小时都市圈"取得重大突破,对于提升长三角地区综合竞争力,在更高水平上实现又好又快发展,具有重要战略意义。

同日　无锡市城乡低保标准提标并轨，其中市区城乡低保标准统一提高到 420 元，成为江苏首个实现全市城乡低保标准并轨的省辖市。

7月3日　江苏省政府与民政部在南京签署共同推进江苏民政事业率先发展合作协议。根据协议，双方将在进一步推进社会组织改革与发展、创新现代城乡基层社会管理和服务模式、探索建立适度普惠型社会福利制度、不断完善救灾救助体系、建立完善优抚安置服务体系、做好行政区域和行政管理体制改革相关工作、加强民政事业基层基础建设等方面合作。双方还决定建立联席会议制度。

7月5日　联合国人居署向常州武进区颁发"联合国人居环境特别荣誉奖"，并宣布常州武进区为中国首个联合国"人居实验城市"。

7月6日　江苏省南水北调西线工程在金湖县开工，标志着江苏省南水北调工程建设进入了全面加快的新阶段。

7月12日　省政府出台《关于加快文化产业振兴若干政策的通知》，提出要加大财税扶持力度，构建多元化投融资服务体系，培育重点文化产业和骨干文化企业，加强文化产业园区和基地建设，加快文化产业人才培养，完善文化产业发展的保障条件，加快文化产业振兴，推动文化强省建设。

7月24日　省政府办公厅转发省住房和城乡建设厅等部门《关于大力发展公共租赁住房指导意见》。《意见》提出，要紧紧围绕"低保家庭住得上廉租房、低收入家庭住得上经济适用房、新就业人员租得起房"的目标，大力推进公共租赁住房建设，积极培育和发展住房租赁市场，着力解决城市中等偏下收入家庭、新就业人员和外来务工人员的住房困难，推动住房保障制度体系的完善，进一步引导住房合理消费，加快实现住有所居。

7月28日 省第十一届人民代表大会常务委员会第十六次会议正式通过《江苏省发展规划条例》，开创了全国发展规划地方立法的先河。《条例》自2010年10月1日起施行。

7月29日 省人力资源和社会保障厅、省农委、省扶贫办、省财政厅出台《江苏省农村公共就业服务四项制度实施办法》，在全国率先推行农民就业失业登记制度。

7月31日 省委、省政府作出《关于深入学习华西村新经验推动全省科学发展上新水平的决定》，号召全省各级党委、政府要组织广大干部群众紧密结合自身实际，深入学习华西村推动科学发展的新经验，坚持解放思想、实事求是、与时俱进、不断创新，抢抓机遇，真抓实干，扎扎实实推动经济转型升级，坚定不移地走科学发展之路。

8月 江苏超额完成住房保障工作年度目标任务。1—8月，全省廉租住房新增6847套、在建10478套，合计17325套；公共租赁住房新增75629间（套）、在建20564间（套），合计96193间（套）；新开工经济适用住房87699套；发放廉租住房租赁补贴50096户；棚户区危旧房改造完成828万平方米。江苏省住房保障建设工作超额完成国家确定的年度目标任务。

8月2日 省政府出台《关于实施蓝天工程改善大气环境的意见》，全面启动大气污染综合治理工作。

8月7日 国家发展改革委将苏州市列为城乡一体化发展综合配套改革联系点，这是全国第三个被批准设立的改革联系点。

8月8日 省委在南京召开全省对口援藏援疆工作会议，深入学习贯彻中央重大决策，对江苏新一轮对口援藏援疆工作进行部署安排，动员全省上下增强工作合力，高起点高要求落实新一轮对口支援各项任务，努力开创对口援藏援疆工作新局面。

8月16日　省政府出台《江苏新兴产业倍增计划》。《计划》提出，到2012年，六大新兴产业实现销售收入超3万亿元，年均增速超过30%，占规模以上工业销售收入的比重达30%，增加值占GDP比重确保超过15%，力争达18%。

8月24日　省委办公厅、省政府办公厅印发《江苏省对口支援新疆伊犁州、克州前方指挥部机构设置、主要职责和干部选派及管理工作方案》，确定在新疆伊犁州、克州分别成立江苏省对口支援新疆伊犁州、克州前方指挥部。伊犁州指挥部负责伊犁州和新疆生产建设兵团农四师、农七师的对口支援工作，克州指挥部负责克州3个县（市）的对口支援工作。

8月26日　《江苏省中长期人才发展规划纲要（2010—2020年）》颁布实施。《纲要》提出，到2015年，江苏区域创新能力继续走在全国前列，率先建成人才强省；到2020年，把江苏建成优秀人才集聚高地，人才发展的主要指标达到国际先进水平。省委、省政府决定设立"江苏杰出人才奖""江苏创新创业人才奖""江苏留学回国先进个人奖"，表彰奖励在江苏经济社会发展中作出突出贡献的人才。

同日　《江苏省中长期教育改革和发展规划纲要（2010—2020年）》在全国率先颁布实施。《纲要》提出，到2015年，全省教育发展规模、教育质量、教育投入、教育贡献度继续走在全国前列，率先建成教育强省；到2020年，全省教育发展主要指标达到国际先进水平，率先实现教育现代化，建成学习型社会和人力资源强省。

同日　科技部、国家海洋局联合发布：我国自行设计的"蛟龙号"载人潜水器在南中国海3000米级海上试验取得成功，最大下潜深度达到3759米，创造了水下和海底作业9小时03分的纪录。作为载人深潜主驾驶员，无锡中船重工集团公司702研究所科研人员叶聪，将一面国旗插在 3759 米深的南海海底，成为"中国载人深潜 3700 米第一人"。

8 月 30 日　江苏移动公司宣布，全省移动客户数量已突破 5000 万大关。

9 月 1 日　公安部、住房和城乡建设部联合在江苏省江阴市举行实施畅通工程模范管理城市授牌仪式，江苏省南京、常州、扬州及江阴、常熟、张家港、昆山、太仓 8 个城市被评为"2008 年至 2009 年度实施畅通工程模范管理城市"。江苏省实施畅通工程模范管理城市数量已连续 8 年位居全国第一。

9 月 3 日　工业和信息化部与江苏省政府在北京签署部省共同推进无锡国家传感网创新示范区建设合作协议，这标志着部省合作推进无锡创新示范区建设工作进入战略实施阶段。按照部省合作协议，工业和信息化部、江苏省将重点在引领传感网技术创新、培育传感网产业、加强传感网示范应用、搭建传感网服务平台、谋划示范区规划布局、研究示范区扶持政策等方面展开合作，合力提升无锡国家传感网创新示范区自主创新能力、产业竞争力和传感网应用水平，加快培育传感网这一战略性新兴产业。会上，成立了无锡国家传感网创新示范区咨询专家委员会。

同日　江苏省对口支援三峡库区移民工作座谈会暨项目签约仪式在南京举行。江苏省与三峡库区有关区县共签订合作项目 18 个，协议金额 270.1 亿元，其中投资 10 亿元以上项目 7 个、5 亿元以上项目 5 个、1 亿元以上项目 6 个。

9 月 7 日　省委、省政府转发《中共苏州市委、苏州市人民政府关于推进城乡发展一体化综合改革试点工作的报告》，要求各地结合实际研究借鉴苏州试点工作经验。

同日　省物价局、省财政厅、省环保厅联合下发《关于调整太湖流域污水排污费征收标准的通知》，决定从 10 月 1 日起，提高太湖流域污水排污费征收标准，将太湖流域污水排污费征收标准由 0.9 元每污染当量提高到 1.4 元每污染当量。

9 月 10 日 省政府出台《关于加快发展体育产业的实施意见》。《意见》提出到 2015 年，体育产业增加值占全省地区生产总值 1.2% 的目标，初步建立符合现代体育发展规律，门类齐全、结构合理、运作规范，具有一定竞争力和影响力的体育产业体系，基本建成规范有序、繁荣发展的体育市场，促进体育相关产业发展。

9 月 15 日 据《新华日报》报道，江苏已完成农村改厕超过 74 万座，提前超额完成国家下达的 2010 年改厕 25 万座的任务。江苏省连续两年提前超额完成国家下达的农村改厕任务。

9 月 26 日 淮安涟水机场正式通航，淮安通往北京、上海的航线同时开通。

9 月 27 日 省政府出台《关于进一步加快发展现代服务业若干政策》。《政策》共 6 大项 30 条，并明确设立"江苏省现代服务业集聚区"，省级现代服务业发展引导资金 2011 年起增至 3 亿元。

9 月 28 日 国电龙源电力集团股份公司所属江苏如东 30 兆瓦潮间带试验风电场全部建成并投产发电，标志着国内第一个潮间带风电场建成。

9 月 29 日 江苏通过"全国白内障无障碍省"检查验收，率先成为"白内障无障碍省"。

9 月 30 日 至 9 月底，全省各级财政累计投入农家书屋资金近 1 亿元，社会捐助 3182 万元，建成农家书屋 16741 个，在全国率先实现行政村农家书屋全覆盖。

10 月 10 日 省环保厅公布，"十一五"期间江苏连续 4 年完成或超额完成国家下达的减排任务。至此，全省化学需氧量和二氧化硫分别提前完成"十一五"减排总目标的 110% 和 123%。

10 月 14 日 据《新华日报》报道，科技部公布 2010 年度新建省部共建国家重点实验室培育基地建设项目名单，江苏新增 2 家。至此，国家在江苏布局建设的省部共建国家重点实验室培育基地达 5 家，占全国的 4.4%，数量居全国前列。

10 月 24 日 省委、省政府在南京召开生态省建设工作会议。

10 月 28 日 省人力资源和社会保障厅公布：全省 1500 多万农村适龄人口中，已有 1463.5 万人参加了新型农村养老保险；693 万年满 60 岁农民按月领取养老金，新农保参保率和养老金发放率双双超过 97%。江苏在全国率先实现新农保两个"全覆盖"，比国家规定时间提前 10 年。

10 月 31 日 江苏省首个低碳示范区暨低碳科技创新基地在武进高新区启动建设。国际气候组织、美国可持续发展社区协会和江苏省科技厅、省住房和城乡建设厅分别将其列为示范项目。

11 月 1 日 第五届中国城镇水务发展国际研讨会与技术设备博览会暨中国城镇供水排水协会 2010 年年会在无锡开幕，南京市绿水湾湿地公园、常熟市沙家浜湿地公园等被住房和城乡建设部命名为"国家城市湿地公园"。

11 月 3 日 江海（扬州江都至南通海安）、连临（连云港至山东临沂）、徐济（徐州至山东济宁）、锡张（无锡至张家港）高速公路建成通车暨全省高速公路通车里程突破 4000 公里庆典仪式在江海高速扬州江都段举行。4 条高速公路正式建成通车，标志着江苏省高速公路通车总里程突破 4000 公里，达到 4059 公里，密度全国第一，圆满完成"十一五"交通规划预定的高速公路建设目标。

11 月 8 日 中央文明办公布国家统计局对全国 117 个城市公共文明指数和未成年人思想道德建设工作测评结果，扬州市公共文明指数排名在全国地级城市中名列江苏第1、全国第5，南通市、苏州市、镇江市分别列13位、27位和31位，张家港市以179.93分再次排名全国县级市之首。

11月10日 据《新华日报》报道，2010年全省公共租赁住房建设进展顺利，年初省政府制定的年内新增公租房10万间（套）的目标任务已超额完成。至此，江苏省公租房累计已实现40万间（套）的保有量。

11月17日 省政府出台《支持南京国家科技体制综合改革试点城市建设的若干政策意见》。新出台的支持政策共13条。这是江苏省政府首次为各类"试点城市建设"出台的专门性政策文件。

11月18日 省委、省政府出台《关于加快推进生态省建设全面提升生态文明的意见》。《意见》提出，到2015年，主要监测指标达到生态省建设序时进度，转变发展方式取得重大进展，环境基础设施支撑能力大幅提升，生态环境质量显著改善，人民群众对生态和人居环境满意度持续提高，为率先基本建成生态省奠定坚实基础；到2020年，全省地表水、空气环境质量达到环境功能区划要求，海域环境质量保持稳定，城乡环境质量和生态功能得到全面改善，在全国率先基本建成生态省。

同日 江苏省对口援疆援藏工作领导协调小组成立。领导协调小组办公室设在省发展改革委，负责具体牵头组织协调对口援藏援疆日常工作。领导协调小组分别在新疆伊犁州、克州设立对口援疆前方指挥部，具体组织实施对口援疆工作；省对口支援拉萨前方指挥部职责由省援藏干部前方管理协调小组承担，省援藏干部总领队负责。

11月25日 江苏省南水北调里下河水源调整工程建设动员会议在兴化召开。即将开工建设的里下河水源调整工程投资概算22.3亿元，是南水北调东线工程的重要组成部分，也是江苏境内单项投资最大的主体工程。

同日　随着宜兴农村商业银行挂牌成立，苏州、无锡、常州三市的农信社在全国率先"变身"为农村商业银行，标志着活跃在苏南3市、经营50多年、由农民入股创办的集体性质的农村合作金融企业，一跃变为苏南现代金融企业。

11月29日　《江苏省对口支援新疆伊犁州综合规划》和《江苏省对口支援新疆克州综合规划》通过省发展改革委评审。

12月1日　今起，江苏鲜活农产品运输绿色通道范围扩大至全省所有收费公路。

12月2日　《江苏省城镇体系规划纲要》顺利通过住房和城乡建设部审查。

12月3日　京沪高铁在徐州东站举行由中国自主研发的国产"和谐号"CRH380A新一代高速动车组列车试运行上线仪式。11点28分，列车创下486.1公里的时速，这是继2010年9月28日沪杭高铁试运行创下时速416.6公里之后，中国高铁再次刷新世界铁路运营试验最高速度的记录。

12月5日　由求是《小康》杂志社主办的"2010中国第五届全面小康论坛"在北京举行，江阴市、常州市武进区、宜兴市入选"2010中国全面小康十大示范县市"前三名，南京市"免费开放公园"、江阴"被征地农民并轨城保政策"、常州武进"全力推进城乡一体化"、淮安"阳光信访"4个项目入选"2010中国全面小康十大民生决策"，江阴宇洁环保科技有限公司、梦兰集团入选"2010中国全面小康最佳贡献企业"，查永恩、周莉入选"2010中国全面小康最佳贡献人物"。

12月6日　江苏首个国家教育体制改革试点项目——南通市国家级高职教育综合试验区建设工作正式实施。

12 月 10 日　苏北地区第一个、江苏第五个保税区——连云港保税物流中心通过海关总署、财政部、国家税务总局、国家外汇管理局四部委的联合验收，正式封关运行。

12 月 21 日　省人力资源和社会保障厅、省财政厅发出《关于实行失业人员基本生活消费价格上涨动态补贴的通知》，规定从 2011 年起，以省辖市为单位，建立失业保险标准与物价上涨挂钩联动机制，按季度启动失业人员基本生活消费价格上涨动态补贴。这是江苏继在国内率先推行低保家庭物价动态补贴后，公共财政反哺低收入群体的又一新做法。

12 月 22 日　江苏省"挂县强农富民工程"在全国农业工作会议上获"2008—2010 年度全国农牧渔业丰收奖—农业技术推广合作奖"。该奖项为农业部首次设立。

12 月 26 日　连云港至盐城铁路建设动员大会在连云港市举行。连盐铁路是国家中长期铁路网规划项目，是我国东部沿海客货运输通道的重要组成部分，也是实施江苏沿海开发国家战略的重要基础设施项目。连盐铁路自连云港市赣榆县石桥站引出，经赣榆、连云港、灌云、响水、滨海，至盐城北站，正线全长 234 公里，设置 12 个车站。连盐铁路线路等级为国家 I 级双线电气化铁路，设计时速 200 公里，项目总投资 259.84 亿元。动员大会后，铁道部和江苏省共同签署《关于加快江苏铁路建设的会议纪要》。

12 月 27 日　江苏省"十一五"重点工程建设项目——通榆河北延工程实现全线通航通水。通榆河北延工程是江苏加快推进沿海开发战略、支持苏北地区发展的重大民生工程，也是江苏省沿海开发战略中首个建成交付使用的重大战略项目。工程总投资 49 亿元。从此在江苏沿海地区，长江水可直达苏鲁边界。

同日　国内第一个为加强未成年人思想道德建设而成立的基金

会——江苏省未成年人美德基金会在南京成立，由省财政安排1000万元作为基金会原始基金。

12月28日 江苏省教育厅召开新闻发布会宣布，全省已实现从大学、中等职业学校（含技工学校）、普通高中到义务教育阶段扶困助学全覆盖。

12月30日 省政府召开新闻发布会宣布，经过5年建设，长江江苏段实现"全程监控一体化"。

12月31日 江苏省全面完成2010年和"十一五"经济社会发展目标任务。2010年地区生产总值超过4万亿元，人均超过5万元。财政总收入突破1万亿元，其中地方一般预算收入超过4000亿元。地区生产总值五年年均增长13%以上，全省城镇居民人均可支配收入、农民人均纯收入五年年均增长12.9%和10.4%。苏中、苏北对全省经济增长的贡献份额比2005年提高5个百分点。全省已总体上达到省定全面小康指标，标志着江苏"两个率先"取得重大阶段性成果。

同日 2010年，江苏省农民人均纯收入、城镇居民人均可支配收入分别达到9118元和22944元，比上年分别增长13.9%和11.6%，这是自1997年以来，江苏农民收入增幅首次高出城镇居民2.3个百分点。

二〇一一年

1月1日 扬州在全省率先对市区低保对象中的在校学生实行教育救助，市区 1657 名低保对象中的在校学生，按学前和义务教育阶段、高中教育阶段、大学教育阶段三类受教育阶段，每月分别增发低保标准的 20%、60% 和 80% 保障金，市区低保家庭在校生每人每月将平均比 2010 年多享受 227 元。

同日 全省规模最大的电动汽车充电站在江阴竣工启用，该站也是全国县级城市中的第一座电动汽车充电站。

1月13日 全省农村工作会议在南京召开。会议要求加大统筹城乡发展力度，巩固发展"三农"工作好形势，努力实现"十二五"农业农村发展的良好开局。

1月15日 中国经济年会（2010—2011）在大连发布中国转变经济发展方式评价指数，江苏省在转变经济发展方式评价指数"提高较快"的省、自治区中排名第一。

1月19日 江苏省和新疆维吾尔自治区两省区政府在苏州签署《进一步加强两地能源战略合作协议》。

1月20日 京杭运河常州市区改线段钟楼防洪控制工程获得中国水利工程协会颁发的"2010 年度中国水利工程优质（大禹）奖"。

1月21日 省委、省政府下发《关于加快水利改革发展推进水利现代化建设的意见》。《意见》提出，"十二五"期间，淮河、沂沭泗、长江、太湖等重点流域防洪标准全面达到 50 年一遇以上的规划目标，区域骨干河流排涝标准达到 20 年一遇左右，大中城市达到国家防洪排涝标准；全省有效灌溉面积占耕地面积比例达到 85% 以上，旱涝保收面积达到 72% 以上；全省年用水总量控制在 560 亿立方米以内，单位地区生产总值用水量降到 120 立方米每万元以下；水功能区水质达标率提高到 70% 左右，集中式饮用水水源地水质达标率达到 100%。到 2020 年，全省基本实现水利现代化。

1 月 27 日 全省对口援藏援疆工作推进会在南京召开。

2 月 17 日 亚太经合组织技能开发促进中心揭牌仪式暨亚太经合组织技能开发促进项目启动仪式在无锡举行。国务院副总理张德江出席仪式并为亚太经合组织技能开发促进中心揭牌。

2 月 26 日 全国社保基金理事会与南京市保障房公司等签约，30 亿元全国社保基金将以信托贷款形式投入南京保障房建设，这是全国社保基金首次用于保障房建设。

3 月 8 日 省政府出台《2011 年度保障性安居工程建设目标任务分解方案》，确定 2011 年全省新增公共租赁住房、廉租住房 15 万套（间），新建经济适用住房 6 万套，发放廉租住房租赁补贴 4 万户，完成城市棚户区危旧房改造 20 万户、1000 万平方米，解决 45 万户家庭的住房困难。

3 月 10 日 省政府正式印发《江苏省国民经济和社会发展第十二个五年规划纲要》。《纲要》共分 8 篇 22 章。《纲要》提出，"十二五"时期经济社会发展的总体目标是：全省综合经济实力、自主创新能力、国际竞争力和可持续发展能力显著增强，全面建成更高水平的小康社会，苏南等有条件的地方在巩固全面小康成果基础上率先进入基本现代化，人民群众普遍过上更加宽裕安康的生活。

3 月 16 日 省政府召开新闻发布会，宣布全省落实事关妇女儿童切身利益的 8 项实事目标如期实现。未来两年将推进实施"新 8 项

166

实事"，包括建立妇女病查治医疗救助机制、完善特困儿童学前教育资助体系、实施免费婚检一站式服务、实施女大学生就业创业援助工程、实施促进妇女参政议政计划、加强妇女儿童活动阵地建设、实施单亲特困母亲帮扶行动、建立关爱流动留守儿童支持体，继续帮扶救助特困家庭的妇女儿童，让更多特困家庭享受公共服务。

3月23日 苏北发展协调小组第八次会议在宿迁召开。苏南五市政府与苏北对口挂钩市政府签订了年度对口合作协议。会议授予苏州宿迁工业园区等5家园区省共建园区先进单位称号。

3月25日 省政府下发《关于调整征地补偿标准的通知》，决定全省统一按照农用地、建设用地和未利用地确定土地补偿费标准。调整后的土地补偿费和安置补助费最低标准从2011年4月1日起实施。

同日 全省农村社会养老保险工作会议在南京召开。会议提出，2011年巩固新型农村社会养老保险参保和基础养老金发放两个"全覆盖"成果，确保农村适龄居民参保率稳定在95%以上，60周岁以上老人基础养老金发放率稳定在98%以上。

3月30日 省政府办公厅下发《关于加快保障性安居工程建设的意见》。《意见》提出，从2011年起，将廉租住房、公共租赁住房、经济适用住房、各类棚户区危旧房改造以及限价商品住房等，统一纳入保障性安居工程建设。

4月6日 省人力资源和社会保障厅、省教育厅、省财政厅、省民政厅、省卫生厅联合出台《关于购买基层公共服务公益性岗位重点帮扶困难家庭和就业困难高校毕业生就业的意见》。

4月8日 省委、省政府主要领导在南京会见青海省海南藏族自治州党政代表团一行。根据中央安排，江苏省从2010年起承担对口支援青海省海南藏族自治州任务，对口援助工作于2011年开始全面组织实施。2011年青海·海南藏族自治州招商引资项目推介会暨合作项目签约仪式当日在南京举行，共签约意向性合作项目20个，投资资金约162.57亿元。

同日 省脱贫攻坚现场推进会议在淮安市淮阴区召开。会议指出，要更大力度发展现代高效农业，更大力度推进农民就业创业，更大力度发展村级集体经济，更大力度实施帮扶项目，更大力度推进结对帮扶，确保提前一年实现脱贫攻坚目标。

4月14日 全省农村清洁能源工作会议在连云港市召开。会议明确，2011年全省秸秆户用沼气项目补贴比上年提高300元，为每处1800元，补助对象为项目农户。2011年全省继续补助秸秆户用沼气、大中型沼气工程和秸秆气化集中供气工程等项目。据统计，全省已建设户用沼气65万处，规模畜禽场沼气治理工程2263处，秸秆气化集中供气工程150处。

4月15日 省政府正式批准省农业资源开发局制定的《江苏省高标准农田建设规划（2010—2020年）》，这是全国第一部省级高标准农田中长期建设规划。《规划》提出，2010—2020年，每年建设高标准农田10万公顷，到2020年高标准农田占耕地面积的比重由2010年的35%提高到60%以上。

同日 据《新华日报》报道，省政协确定2011年11件重点督办提案。11件提案按照内容分类，共分为"改善城市空气质量""加强农村饮水安全""加快发展学前教育""发展战略型新兴产业""完善社会养老服务""推动科技创新"6个专题。

4月16日 江苏省对口支援新疆伊犁哈萨克自治州的首批100个民生建设和产业发展项目分别在10个县（市）同时开工建设。此次开工的项目援助资金总额为26.55亿元，其中无偿援助资金为9.55亿元，涉及民生类项目81个、产业发展类项目19个。

4月22日　省民政厅、省财政厅、省卫生厅、省人力资源和社会保障厅四部门联合下发《关于进一步完善城乡医疗救助制度的意见》，提出政策范围内医疗救助对象住院自付费用救助比例原则上不低于50%，封顶线不低于2万元。

4月30日　省政府出台《关于加强农业科技创新与推广工作的意见》。

5月24日　农业部与江苏省政府在南京签署共同推进江苏率先实现农业现代化合作备忘录。根据此次签署的合作备忘录，农业部与江苏省政府将重点围绕发展优质粮油产业、建设高效设施农业、做大做强现代种业、加快农业科技创新、推进农业产业化经营、加强农产品质量安全建设、发展生态农业、完善农业社会化服务、开展现代农业示范区建设、创新农业体制机制10个方面，加强部省合作，帮助江苏省早日成为全国优质粮油产业强省、高效设施农业强省、农产品加工流通强省和农业科技创新强省。

6月1日　我国首部关于新型农村合作医疗的省级地方性法规——《江苏省新型农村合作医疗条例》正式施行。

6月2日　江苏省党政代表团赴浙江学习考察，认真学习浙江在转变经济发展方式、推进城乡发展一体化等方面的新鲜经验，进一步深化苏浙两省交流合作。

6月3日　环境保护部发布《重点流域水污染防治专项规划2010年度考核结果》公告。考核结果显示：淮河流域范围内，江苏省项目完成率为94.5%，在建项目比例为3.4%，未动工项目比例为2.1%，水质考核断面高锰酸盐指数（或化学需氧量）的达标比例为100%，氨氮的达标比例为100%；太湖流域范围内，江苏省水质考核断面高锰酸盐指数（或化学需氧量）的达标比例为75%，氨氮（或总氮）的达标比例为62.5%，总磷的达标比例为75%。

6月14日　省委、省政府出台《关于实施农业现代化工程的意见》。《意见》提出，到2015年，全省初步建立农业现代化体系，苏南等有条件的地区率先基本实现农业现代化；到2020年，在全国率先基本实现农业现代化。

同日　教育部和江苏省政府在南京举行"学校建设标准国家研究中心"揭牌仪式。

6月15日　省委、省政府在南京召开全省人口和计划生育工作会议，研究部署全省"十二五"时期人口和计划生育工作。

同日　经国务院同意，江阴高新技术产业开发区升级为国家高新技术产业开发区，成为继昆山之后，全国县级市中第二家国家级高新技术产业开发区。

6月16日　淮河入江水道整治工程初步设计获水利部批复，标志着江苏新一轮淮河治理在"十二五"开局之年全面启动。

6月19日　无锡太湖学院揭牌仪式暨创新发展研讨会在无锡举行，标志着江苏首家成功转设的民办本科高校和无锡市第一所应用型本科高校正式宣告成立。

6月20日　由文化部、中央文明办共同主办的2011年"春雨工程"——全国文化志愿者边疆行欢送仪式在南京举行，标志着为期半年、800多名文化志愿者参与、服务范围覆盖8个边疆民族省（区）的文化志愿服务活动正式拉开帷幕。

6月21日　省政府出台《江苏省全民健身实施计划（2011—2015年）》。《计划》提出，到2015年，全省建立特色鲜明、覆盖城乡、功能完善、可持续发展的全民健身公共服务体系；城乡居民体育健身意识明显增强，人民群众健康素质位居全国前列；全民健身活动、场地设施建设、群众组织网络、科学健身指导进一步加强，全民健身公共服务均等化程度显著提高。

6月22日 省政府与中国联通在南京签署信息化战略合作框架协议。按照合作协议，中国联通集团将进一步加大在江苏信息通信基础设施、物联网产业基地、信息服务产业、政务及企业信息化、民生信息化应用、农村及沿海地区信息化等方面的投资和建设力度，持续提升江苏信息化应用水平。

同日 科技部公布 2011 年度国家农业科技成果转化资金项目立项名单，江苏推荐上报的 30 个项目中有 24 个项目获得立项，获国家拨付经费 1760 万元，立项数量和经费数量均居全国第一。

6月24日 经国家发展改革委批准，国内首家、也是唯一一家粮食加工机械装备国家实验室落户无锡。

6月25日 由国土资源部和江苏省政府联合主办的第 21 个全国"土地日"主题宣传活动在南京市举行。这是全国"土地日"主题宣传活动首次在北京以外举行。

同日 省政府发布《江苏省公共租赁住房管理办法》，自 9 月 1 日起施行。

6月28日 省委、省政府出台《关于实施居民收入倍增计划的意见》。《意见》指出，以 2010 年为基数，剔除价格因素，全省到 2017 年实现居民收入倍增。

同日 省政府召开全省污染减排工作会议。会上，省政府与各市政府及省有关部门签订"十二五"减排目标责任书，表彰 60 个"十一五"全省污染减排工作先进集体。

6月29日 省委、省政府出台《关于加强新形势下城乡社区建设的意见》。这是江苏省社区建设史上第一次以省委、省政府名义下发政策性文件。《意见》提出，到 2015 年，全省 90% 的城市社区、80% 的农村社区要达到省级和谐社区标准，城乡社区"一委一居一站一办"覆盖率要达 90% 以上，有条件的地方力争实现全覆盖。

《意见》明确提出省级财政引导资金增加到 1 亿元，这在全国是率先之举。《意见》首次明确了社区规模：一个社区应大体按照城市 2000—3000 户、农村 1000—1500 户的规模设置。

同日 经国务院正式批复同意，无锡锡山经济开发区升级为国家级经济技术开发区，定名为锡山经济技术开发区；太仓港经济技术开发区升级为国家级经济技术开发区。

6 月 30 日 京沪高速铁路正式通车运营。京沪高铁自北京南站至上海虹桥站，全长 1318 公里，总投资约 2209 亿元，途经北京、天津、河北、山东、安徽、江苏、上海 7 省市，共设 24 个车站，是世界上一次建成线路最长、标准最高的高速铁路。江苏省是拥有其最长线路、最多站点的省份，省内设有徐州东站、南京南站、镇江南站、丹阳北站、常州北站、无锡东站、苏州北站、昆山南站 8 个车站。

7 月 1 日 今起，江苏省提高城乡低保标准。此次提标后，苏州市率先实现城乡低保一体化，统一提高到 500 元每月，为全省最高；宿迁市城市低保标准将提高到 260 元每月，农村低保标准将提高到 210 元每月。这标志着江苏人均年收入 2500 元以下的贫困人口全部脱贫。

同日 江苏省执行新的社会保险缴费基数。全省上一年度城镇非私营单位在岗职工平均工资为 40505 元，江苏省社保缴费基数的上限从 8973 元上调到 10126 元，下限从 1794 元提高到 2025 元。

7 月 2 日 省政府出台《关于支持苏州城乡发展一体化综合配套改革的若干政策意见》。《意见》包括支持苏州率先实现农业现代化、支持基础设施建设一体化、支持基本公共服务均等化、支持就业和社会保障一体化、支持城乡发展一体化体制机制改革 5 个方面 18 条内容。

同日 中国农业科学院东海农业综合试验站在东海现代农业示

范区挂牌，成为中国农科院在全国布局的第六家、也是华东地区唯一一家农业综合试验站。

7月4日 省委、省政府在盐城市、连云港市召开全省沿海地区发展工作推进会，总结新一轮沿海开发两年来的实际成效，按照省委十一届十次全会贯彻"六个注重"、实施"八项工程"的部署，对下一步沿海开发提出具体要求。会议强调，要进一步明确工作目标，加大推进力度，举全省之力，奋力开创沿海地区科学发展新局面。

7月8日 在北京召开的《中国生物多样性保护战略与行动计划（2011—2030年）》大会上，大丰麋鹿国家级自然保护区和其他11家单位被确定为全国首批"中国生物多样性保护与绿色发展示范基地"。自1986年麋鹿引进后，大丰麋鹿由当年的39头发展到现在的1789头，其中野生麋鹿达182头，成为世界最大的麋鹿种群。除麋鹿外，保护区内被列为国家一、二级保护动物的还有丹顶鹤、白鹳、大白鹭、黑嘴鸥、狗獾等30多种物种，列入《中日候鸟保护协定》的鸟类有93种。

7月13日 省委、省政府出台《关于进一步加快发展现代服务业的若干意见》。《意见》提出，到2012年，服务业增加值占GDP比重达到43%，力争达到45%；到2015年，服务业增加值占GDP比重达到48%。

7月14日 科技部发文认定并命名苏州工业园区纳米技术创新及产业化基地为"苏州国家纳米高新技术产业化基地"，这是我国第一个国家级纳米技术产业化基地。

同日 全省推进转型升级工程暨加快发展现代服务业工作会议在苏州召开。

7月15日 在贵州举行的第一届全国生态文明建设试点经验交流会暨生态文明建设成果展上，环境保护部表彰命名全国第三批27

个"国家生态市（区、县）"，江苏 12 个市（区、县）入选，江苏国家生态市县总数位列全国首位。入选的 12 个市（区、县）分别是：无锡宜兴市、滨湖区、锡山区、惠山区，苏州吴江市、吴中区、相城区，南京高淳县、江宁区，常州金坛市、武进区，南通海安县。江苏是全国 14 个生态省建设试点省份之一。2007 年、2008 年已建成 5 个国家生态市（区、县），加上新增的 12 个，全省共建成 17 个生态市、县（区），占全国总数的 45%。

7月16日 省委、省政府召开全省推进水利现代化建设工作会议，全面贯彻落实中央水利工作会议精神，动员全省上下加快水利改革发展，力争在全国率先实现水利现代化，为又好又快推进"两个率先"提供更加坚实的水利基础支撑和保障。

7月18日 江苏代表团赴对口支援的拉萨市进行考察慰问。活动期间，江苏代表团和拉萨市举行座谈交流，并出席江苏新一轮援助拉萨 6 个项目的奠基和开工典礼。6 个项目包括拉萨市综合展馆、妇女儿童活动中心、职工活动中心、学府路、西二路和东二路工程，总投资 3.07 亿元。

7月24日 江苏大学生志愿服务"西部计划""苏北计划""绵竹计划"出征仪式在东南大学举行。自 2003 年以来，江苏已有 5853 名大学生踊跃参加"西部计划""苏北计划""绵竹计划"志愿服务。2011 年的招募活动共有 4857 名大学生报名，最终录取 935 名，他们将奔赴新疆、四川、陕西、贵州和江苏苏北等地，其中有 453 名志愿者从事基层社会管理工作。

7月26日 省政府出台《关于进一步加强节能工作的意见》。《意见》提出，省按月公布各市相关能耗指标，按季公布各市单位地区生产总值能耗和单位工业增加值能耗指标，对能耗增长过快和完成目标进度滞后的地区及时发出预警。

7月28日 由省农委组织开展的"江苏最具魅力休闲乡村"评选结果正式公布，全省13个村成为首批"江苏最具魅力休闲乡村"。13个村分别是：南京市江宁区横溪街道前石塘村、江阴市华士镇华西新市村、徐州市铜山区汉王镇汉王村、溧阳市戴埠镇李家园村、苏州市吴中区越溪街道旺山村、如皋市如城镇顾庄村、赣榆县厉庄镇谢湖村、金湖县前锋镇白马湖村、建湖县九龙口镇九龙口村、扬州市邗江区泰安镇金湾村、句容市天王镇戴庄村、兴化市缸顾乡东旺村、沭阳县庙头镇聚贤村。

7月31日 省物价局、省民政厅、省财政厅、省人力资源和社会保障厅、国家统计局江苏调查总队联合下发《关于进一步完善社会救助和保障标准与物价上涨挂钩联动机制的通知》，将价格上涨动态补贴机制由原来的按季启动调整为按月启动，并根据省辖市居民消费价格指数或低收入居民基本生活费用价格指数月度涨幅情况，对城乡困难群众实行分阶段补助。

同日 据省环保部门统计，全省已拥有城镇污水处理厂380座，污水日处理能力达1150万吨，名列全国第一，全省城镇污水处理率达到86%，县以上城市及太湖流域建制镇全部建成污水集中处理设施。

8月3日 江苏省党政代表团在新疆维吾尔自治区考察江苏新一轮对口援疆工作，与自治区和伊犁哈萨克自治州、克孜勒苏柯尔克孜自治州党委政府共商全面推进对口援疆和两省区合作交流大计。江苏、新疆两省区举行经济社会发展座谈会。江苏省政府与新疆自治区政府签署关于深化两地清洁能源战略合作协议，双方决定，依托新疆的矿产资源、产业政策、区位条件等优势和江苏的资金、技术、人才、市场等优势，积极开展清洁能源战略合作。

8月5日 江苏省党政代表团赴青海省就进一步深化苏青交流合

作，做好对口支援青海省海南藏族自治州工作进行考察。在青海期间，代表团一行赴海南藏族自治州贵德县、共和县进行实地考察，并与州党委、州政府就进一步做好对口支援工作进行座谈。座谈会后，举行了江苏青海省海南藏族自治州两省州合作项目签约仪式。双方共签署了总投资额达 40 亿元的 11 项合作协议。

8 月 10 日　《中国海关》杂志发布 2010—2011 年度"中国外贸百强城市"名单，苏州以综合得分 80.4 分名列第二位。

8 月 15 日　省政府在南京召开全省群众体育工作会议。"十一五"时期，江苏乡镇街道体育健身中心实现全覆盖，"村村有体育场地"的目标基本完成，万人拥有公共体育设施面积达 16547 平方米；全省市、县体育总会实现全覆盖，有体育社团 1524 个，省级行业体协 11 个；全省每年累计举办各类健身活动超过 5000 次；省、市、县三级全民健身指导员服务体系进一步完善，全省社会体育指导员达 11.69 万人，其中国家级 372 人，均比"十五"末翻了一番。

同日　江苏最大的渔船"苏如渔 04304 号"在如东洋口国家中心渔港建成下水。该船由洋口镇斜港村 6 位村民投资 500 多万元新建、由如东龙腾船舶修造厂承建，船长 52 米、宽 8 米，总吨位超过 350 吨，动力达到 540 马力，具有海上远洋捕捞作业的能力。

8 月 18 日　"蛟龙号"载人潜水器 5000 米级海试（中国大洋第 25 航次）凯旋欢迎仪式在江阴举行。此次海试，历时 49 天，航行逾万海里，共完成 5 次下潜试验，其中 4 次突破 5000 米，最大下潜深度达 5188 米，验证了潜水器在 5000 米深海的作业性能与功能指标，实现了我国载人深潜的巨大突破。5000 米级海试的完成，标志着我国具备了到达全球 70% 以上海洋深处进行作业的能力，是我国海洋科技发展史上一座新的里程碑。

8 月 19 日　省委、省政府出台《关于大力推进民生幸福工程的意见》。

8月20日 省委、省政府出台《关于加快淮安苏北重要中心城市建设的意见》。《意见》提出，紧紧围绕苏北重要中心城市建设的战略定位，以加快产业发展、县域经济壮大、基础设施建设、生产要素供给和生活水平提高为重点，扎实推进构筑大交通、培育大产业、发展大流通、繁荣大文化、开发大旅游建设，加快新型工业化、特色城市化、农业现代化步伐，把伟人的故乡建设成为新兴产业、台资企业和现代高效农业快速发展城市，商贸流通、现代物流繁荣兴旺城市，现代交通、水利工程重要枢纽城市，社会和谐、人民幸福的宜业宜居城市。

同日 2011年全国县域经济基本竞争力百强县在江阴揭晓。在榜单的前10位中，江苏囊括7席，其中，江阴、昆山、张家港、常熟4个县级市作为"区域经济强县统筹发展组团"并列第一名，吴江市、太仓市、宜兴市分列第二、第四、第五名。江苏省29个县（市）进入全国县域经济基本竞争力百强县行列，居全国第一。

8月22日 农业部公布一批"全国一村一品示范村镇"，邳州市港上镇前湖村（草莓）、如皋市如城镇（花木盆景）、无锡市惠山区阳山镇（水蜜桃）等13个江苏村镇名列其中。

8月26日 由中国供销集团有限公司、中华棉花集团有限公司以及南通市供销合作总社合资组建的中国供销产业园南通国际棉花有限公司在南通成立。

8月30日 省委、省政府印发《关于推进生态文明建设工程的行动计划》。《计划》提出，在"十二五"期间，推动全省进入环境质量的全面改善期，大力提升全社会的生态文明意识，持续提高人民群众对生态环境的满意度，生态省建设80%的指标达到考核要求，确保江苏生态文明建设继续走在全国前列，为又好又快实现"两个率先"提供坚实的环境保障。重点任务是"实施六大行动,力争六个突破",即:深入推进节能减排行动,在环境优化发展方面取得新突破;大力推进绿色增长行动,在构建富有活力的生态经济体系方面取得新突破;全面推进碧水蓝天宜居行动,在打造城乡优美环境方面取得新突破;扎实推进植树造林行动,在绿色江苏建设方面取得新突破;积极推进生态保护与建设行动,在逐步恢复生态系统功能方面取得新突破;继续推进生态示范创建行动,在夯实生态文明建设基础方面取得新突破。

9月1日 《江苏省农产品质量安全条例》颁布实施,标志着江苏农产品质量安全监管工作进入了更加完善、更加规范的新阶段。

同日 苏州市政府宣布对城乡居民及符合条件的外来人员,免除火化、骨灰盒等殡仪基本服务费,成为全国地级市中第一个实现真正意义上惠民殡葬全覆盖的城市。

9月2日 国家发展改革委与住房和城乡建设部在北京联合召开全国节水型城市创建现场工作会,苏州市、镇江市、江阴市、常熟市、太仓市被评为第五批"国家节水型城市"。

9月6日 苏州工业园区"数字城市建设示范区"揭牌。经国家测绘局同意,园区被授予全国首个"数字城市建设示范区"。

9月7日 国务院总理温家宝签署第604号国务院令,公布《太湖流域管理条例》,自2011年11月1日起施行。《条例》共9章70条,旨在加强太湖流域水资源保护和水污染防治,保障防汛抗旱以及生活、生产和生态用水安全,改善太湖流域生态环境。根据《条例》,太湖流域指包括江苏省、浙江省、上海市两省一市长江以南,钱塘江以北,天目山、茅山流域分水岭以东的区域。

同日 省政府印发《关于进一步加强住房保障体系建设的实施意见》,在全国率先确立住房保障体系。《意见》明确提出,大力推进以公共租赁住房为重点的保障性安居工程建设，力争到"十二五"期末基本形成比较完善的住房保障体系，全面实现城镇中等偏下收入住房困难家庭住房有保障、城镇新就业人员和外来务工人员租房有支持、各类棚户和危旧房片区改造全覆盖，使享受住房保障的城镇家庭比例扩大到城镇家庭总数的20%，住房保障各项工作继续保持全国领先水平。《意见》明确，2011—2015年，全省规划建设保障性住房139万套（间）。

同日 省政府出台《关于加快构建养老服务体系的实施意见》。《意见》提出，到2015年，基本形成规模适度、结构合理，制度完善、管理规范，服务专业、运行高效，投资多元、城乡一体的社会养老服务体系。

9月9日 省委、省政府出台《关于以城乡发展一体化为引领全面提升城乡建设水平的意见》。《意见》提出，到2015年，全省城市化水平达65%以上，其中苏南达75%以上，城市化发展总体上达到或接近中等发达国家水平；苏中、苏北分别达65%、60%以上，城市化和城市现代化水平明显提高。乡村环境面貌普遍改善，村庄整治建设成效显著，城市功能和城乡建设品质大幅提升，大中小城市综合承载能力明显增强，城乡统筹发展和基本公共服务均等化步伐明显加快，城乡建设水平位居全国前列。《意见》明确，"十二五"期间，全省组织实施"美好城乡建设行动"。

9月13日 省委、省政府在常州召开全省城乡建设暨生态文明建设工作会议。

9月15日 省政府出台《关于加快完善就业服务体系促进社会就业更加充分的实施意见》。《意见》提出，到2015年，形成城乡一体、普惠共享、功能完善、服务规范、管理高效的就业服务体系，劳动者就业更加充分、更加稳定。

同日 国家海洋局正式批复连云港海州湾海洋波浪能发电项目，这标志着江苏第一个海洋波浪能发电项目正式进入建设阶段。

9月16日 交通运输部在溧阳召开现场会，推广江苏城乡客运一体化发展经验。

9月17日 金陵海关在南京江宁开发区宣布正式开关，南京由此成为国内唯一设立地方海关、统管全市海关业务的省会城市。

9月19日 中央加快转变经济发展方式检查组到江苏，对贯彻落实中央加快转变经济发展方式决策部署以及加快水利改革发展决定、保障性安居工程建设政策措施情况进行检查。

9月20日 2011年长三角地区合作与发展联席会议在安徽省芜湖市召开。会议强调，要围绕长三角经济结构战略性调整和转型升级，进一步统筹推进区域内产业分工合作与科学布局，引导和支持长三角地区相关产业向皖江城市带、苏北、浙西南等地有序转移。尤其要全面落实三省一市《关于共同推进皖江城市带承接产业转移示范区建设合作框架协议》，尽快研究出台相关政策措施，协调推动上海、江苏和浙江两省一市在皖江示范区设立或共建产业转移示范园区。

9月21日 全国国家级经济技术开发区综合发展水平评价大会在镇江新区召开，会议发布《2010年国家级经济技术开发区投资环境综合评价通报》。《通报》显示，江苏开发区表现优异，继续位列全国第一方阵。江苏8家参评开发区全部进入综合排名前30强，其中苏州工业园区、昆山经济技术开发区分列第二名和第四名。在八大类指数评比中，江苏开发区独揽基础设施配套能力、技术创新环境、环境保护与节能减排3个全国单项冠军，与全国其他开发区并列管理体制建设单项第一名。128个经国务院批准的国家级经济技术开发区中，江苏占16个，总数量在全国位居第一。

同日 昆山市委、市政府出台政策，规定自2011年起发放水稻生态补偿。至此，水稻生态补偿机制覆盖苏州全域。苏州在全国率先推行水稻生态补偿，对发达地区保障生态安全及粮食安全具有示范意义。

9月23日 农业部首批认定76个国家农业产业化示范基地，江苏沛县现代农业产业园区、宿迁运河湾现代农业产业园、太仓现代农业产业园区、海门现代农业产业园区、兴化农副产品加工区和宝应县宝应湖有机农业开发区6家园区名列其中，认定数量与山东省并列全国第一。

9月25日 经国务院批复同意，张家港经济开发区升级为国家级经济技术开发区，定名为张家港经济技术开发区。

9月26日 国务院通报表扬"十一五"期间节能减排工作成绩突出的省级人民政府，江苏省政府受到通报表扬。

9月27日 徐州新田投资发展有限公司和德国鲁尔集团就共建徐州城北采煤塌陷地生态修复示范区项目签约。

9月28日 泰州大桥成功合龙，主桥全面贯通。工程全长62.088公里，由北接线、跨江主桥、夹江桥和南接线四部分组成，其中跨江主桥采用跨径2×1080米的双主跨悬索桥桥型，该桥型在特大跨径桥梁中为世界首创。

同日 国家统计局、科技部、财政部联合发布《2010年全国科技经费投入统计公报》。《公报》显示，2010年江苏研发经费投入量占全国的12%，再次居首。

9月30日 省政府召开全省保障和改善民生"六大体系"建设工作推进会。

10月10日 教育部和国家外国专家局联合启动"十二五"首批"111计划"新建引智基地建设，共批准立项34个项目，南京大学、南京农业大学、江南大学、南京航空航天大学、中国矿业大学、河海大学的 6 个引智基地入选，涉及方向分别为：生命分析化学、农业资源与环境学科生物学、工业过程智能控制、高性能压电驱动系统关键技术、煤炭提质与减排、海岸带滩涂资源开发与安全等。

同日 《江苏省地质遗迹保护规划（2011—2020 年）》获国土资源部批准发布实施。该《规划》是国内首个通过国土资源部审查的省级地质遗迹保护规划，统筹安排了地质遗迹调查评价与研究、地质遗迹保护建设工程、地质博物馆建设工程和地质遗迹资源信息化建设工程等四类地质遗迹保护重大工程，旨在有效保护和科学合理利用江苏地质遗迹资源，促进资源、环境与社会经济的协调发展。

同日 秦山岛名称标志揭碑仪式在连云港举行。2011 年 4 月，国家海洋局公布首批无居民海岛开发名录，位于连云港的秦山岛和竹山岛分别列入全国首批开发利用无居民海岛名录，此次设置名称标志的秦山岛，是江苏首个获得国家海岛整治修复专项财政资金支持的海岛。

10 月 11 日 国家测绘地理信息局与江苏省政府在南京签署共同推进江苏测绘地理信息事业率先发展合作协议。

10 月 12 日 数字泰州地理空间框架建设项目通过国家测绘地理信息局评审验收，泰州正式成为全省首个数字城市，同时被授予"全国数字城市建设示范市"称号。

10 月 13 日 环境保护部发布公告，授予全国 532 个乡镇、街道"全国环境优美乡镇"称号，131 个村"国家级生态村"称号。江苏省南京市江宁区谷里街道等 93 个镇、街道获得"全国环境优美乡镇"称号，无锡市锡山区羊尖镇丽安村等 31 个村获得"国家级生态村"称号。

同日 科技部正式批准建设 49 家国家级重点实验室，江苏 4 家实验室榜上有名。4 家重点实验室分别是：南京医科大学的生殖医学国家重点实验室、南京大学的生命分析化学国家重点实验室、中国药科大学的天然药物活性组分与药效国家重点实验室和南京航空航天大学的机械结构力学及控制国家重点实验室。至此，江苏主持建设的国家级重点实验室达 30 家、合作共建的国家级重点实验室 2 家，数量居全国省份第一。

10 月 16 日　省委、省政府印发《转型升级工程推进计划》。《计划》提出，突出发展服务经济，推动产业结构向"三二一"转变；突出扩大消费需求，推动经济增长向消费主导、内外需协调拉动转变；突出提高科技创新能力，推动经济增长向创新驱动为主转变；突出节约资源和保护环境，推动经济发展向集约节约、环境友好型转变；突出调整城乡区域关系，推动城乡区域发展向协调互动转变。努力在经济结构调整、经济发展方式转变上走在全国前列。

同日　由 30 多名国内著名专家学者组成的中国工程院淮河流域环境与发展问题研究调研组到淮安市和徐州市考察调研，了解江苏淮河流域经济社会发展的基本情况，探索解决淮河流域发展与环境的矛盾，提出推进区域经济社会发展的对策建议。

10 月 20 日　省政府印发《江苏省城镇居民社会养老保险制度实施办法》，决定建立个人缴费、政府补贴相结合的城镇居民社会养老保险制度，实行社会统筹和个人账户相结合，与家庭养老、社会救助、社会福利等其他社会保障政策相配套，保障城镇居民老年基本生活。全省城镇居民社会养老保险从 2011 年 7 月 1 日全面启动，年底已覆盖约 110 万城镇居民，填补了社会养老保险制度的最后一块空白，全省城乡养老保险制度实现了真正意义上的全覆盖。

同日　住房和城乡建设部绿色建筑产业集聚示范区授牌仪式在常州举行，全国首个绿色建筑产业集聚示范区落户常州市武进区。

10 月 21 日　省委印发《中共江苏省委关于贯彻落实党的十七届

六中全会〈决定〉实施文化建设工程的意见》。《意见》提出，按照又好又快推进"两个率先"的目标要求，实施社会主义核心价值体系建设行动、现代传播体系建设行动、繁荣发展文化创作行动、公益性文化事业发展提升行动、文化产业发展壮大行动、推进文化体制机制创新行动、加快文化"走出去"行动、高素质文化人才队伍建设行动等"八大行动"。

10 月 27 日　人力资源和社会保障部与江苏省政府共建的昆山留学人员创业园揭牌，这是江苏第五家省部共建创业园，也是全国首家设立在县级市的省部共建创业园。

同日　省政府在南京召开全省加快流通业现代化工作会议。会议指出，要按照发展大市场、搞活大流通的要求，大力发展流通业，加快推进流通现代化进程，着力打造流通强省，进一步推进产业转型升级和经济社会发展。

同日　省农委公布 2011 年水稻高产创建省级实产验收结果，兴化市钓鱼镇水稻高产增效创建万亩示范片以平均 754.3 千克的单产，再获全省第一，实现水稻万亩片单产"三连冠"。

10 月 28 日　全省"美好城乡建设行动"启动仪式在南京市江宁区横溪街道前石塘村举行。

10 月 29 日　率先全面建成小康社会的全国百强县之首昆山市，发布昆山率先基本实现现代化指标体系。这是全国县级市第一个区域性基本现代化指标体系，为全国县级市现代化建设树立了参照标杆。该指标体系分 5 大类 28 项 34 个指标，5 大类分别是：经济发展、人民生活、社会进步、民主法治和生态环境。该指标体系中，人均 GDP、服务业增加值占 GDP 比重、RD 支出占 GDP 比重、经济开放度、农业基本现代化水平、高新技术产业占规模以上工业产值比重6 个经济硬指标占权重的 25%，城乡居民收入、基本社会保障综合指数等 7 个人民生活指标权重占 26%，社会进步、民主法治、生态环境三大类指标分别占 21%、13%、15%。

10 月 30 日　张家港市已办理"农保转城保"人员 18.6 万人，凡符合条件的农保人员和被征地农民全部进入城保体系，在全国率先实现城乡基本养老保险并轨。

11 月 1 日　省政府召开村庄整治工作动员部署电视电话会议。会议明确提出，用 3—5 年时间对全省村庄环境进行整治，彻底改善村庄环境面貌，苏南等有条件的地区在 2013 年前完成村庄环境整治任务。会议宣布，重点培育 1000 个达到"康居乡村"三星级标准的示范点。

同日　今天起，全省大幅上调增值税、营业税起征点。销售商品和劳务的增值税起征点，从月销售额 2 万元起征；按次纳税的，为每次（日）销售额 500 元。营业税起征点，按期纳税的，为月营业额 2 万元；按次纳税的，为每次（日）营业额 500 元。经统计测算，增值税起征点调高至 2 万元后，全省未达起征点的个体户将达到 77.16 万户，增加 44.79 万户；超过起征点按月缴税的个体户将由 58.77 万户减少到 13.98 万户，占总户数的比例由 64.48% 降至 15.34%。此项税收新政的实施将使个体工商户月均减轻税收负担 1.64 亿元，户均年受惠 4394 元，惠及数万个家庭。

11 月 8 日　我国重大战略能源项目江苏 LNG（液化天然气）洋口港太阳岛正式投产。江苏 LNG 项目是中国石油落实国家能源战略、增强能源保障能力的战略工程，是我国第一个"自主设计、自主采办、自主施工、自主管理"的 LNG 项目，也是江苏"十一五"与"十二五"重点建设项目。该项目一期工程总投资 63 亿元，包括人工岛、接收站、码头栈桥、跨海外输管道等四部分，建成后年平均供气 48 亿立方米，将成为西气东输气源的重要支撑和有力补充，对长江三角洲的安全供气起到保障作用。

11 月 15 日　江苏省政府在贵阳市举行江苏建设领域西南合作推进会。会上，江苏与贵州、广西、云南三省区住房和城乡建设部门分别签订加强建设领域合作的框架协议。江苏建设领域西南合作推进会的举办，标志着江苏与西南三省区的建设合作进入了一个新的阶段。

同日　文化部"2011—2013 年度'中国民间文化艺术之乡'、第三次全国文化馆评估定级命名颁牌仪式暨工作总结会议"在常熟举行。在全国第三次县级以上文化馆的评估定级工作中，全国共 2028 个文化馆达到三级以上文化馆标准。江苏共有 118 个文化馆参评，其中有 110 个文化馆达到国家三级以上标准，上等级馆比例为 93.2%，列全国各省（市）第一；有 81 个文化馆晋升为国家一级文化馆，居全国各省（市）首位。文化部此次共命名全国 528 个符合条件的县（市、区）、乡镇（街道）为中国民间文化艺术之乡，其中江苏有 33 个，是全国各省（市）中国民间文化艺术之乡最多的省份。

11 月 18 日　随着两台运行了 33 年的水泥粉磨机在盱眙盱兰水泥厂拆除完毕，江苏省 2011 年落后产能淘汰任务提前一个月超额完成。2011 年，江苏承担国家淘汰落后产能的企业原本 25 家，涉及 8 个行业，根据产业调整转型需要，江苏自加压力，主动增加到 66 家企业，涉及 13 个行业。对照国家任务，江苏省焦炭、水泥、印染行业淘汰的落后产能分别比国家规定任务多出 12.5 万吨、478 万吨、1.6 亿米，同时在纺织、化工、白酒、铸造、金属制品行业主动关停或拆除了一批落后生产线。

11 月 24 日　省政府召开全省城镇居民社会养老保险工作电视电话会议。到 2011 年底，全省 110 万 60 岁以上城镇老年居民按月领养老金的梦想将成为现实，440 万适龄参保居民也将"应保尽保"。这项制度的建立，标志着江苏省覆盖城乡居民的社会养老保险制度体系全面形成，人民群众"老有所养"的愿望初步实现。

11月27日 全国加强和创新社会管理工作座谈会在南通召开。

同日 中宣部部长刘云山到常州、镇江、徐州等地，深入企业、社区和宣传文化单位进行调研，围绕贯彻落实党的十七届六中全会精神，同基层干部群众交流座谈，了解情况、听取建议。

11月28日 经省政府同意，新批准设立上海综合经济开发区滨海工业园、上海闵行盐都工业园、江苏省国信集团楚州工业园3家省级南北共建园区。至此，全省南北共建园区已达33家。

同日 省政府印发《关于治理规范涉企收费的政策意见》，取消16项收费、取缔14项收费、降低4项收费标准。这是继2008年、2009年为应对国际金融危机三次清理收费项目后的又一次治理行动。经过三次清理，全省每年已减轻企业和个人负担60.55亿元。

同日 由江苏米米农资超市公司筹建的全国首家农资网上商城在扬州正式上线运营。

11月30日 省委、省政府出台《关于开展省直管县体制改革试点工作的意见》。《意见》提出，在实行省直管县财政体制和扩大县（市）经济管理权限的基础上，积极探索省直管县的途径和方法，用3年左右时间全面实现由省直接管理试点县（市），基本建立行为规范、运转协调、公正透明、廉洁高效的行政管理体制和运行机制。《意见》确定昆山市、泰兴市和沭阳县为省直管县体制改革试点县（市）。

同日 太仓市政府出台《太仓市城乡居民社会养老保险办法》，从2012年1月1日起，在省内县级市中率先实现城乡统一的社会养老保险制度，实现太仓城乡居民的低保、医保、养老保险"三大并轨"。

12月1日 2011年度国家科技型中小企业技术创新基金各类项目立项数字公布，江苏共有477个项目跻身榜单，共获得4.25亿元立项支持，占全国资助总额的9.2%，连续四年居全国第一。江苏入围"国家榜"的中小企业技术创新基金项目主要分布在新材料、机电一体化、电子信息、生物医药等高新技术领域。

同日 在网上购买沪杭、沪宁高铁车票的旅客，可以不用换取纸质车票，凭购票所使用的乘车人二代居民身份证原件，即可直接刷身份证进出站。这标志沪宁、沪杭高铁步入"无票时代"。

同日 一辆完成换电池的纯电动车开出沪宁高速公路苏州段阳澄湖服务区，驶向目的地杭州，这标志着我国第一个跨省区电动汽车城际互联工程全面投运。苏州、上海和杭州是国家电动汽车"十城千辆"试点城市，苏沪杭跨省电动汽车城际互联工程，在沪宁高速苏州段阳澄湖、沪昆高速上海段枫泾、沪杭高速嘉兴段嘉兴、常台高速苏州段白洋湖、乍嘉苏高速嘉兴段新塍5个服务区共新建9座电动汽车智能充换电站，每站相距50公里左右，形成了跨省充换电服务网络，突破了电池续航里程较短的限制。

12月3日 由中国土木工程学会主办的"百年百项杰出土木工程"推评揭晓，江苏省共有11项工程入选。这11项工程分别是：南京中山陵、南京长江大桥、南京长江二桥、苏通长江公路大桥、江苏润扬长江公路大桥、江阴长江大桥、江苏江都水利枢纽、淮河入海水道工程、长江口深水航道治理工程、京杭运河常州市区段改线工程、常州快速公交系统。

同日 世界知识产权组织"有效利用马德里商标国际注册体系巡回研讨会"在南京举行。据统计，全省已有马德里商标国际注册922件，注册数在国内领先。

12月6日 据《新华日报》报道，2011年江苏共计投资100多亿元改造农村电网，完成全省最后 7 个电气化县、139 个电气化乡镇、1503 个电气化村建设目标，在全国率先实现全省县县电气化。

12 月 8 日 省委、省政府在东台市沿海经济区举行条子泥匡围一期工程开工奠基仪式。这标志着江苏沿海开发重大工程——东台百万亩滩涂围垦正式拉开大幕，同时也标志着江苏创建"国家级滩涂综合开发试验区"全面启动。条子泥匡围工程将分三期实施，一期工程北起梁垛河闸，南至方塘河闸下游港道，匡围面积 7000 公顷，是国家海洋局批准的一次性用海面积较大的匡围项目，也是全省第一个按照基本建设程序审批的滩涂项目。

同日 由环境保护部、商务部、科技部联合举办的第二次国家生态工业示范园区建设工作会议在苏州工业园区召开。会议为 12 个第二批命名的国家生态工业示范园区授牌，江苏的无锡新区、昆山经济技术开发区、张家港保税区、扬州经济技术开发区、南京经济技术开发区获得授牌。加上 2008 年获得首批国家生态工业示范园区命名的苏州工业园区、苏州高新区，江苏已获命名的国家级生态工业园区达 7 个，占全国总数近一半。

同日 农业部发布公告，批准建立 62 处国家级水产种质资源保护区（第五批），江苏宝应湖国家级水产种质资源保护区、长江如皋段刀鲚国家级水产种质资源保护区、太湖青虾中华绒螯蟹国家级水产种质资源保护区获批，全省国家级水产种质资源保护区增至 17 个，数量居全国第一。

12 月 9 日 淮河入江水道整治工程开工仪式在高邮举行。淮河入江水道全长 157.2 公里，是淮河主要泄洪通道之一，承泄淮河流域 70% 以上的洪水，对淮河下游地区防洪安全至关重要。淮河入江水道整治工程是国家确定的新一轮治淮重点骨干项目，工程通过实施河道切滩、抽槽、浚深和堤防除险加固，使入江水道全线达到 12000

立方米每秒的设计泄洪能力，江苏境内工程投资概算31.2亿元，工期4年。

12月11日 据《新华日报》报道，江苏生活污水处理能力跃居全国第二位，仅次于广东省。2011年全省新增城镇污水日处理能力超过100万立方米，铺设管网超过2500公里，完成首批16个县（市、区）环境连片整治任务，新建400多套农村生活污水处理设施及1300公里配套管网。

12月12日 《中国省域环境竞争力发展报告（2009—2010）》绿皮书发布。绿皮书显示，江苏环境竞争力列广东、山东、北京之后，排名第四位。

同日 省"春蕾计划""春蕾圆梦工程"成果汇报会在南京召开。"春蕾计划"自1994年启动以来，已覆盖13个市、105个县（市）区，共募集扶贫资金2亿多元，创建"春蕾学校"20所，创办"春蕾班"1700多个，动员14万"社会妈妈"结对扶助，使32万贫困儿童得到资助。会上，省妇联、省妇女儿童基金会联合发出实施"春蕾圆梦"百班计划的倡议书，将再募资1000万元，创办100个"春蕾班"，帮助近5000名贫困家庭学生实现求学梦想。

12月13日 省政府在南京召开第四次全省残疾人事业工作会议。会议指出，《江苏省残疾人事业"十一五"发展纲要》及其配套实施方案各项目标任务全面完成。全省共建成特殊教育学校106所，创办福利企业3621家，建立残疾人就业服务机构118个、省级残疾人职业技能培训和创业基地25个、残疾人扶贫基地460家，35万名残疾人纳入最低生活保障。

12月14日 省政府在泰州召开长江水污染防治工作座谈会，推进实施国务院批复的《长江中下游水污染防治规划（2011—2015）》，谋划部署"十二五"时期全省长江水污染防治工作。

同日　住房和城乡建设部授予 3 个市 2011 年"中国人居环境奖"，39 个项目 2011 年"中国人居环境范例奖"。2011 年"中国人居环境奖"江苏占两席，分别为江阴市、常熟市；2011 年"中国人居环境范例奖"江苏占五席，分别是：江苏省推进节约型城乡建设实践项目、江苏省昆山市花桥生态保护及城市绿化建设项目、江苏省常熟市古里镇小城镇建设项目、江苏省苏州市吴中区旺山村新农村建设项目、江苏省扬州市城市管理与体制创新项目。

　　12 月 15 日　在溧阳召开的全国水利风景区建设与管理会议，公布了全国第十批、第十一批水利风景区名单，江苏的赣榆小塔山水库风景区、邳州艾山九龙水利风景区、如皋龙游水利风景区、淮安樱花园水利风景区 4 家水利风景区入选。江苏国家级水利风景区增至 25 家。

　　12 月 16 日　国家文物局正式批准《大运河（江苏段）遗产保护规划》。

　　12 月 17 日　中国科技发展战略研究小组在北京发布《中国区域创新能力报告 2011》。《报告》显示，江苏区域创新能力继续保持全国第一，实现"三连冠"，其中创新环境类指标首次跃居全国首位，企业创新能力连续三年排名第一。

　　12 月 18 日　江苏重要的干线航道杨林塘航道整治工程在太仓开工。杨林塘航道起自申张运河巴城镇，流经苏州昆山、太仓，至长江杨林口，是太仓港的重要内河疏港航道，将为江苏内河集装箱运输提供一条新的集疏运通道。

　　同日　国务院总理温家宝到江苏省常熟、昆山和苏州工业园区，深入生产企业、科研单位、金融机构、服装交易市场，就当前经济运行及走势进行调研。温家宝指出，当前我国经济发展势头总体良好，但也面临不少新情况、新问题。既要看到有利条件，增强发展的信心，又要充分估计形势的复杂性和严峻性，做好应对困难和挑战的准备，扎实工作，稳中求进，牢牢把握经济工作的主动权。

12月19日 江苏城镇居民养老金发放仪式在盐城举行。按照政策规定，全省110万60岁以上的居民无须参保可以直接领取养老金，到月底，全省所有60岁以上城镇老年居民都可以领到每月至少60元的养老金。

12月20日 江苏省政府与环境保护部在北京签署"十二五"减排目标责任书。"十二五"减排目标责任书规定：COD、氨氮、二氧化硫、氮氧化物排放总量分别削减11.9%、12.9%、14.8%和17.5%，这意味着在消化新生增量的同时，还要削减15.2万吨COD、2.1万吨氨氮、16.1万吨二氧化硫及25.8万吨氮氧化物。

12月21日 长三角区域大通关协作第四次联席会议在上海举行，沪苏浙两省一市签署《推进长三角口岸城市群大通关合作协议》。

同日 江苏移动宣布：2012年将引入覆盖"衣食住行文购闲"的100项民生类江苏本地特色应用项目，打造无线城市产业联盟。2011年，省政府与中国移动通信集团有限公司签署共建无线智慧城市群战略合作协议，开启了江苏"无线智慧城市"的建设元年。

12月22日 国务院在北京召开会议，与各省政府正式签订2012年保障性安居工程建设责任书。副省长代表江苏省政府接下"军令状"，竣工量首次纳入考核。

同日 江苏省教体结合联席会议在南京召开。会议提出，力争用3年时间，使全省中小学（特别是农村学校）基本实现运动场地塑胶化。

12月23日 国家统计局发布《地区综合发展指数报告》。《报告》显示，2010年，江苏综合发展指数为68.45，地区综合发展水平由"十五"期间的全国第六位上升至第五位。排在前四位的分别是：

北京（85.05）、上海（80.57）、天津（72.65）和浙江（69.26）。地区生产总值排全国第一、第三位的广东、山东，综合发展指数分别为68.28、59.32，分别排全国第六、第九位。地区综合发展指数，是中国统计学会根据各地经济、民生、社会、生态和科技5项指标综合测算得出的。从指数增长速度看，"十五"期间，江苏综合发展指数年均增长3.7%，到"十一五"期间，年均增速提高至4.94%。2001—2010年期间，江苏综合发展指数累计增长52.6%，增速排全国第13位，在东部10省市中列第一位。

同日 江苏在全国率先启动县级公立医院综合改革试点工作，15所县（市）级综合医院参与试点。

同日 全省集中式饮用水源地达标建设推进会提出，到2013年底前，全省将建立集中式饮用水源地安全保障体系，确保县级以上城市饮用水源水质全部达标。同时，县城以上城市须具备两个以上、水系独立的饮用水源地。全省现有城市饮用水源地共105个，为127座自来水厂供应源水。在全省64个县级以上城市中，同时拥有两个以上水系相对独立的饮用水源地、可以实施不同水源间相机调度的城市19个，在饮用水源结构单一的45个城市中，已有18个城市建设了应急备用水源地35个，这使全省具备一定抵御突发性水污染事件能力的城市数量达37个。

12月24日 国内最大跨度变截面连续钢箱梁大桥——崇启大桥正式建成通车。

同日 江苏首家为特困群体提供免费基本医疗服务的"瑞华慈善医院"在南京市红十字医院挂牌。

12月26日 国务院在北京人民大会堂召开全国粮食生产表彰奖励大会，江苏共有12个县（市）获全国粮食生产先进单位称号，12个县（市）分别是：沭阳县、兴化市、射阳县、东海县、宝应县、盱眙县、睢宁县、邳州市、涟水县、滨海县、阜宁县、泗洪县。

同日 全省170多万高校大学生全部加入了城镇居民医保。

12月27日 江苏出入境检验检疫局与宿迁市政府战略合作协议签署暨宿迁出入境检验检疫局成立揭牌仪式在宿迁举行,至此,出入境检验检疫机构在全省13个市实现了全覆盖。

同日 在连云港举行的全省集体林权制度主体改革会议透露,截至2011年11月,全省集体林权改制率达100%,648万户农民领到了林权证或股权证,完成省政府确定的目标任务。

12月28日 南京市江宁区和南通如皋市被农业部、国家旅游局评为2011年全国休闲农业与乡村旅游示范县,高淳县银林生态园、张家港市永联村、海安县中洋河豚庄园、泰州市江苏现代农业综合开发示范区4家被评为全国休闲农业与乡村旅游示范点。至此,全省累计拥有全国休闲农业与乡村旅游示范县3个、示范点8个,示范点数量位居全国第一。

同日 经人力资源和社会保障部、中国人民银行总行分别进行社保、银联功能测试并核准,江苏首张农民社会保障卡在如东县发行。这种新型社保卡采用人力资源和社会保障部核准的CPU芯片加中国人民银行核准的隐形磁条技术,集就业卡、社保卡、银行卡等多项功能于一体。

12月29日 国家发展改革委、农业部、财政部联合印发《"十二五"农作物秸秆综合利用实施方案》。《方案》明确,"十二五"期间,在辽宁、吉林、黑龙江、内蒙古、河北、河南、湖北、湖南、山东、江苏、安徽、江西、四川13个粮食主产省(区),实施秸秆综合利用试点示范,推广用量大、技术含量和附加值高的秸秆综合利用技术,实施秸秆循环型农业示范工程、秸秆原料化示范工程、能源化利用示范工程、棉秆综合利用专项工程、秸秆收储运体系工程、产学研技术体系工程。

12 月 31 日　至 2011 年末，全省农村 468.2 万贫困人口全部实现脱贫，5 年任务 4 年完成，江苏成为全国率先消灭绝对贫困省份。

二〇一二年

1月5日 历时近一年深入研究论证并经省第十二次党代会讨论通过的《江苏基本实现现代化指标体系（试行）》正式发布实施。这是全国第一个基本实现现代化指标体系。指标体系包含经济发展、人民生活、社会发展、生态环境4大类30项指标及1项主观评判指标。

同日 工业和信息化部公布"三网融合"第二阶段试点城市名单，江苏扬州、泰州、南通、镇江、常州、无锡、苏州7个城市获得试点资格，加上第一阶段的南京，苏南、苏中所有省辖市均跻身国家试点，为全国试点城市最多的省份，标志着江苏"三网融合"进入连片推广应用阶段。

同日 苏州市工业园区在北京召开的"非凡城市SIP——迈向现代化的新园区"主题汇报会上，发布全国开发区首个基本实现现代化指标体系。会上，科技部和环保部分别授予苏州工业园区"科技服务体系全国示范区"和"全国生态文明示范区"称号。

1月7日 全省政法工作会议暨社会管理创新工程推进会议在南京召开。

同日 国内第一个关于未来网络技术研究的国家973计划项目——"面向服务的未来互联网体系结构及机制研究"项目在南京启动。

1月10日 省委、省政府在南京召开全省农村工作会议，贯彻中央农村工作会议精神，部署全年全省"三农"工作。会议强调以实施农业现代化工程为总抓手，全力巩固和发展农业农村好形势。会上，省委农村工作领导小组授予高淳县淳溪镇宝塔村等307个村"江苏省社会主义新农村建设先进村"称号，对农业农村政策创新和高效设施农业先进县进行表彰。

同日　科技部、教育部与江苏省政府在南京签署《关于推动科技教育与经济紧密结合支撑江苏新兴产业培育和发展的合作协议书》，并为苏州纳米技术、泰州生物医药、南京通信与网络3个科教结合产业创新基地揭牌。

1月11日　省十一届人大常委会第二十六次会议在南京召开。会议通过《江苏省工会劳动法律监督条例》《江苏省学前教育条例》《江苏省通榆河水污染防治条例》，通过《江苏省人民代表大会常务委员会关于修改〈江苏省道路交通安全条例〉的决定》等17件地方性法规的修改决定，批准《南京市水环境保护条例》《无锡市蠡湖景区条例》《苏州市消防条例》，批准南京市、无锡市、徐州市、苏州市人民代表大会常务委员会关于修改部分地方性法规的决定。

1月12日　省政府召开新闻发布会，发布《江苏省"十二五"培育和发展战略性新兴产业规划》。全省确定培育发展新能源、新材料、生物技术和新医药、节能环保、新一代信息技术和软件、物联网和云计算、高端装备制造、新能源汽车、智能电网和海洋工程装备等十大战略性新兴产业。

同日　农业部在北京宣布，该部会同农村改革试验区工作联席会议成员单位，批复全国24个农村改革试验区项目，启动新一轮农村改革试验工作。苏州市名列其中。试验区将承担农村金融改革、农村产权制度改革等七大主题改革试验任务。

1月13日　省委、省政府决定，命名昆山市等52个城市为江苏省文明城市。

1月14日 据《新华日报》报道，2011年，全省农业科技贡献率达到61.2%，居全国第一；作为农业质量安全水平标志的无公害、绿色、有机和国家地理标志农产品总量达1.27万个，居全国第一；全省农民专业合作社工商登记数达到4.4万个，登记成员数、入社农户比例、社均成员数、出资额等4项关键指标均居全国第一；全省休闲观光农业景点增至3030个，2011年累计接待游客总人数近5800万人次，休闲观光农业总收入150亿元，居全国第一；2011年全省新增8个市、县（市、区）为第二批国家现代农业示范区，累计数达到10个，新增数和总数均居全国第一；生猪、蛋禽、肉禽和奶牛规模养殖比重分别达到76%、94%、95%和94%，畜牧养殖规模化水平全国领先。

1月15日 据《新华日报》报道，2011年全省对外贸易总额5397.6亿美元，同比增长15.9%，连续九年位居全国第二；实际到账外资321.3亿美元，同比增长12.8%，连续九年位居全国第一。

1月16日 《全国蔬菜产业发展规划（2011—2020年）》公布，江苏省东台市、徐州市铜山区、高淳县等33个县（市、区）被纳入蔬菜产业重点县（市、区），入选数量居全国前列。

1月18日 省文化厅、省财政厅确定苏州市、无锡市2个地级市，张家港市、江阴市、常熟市、海门市、大丰市、常州市武进区、南京市江宁区、如皋市、扬州市邗江区、丹阳市等10个县（市、区），以及南京市建邺区南苑街道等107个乡镇（街道）为首批江苏省公共文化服务体系示范区。

1月19日 《江苏沿海船舶航路规划》正式发布。

1月21日 省委、省政府下发《关于加快农业科技创新推进农业现代化工程建设促进农民持续增收的若干意见》。

1月28日 据《新华日报》报道，全省已建成国家质检中心25个，数量居全国第一，13个省辖市均设有国家质检中心。

1月31日 据《新华日报》报道，江苏4家国家重点实验室和4家国家工程技术研究中心申报项目被科技部正式批准立项，分别占当年全国获批立项的8.16%和13.3%。江苏共主持建设国家级重点实验室30家、合作共建国家级重点实验室2家，位居全国省份第一。另外，江苏主持建设的国家级工程技术研究中心共25家，位居全国前列。

2月1日 2012年省级机关作风建设暨深入开展"三解三促"活动大会在南京召开。

同日 中国建筑业协会授予海安县"中国建筑之乡"牌匾，海安成为江苏省第一个、全国第七个"中国建筑之乡"。

2月2日 据《新华日报》报道，2011年全省排污费征收解缴入库额达21.62亿元，再创历史新高。

同日 全省第一个全面规范湿地保护管理的地方性法规——《苏州市湿地保护条例》正式施行。

2月5日 商务部公布第三批再生资源回收体系试点城市名单，无锡市、淮安市入选。

2月6日 省经济和信息化委员会公布的报告显示，2011年全省工业总产值完成10.9万亿元，居全国首位，较2005年增长1.6倍，占全国比重提高至12.7%。

2月8日 中央文明委召开全国未成年人思想道德建设工作视讯会议，南京、扬州、苏州、镇江、张家港5市被表彰为全国先进城市，南京市"陶老师工作站"等8个单位和汪苏春等3名个人被表彰为全国先进单位和先进工作者，总数居全国第一。包括前两次受到全国表彰的在内，江苏已有7个未成年人思想道德建设全国先进城市、

19 个先进单位和 8 名先进个人，总数也居全国第一。

同日 住房和城乡建设部命名 2011 年国家园林城市、国家园林县城和国家园林城镇，江苏省如皋市、连云港市、江都市被命名为国家园林城市，昆山市巴城镇、苏州市同里镇、兴化市戴南镇被命名为国家园林城镇。

同日 国家旅游局确定苏州市为全国旅游标准化示范城市，确定常州中华恐龙园有限公司、扬州市新世纪大酒店有限责任公司为全国旅游标准化示范单位。

2 月 9 日 全省首家进口食品监管区在苏州高新区正式挂牌。

同日 省第十一届人民代表大会第五次会议在南京召开。

同日 据《新华日报》报道，截至 2011 年底，全省港口万吨级以上泊位数达 390 个，综合通过能力近 15 亿吨，均居全国第一。2011 年全省港口完成货物吞吐量 18 亿吨，居全国第一；随着泰州港吞吐量突破亿吨，全省共有 7 个亿吨大港，数量保持全国第一。

2 月 13 日 工业和信息化部公布第三批 57 个"国家新型工业化产业示范基地"名单，江苏泰州医药高新技术产业开发区（医药）、江苏吴江经济技术开发区（电子信息 / 光电子）、南京雨花软件园（软件和信息服务）、江苏江阴临港经济开发区（装备制造）4 个基地入选。

2 月 14 日 在北京举行的 2011 年度国家科技奖励大会上，江苏共有 55 个通用项目获得国家科学技术奖励，获奖项目数居全国第二位。其中，由江苏主持完成 23 项，参与完成 32 项，主持完成项目数量继续保持全国第三、省份第一的位置。东南大学尤肖虎团队领军完成的"宽带移动通信容量逼近传输技术及产业化应用"项目，获国家技术发明一等奖，实现江苏国家技术发明一等奖零的突破。以南通中远船务为主研发的"深海高稳性圆筒型钻探储油平台的关键设计与制造技术"荣获国家科技进步一等奖，实现江苏企业作为主持完成单位获得国家科技进步一等奖零的突破。在江苏工作的国际友人首次获得国际科技合作奖，实现江苏在该奖项上零的突破。

同日 江阴、金坛、昆山、海门、靖江5市被评为"全国国土资源节约集约模范市"。

2月20日 中国社会科学院发布2012年《法治蓝皮书》。在省级政府透明度报告中，江苏以66.5分位居全国第三，江苏省高级人民法院司法透明度排在全国第四位。

2月21日 为深入推进社会管理创新，中央决定，选择南通市等13个城市作为全国从整体上加强和创新社会管理的典型进行培育，发挥示范导向作用，并派出调研组赴各地蹲点指导。

同日 扬州市在全市推行政府购买社会组织服务，并在省内首次将购买范围扩展到经济管理和公共服务等领域。

2月22日 省政府在南京召开全省沿海开发座谈会，研究部署下一阶段重点工作，更大力度实施沿海开发五年推进计划，努力开创沿海地区科学发展、跨越发展新局面。

2月23日 省委、省政府在南京启动生态文明建设工程，深入贯彻胡锦涛总书记对江苏"六个注重"的新要求，动员全省上下进一步行动起来，大力推进生态文明建设工程，落实各项关键举措，在新的起点上开创生态文明建设新局面。启动仪式上，省政府向13个省辖市下达生态文明建设工程5年任务书。

同日 省政府召开新闻发布会，通报2011年江苏经济社会发展情况。初步核算并经国家统计局核定，2011年全省实现地区生产总值48604.3亿元，按可比价格计算，比上年增长11%，增幅高于全国平均增幅1.8个百分点。人均GDP首次突破6万元，按当年汇率计算，达9545美元。这是江苏经济连续20年保持两位数增长。

同日 农业部发布 2012 年超级稻确认品种名录，连云港市农科院选育的水稻品种"连粳 7 号"被确认为超级稻品种。至此，在农业部已确认的 96 个超级稻品种中，江苏超级稻品种达到 12 个，占全国总数的 12.5%。

同日 宿迁在全国率先正式启动地票交易。宿迁首创把非农建设补充耕地指标和国家下达城镇村新增建设用地指标纳入地票交易，实现土地资源配置由行政计划下达逐步转向政府调控与市场调节相结合。通过成立市地票交易中心，将中心城区范围内省下达的建设用地指标、市域范围内非农建设补充耕地指标以地票的形式进入交易中心，采取挂牌方式公开交易。

2 月 24 日 省委、省政府在南京举行全省科学技术奖励大会。会上向 2011 年度国家技术发明一等奖获奖项目第一完成人、东南大学教授尤肖虎和国家科技进步一等奖获奖项目第一完成人、南通中远船务工程有限公司总经理倪涛颁发奖励证书。"弧焊机器人装备关键技术研究与应用"、国网电力科学研究院等 219 个项目和企业被授予 2011 年度江苏省科学技术奖。

2 月 27 日 全国双拥模范城（县）命名暨双拥模范单位和个人表彰大会在北京举行。江苏 13 个省辖市以及张家港、常熟、昆山、江阴和海门 5 个县级市获"全国双拥模范城"称号。

2 月 28 日 据《新华日报》报道，2012 年全省近 700 万 60 岁以上老年农民的基础养老金将从每月最低 60 元提高到 70 元，所需资金由财政全额补贴。

同日 句容市被环境保护部授予"国家环境保护模范城市"称号。至此，江苏省国家环境保护模范城市总数达到 21 个，占全国总数的四分之一，居全国首位。

3 月 1 日 《江苏省学前教育条例》正式实施。《条例》明确规定，每1万至1.5万常住人口配备1所幼儿园，人口较为分散的农村地区，还应当根据条件适当增设幼儿园。新建、改扩建居民区，应当根据规划配套设置学前教育设施，并与居民区建设项目同步设计、施工和交付使用。

3月2日 省委办公厅、省政府办公厅印发《江苏文化建设工程实施办法》，对深入实施文化建设工程作出具体部署。

3月7日 国家发展改革委公布第三批全国发展改革试点城镇名单，江苏金坛市、高邮市、东台市成为发展改革试点城市（区），南京市江宁区江宁街道、南京市六合区金牛湖街道、吴江市汾湖镇、张家港市凤凰镇、无锡市锡山区鸿山街道、无锡市惠山区阳山镇、常州市武进区嘉泽镇、常州市武进区前黄镇、溧阳市天目湖镇、丹阳市皇塘镇、姜堰市姜堰镇、大丰市西团镇、阜宁县阜城镇、赣榆县柘汪镇、徐州市铜山区利国镇、扬州市广陵区杭集镇、江都市邵伯镇成为发展改革试点小城镇。

3月16日 省人力资源和社会保障厅正式对外发布《江苏省"十二五"人力资源和社会保障发展规划》和《江苏省"十二五"人才发展规划》。根据《江苏省"十二五"人力资源和社会保障发展规划》，江苏将全面普及全国通用的社会保障卡，力争到2015年实现六成居民4900万人持卡。同时，通过支持省内社会保险关系跨地区接入等应用，让持卡人首先在省内实现异地无障碍刷卡，再逐步实现全国通用。

3月19日 南京经济技术开发区通过环保部、商务部和科技部组织的考核验收，被命名为国家生态工业示范园区。

3月20日 据《新华日报》报道，坐落于无锡的中国水产科学院淡水渔业研究中心培育的杂交青虾"太湖1号"，成为我国第一个通过审定的淡水虾蟹类新品种，获得2011年度江苏省科学技术一等奖。杂交青虾"太湖1号"也是国内外人工育成的第一个淡水虾蟹类新品种。

3月22日 国务院在徐州召开全国春季农业生产工作会议,全面部署春耕生产和农业农村工作。中共中央政治局委员、国务院副总理回良玉出席会议并讲话。

同日 省委、省政府决定,授予南京市建邺区等10个县(市、区)首批"江苏省法治建设示范县(市、区)"称号,授予高淳县等56个县(市、区)"江苏省法治县(市、区)创建工作先进单位"称号。法治江苏建设历经8年,已有近10%的县(市、区)在县域法治化进程中达到全省示范标准,50%以上县(市、区)迈入全省法治创建工作先进行列。据社会调查测评,2011年,人民群众对法治建设的满意度达86.66%,比2009年提高2.13个百分点。

3月26日 江苏省政府和浙江省政府在吴江市共同举行环太湖风景路建设启动仪式。这是全国首个跨省联合打造的区域性风景路系统,涉及苏浙两省7个市县,将规划形成总长度约316.6千米的风景路临湖线。

3月30日 省环保厅开始正式公布全省17个监测点$PM_{2.5}$、臭氧及一氧化碳的实时监测数据。

3月31日 全国旅游景区质量等级评定委员会发布2012年第4号公告,批准江苏省姜堰市溱湖旅游景区为国家AAAAA级旅游景区。

4月1日 省政府在南京召开全省粮食生产表彰奖励会议,对为全省粮食生产连续8年增产作出突出贡献的先进单位、先进个人进行表彰奖励。此次表彰奖励粮食生产先进县(市、区)18个,先进工作者25名,突出贡献农业科技人员81名,种粮售粮大户80户。

同日 《江苏省耕地质量管理条例》《江苏省通榆河水污染防治条例》正式实施。

4月5日 中央农村工作领导小组办公室农村改革试验联系点暨江苏省农村改革试验区工作启动会议在南京召开。省委、省政府确定在苏州市和12个县（市、区）开展农村改革试点工作，建立省级农村改革试验区，同时中农办将试验区作为农村改革试验联系点。在中央农办的具体指导和帮助下，重点在农业经营机制、农村产权制度、土地征用制度、农村金融制度、户籍制度、农村公共服务供给机制和农业支持保护制度改革创新7个方面开展试验。

4月6日 江苏代表团一行赴新疆检查、部署援疆工作。中央明确新一轮援疆江苏对口支援2个州、13个县（市）、2个农师团场以及霍尔果斯特殊经济开发区，数量居全国首位，全省援疆资金投入位居全国前列。

4月11日 南京市江宁区、鼓楼区被科技部批准为国家可持续发展实验区。

4月12日 省委、省政府下发《关于加快苏北全面小康建设的意见》。《意见》提出，加快苏北全面小康建设的目标是：到2015年，以县为单位达到省定全面小康指标，人均地区生产总值接近东部沿海省份平均水平，人均年纯收入4000元以下的贫困人口全部脱贫，全面建成更高水平小康社会。《意见》明确对产业发展、县域经济发展、合作共建园区、科技创新、基础设施建设、要素保障、民生幸福工程、干部人才工作8个方面的政策支持。

同日 住房和城乡建设部、国家旅游局在苏州召开全国特色景观旅游名镇名村研讨会，并对第一、第二批共216个国家特色景观旅游名镇名村进行授牌。江苏20个镇、村获得授牌，数量位居全国第一。

同日 民政部在南京召开全国民政公共服务设施建设现场会，总结"十一五"以来民政公共服务设施建设成就，交流推广各地特别是江苏省的经验做法，研究部署"十二五"时期建设任务。

4月13日 省委、省政府在宿迁召开全省苏北工作暨扶贫开发工作会议。会议认真总结苏北全面小康建设的成效和经验，深入分析苏北发展面临的新形势新挑战，推动苏北地区全面落实"六个注重"，全力推进"八项工程"，在新的起点上迈出科学发展新步伐，确保如期全面建成更高水平小康社会。

4月16日 据《新华日报》报道，盐城湿地保护与修复项目启动。该项目为全省单体投资最大的生态保护类项目，总投资4.9亿元。

4月17日 省政府印发《江苏省"十二五"环境保护和生态建设规划》。

4月19日 南京市鼓楼区发布全国首个城区幸福综合指标体系。该体系涵盖了"崇文崇礼、福民富民、乐居乐活、善政善治、创新创业、美德美行"等6项一级指标、16项二级指标、66项三级指标组成的客观指标体系，以及由18项居民满意度构成的主观指标体系。

4月23日 中国环境保护领域最高的社会性奖项——中华宝钢环境奖颁奖典礼在北京举行，苏州市获城镇环境类中华宝钢环境奖。

4月25日 国家标准委发布2012年第3号中国地方标准备案公告，公布由江苏省总工会和省质监局等部门联合制定的《劳动关系和谐企业评价规范》（33229–2012DB32/T2019–2011）。这是全国评价劳动关系和谐企业的第一个地方标准。该标准将工资集体协商开展、劳动争议调处以及职工民主管理等作为衡量劳动关系和谐状况的核心指标，从劳动用工、社会保险与福利、安全生产、企业文化、社会责任等12个评价项目，对企业和谐劳动关系作出评价细则，实现劳动关系和谐企业创建工作由"行政推动"向"制度化推动"转变。

4月26日 在上海举行的长三角地区知识产权发展与保护状况新闻发布会上，江苏省政府知识产权联席会发布2011年全省知识产权发展与保护状况白皮书。2011 年，江苏全省专利申请量、授权量，企业专利申请量、授权量和发明专利申请量五项指标位居全国第一；驰名商标总数位居全国第三；计算机软件著作权登记量位居全国第四；农业植物品种权授权总量位居全国第五。

4 月 28 日 苏州轨道交通 1 号线正式开通试运营，苏州由此成为国内首个拥有轨道交通的非省会地级市。苏州市轨道交通 1 号线总长 25.74 千米，总投资 126 亿元。

同日 苏滁现代产业园开工建设，标志着江苏园区在省外开的首个"分号"正式启动。苏滁现代产业园由中新苏州工业园开发集团股份有限公司与滁州市政府合作共建。按照规划，产业园将建设成为集产业、商贸、金融、居住、休闲于一体的高新产业聚集区和现代化商务新城。

5 月 3 日 省委书记、省长在南京分别会见拉萨市党政代表访问考察团一行。江苏·拉萨对口支援工作座谈会同日在南京召开，江苏省政府与拉萨市政府签订"十二五"时期对口支援与合作框架协议。

同日 张家港市举行新闻发布会，宣布针对 60 余万新市民启动积分管理，新市民按照评分标准达到一定积分，可获取入户、子女入公办学校和参加居民基本医疗保险等同城待遇。这在全国县级市中属于首创。

5 月 4 日 在常熟召开的全省村庄环境整治现场推进会上，省村庄环境整治推进工作领导小组公布首批 17 个创建村庄环境整治示范县（市、区）名单，命名首批通过考核验收的 40 个"三星级康居乡村"。

5 月 8 日 江苏扬州泰州机场揭牌暨首航仪式举行。江泽民同志为机场题名。扬州泰州机场是由扬州、泰州两市共同投资新建的民用机场，红线内占地 152.73 公顷，总投资 20.82 亿元，位于扬州江都区丁沟镇境内。该机场按满足 2020 年旅客吞吐量 200 万人次（其中国际旅客吞吐量为 20 万人次）、货邮吞吐量 2.4 万吨的目标进行设计，于 2010 年 3 月 18 日奠基，机场建成的飞行区等级指标为 4C。

5 月 10 日 科技部、中宣部、文化部等 5 部委联合发布首批 16 家国家级文化和科技融合示范基地名单。常州创意产业基地名列其中，这也是全国 250 多个地级城市中唯一一家入选的基地。

5 月 21 日 全国首个街镇国家级孵化器——无锡新区旺庄科技创业中心国家级孵化器正式挂牌。

同日 国务院副总理李克强在苏州考察经济社会发展和转型创新等方面情况，并主持召开地方和企业座谈会。

5 月 22 日 水利部、财政部联合举行全国中小河流治理视频会议暨责任书签订仪式。会上，江苏省政府与两部委签订中小河流治理责任书，在全面完成第一批规划任务的基础上，全面启动实施第二批 118 条中小河流规划治理任务。

同日 省人力资源和社会保障厅发布消息，从 2012 年 6 月 1 日起，上调全省最低工资标准，平均增幅超过 15%。按照调整方案，一类地区月最低工资标准将从 1140 元调整到 1320 元，增加 180 元；二类地区从 930 元调整到 1100 元，增加 170 元；三类地区从 800 元调整到 950 元，增加 150 元。非全日制用工小时最低工资标准：一类地区从 9.2 元调整为 11.5 元，增加 2.3 元；二类地区从 7.5 元调整为 9.6 元，增加 2.1 元；三类地区从 6.5 元调整为 8.3 元，增加 1.8 元。

5 月 26 日 南通市被科技部列为国家创新型城市。

5 月 29 日 由国家广播电影电视总局和江苏省政府联合共建的无锡国家数字电影产业园在无锡滨湖区揭牌。

同日 皂河站工程通过机组试运行验收，南水北调东线工程江苏段运河线工程建成通水。

5 月 30 日 教育部在全国启动首次基础教育质量监测，江苏 10 个县（市、区）的 120 所小学和 60 所初中，作为全国样本纳入此次监测。

5 月 31 日 省政府转发《江苏省"十二五"战略性新兴产业推进方案》。全省"十二五"战略性新兴产业包括新能源产业、新材料产业、生物技术和新医药产业、节能环保产业、物联网和云计算产业、新一代信息技术和软件产业、高端装备制造产业、新能源汽车产业、智能电网产业、海洋工程装备产业。

6 月 5 日 省委、省政府在苏州召开全省对外开放工作会议。会议强调，深入实施经济国际化战略，全面提升开放型经济发展水平，加快形成以国际化企业为主体、国际化城市为基础、国际化人才为支撑的对外开放新局面，为全力实施"八项工程"、又好又快推进"两个率先"提供强大动力。会上，省委、省政府对苏州工业园区等 20 家"江苏省先进开发区"、东风悦达起亚汽车有限公司等 100 家"江苏省开放型经济先进企业"进行了表彰。

6 月 7 日 苏州市印发《关于加强苏州市古村落保护和利用实施意见》，将在 5 年时间内基本完成三山岛、明月湾等 11 个古村落保护工程；完成下辖张家港恬庄、常熟李市村、吴江龙泉嘴村等 6 个古村落保护工程，形成苏州市古村落群。

6 月 8 日 连云港港 30 万吨级航道一期工程举行首航仪式。连云港港 30 万吨级航道工程是我国乃至世界上在开敞海岸淤泥质浅滩建设的等级最高的人工深水航道，是连云港港建设国际性枢纽大港的生命线工程。航道呈"人"字形布局，连接连云港区和徐圩港区。一期工程投资 13.15 亿元，于 2011 年 3 月开工建设，可满足 25 万吨级散货船乘潮单向通航、7 万吨级以下船舶全潮双向通行的要求，并创造了在淤泥质海岸航道建设中等级最高、开挖厚度最大、开挖里程最长、疏浚量最多四个"世界第一"。

同日　历经十余年编纂完成的江苏首部地方性通史《江苏通史》在南京首发。

6月9日　省委、省政府出台《关于深入实施经济国际化战略全面提升开放型经济发展水平的若干意见》。

6月13日　省政府在南京召开社会信用体系建设县级地区试点工作会议，睢宁县、江阴市、兴化市和南京六合区成为首批试点地区并获得授牌。

6月19日　江苏在全国率先开发的新型公共就业服务平台——江苏就业e图正式开通。

6月20日　即日起，苏南硕放国际机场正式启用台湾居民口岸签注点。

6月21日　省政府出台《关于加快促进科技与金融结合的意见》。

6月25日　"中国无线谷"在南京江宁开发区正式开园。

同日　全球规模最大、工艺技术最先进、精益制造能力最强的徐工全地面起重机、装载机智能化、混凝土泵送机械、混凝土搅拌机械"四大基地"在徐州同时竣工并全面投产。徐工四大基地总占地约200公顷，总投资120多亿元，集聚全地面起重机、装载机、成套混凝土机械三大领域最前沿的工艺技术和最尖端的工艺装备。

同日　省内首个智能小区——仁恒双湖湾小区在苏州工业园区建成。该智能小区建成的关键环节是智能用电。在智能小区，用户的各种用电信息被实时传输到终端系统，系统分析后将为用户提供最优的用电方案。

6月26日　条子泥匡围一期工程条南围区合龙仪式在东台举行。条子泥一期工程匡围面积6746.67公顷，总投资13.6亿元，新围海堤长27.4千米，是国家海洋局批准的一次性用海面积全国最大的匡围项目，也是以省为主实施的百万亩滩涂综合开发试验区的首期工程。

同日 省农委召开江苏农民专业合作社法律宣传日新闻发布会，会议透露，《中华人民共和国农民专业合作社法》颁布实施 5 年来，全省农民专业合作社发展迅速，发展水平居全国第一。截至 2012 年 3 月底，全省依法经工商登记的农民专业合作社 4.8 万家，登记成员 739.9 万户，入社农户比例 49.9%，社均登记成员 154.1 户，总出资额 1045.2 亿元，这 4 项指标均居全国第一。全省平均每个村建立 3 个合作社，呈现出"一村一社、一村多社"的发展格局。省级财政扶持资金累计达 7.05 亿元，财政扶持力度全国第一。

6 月 28 日 国内首个平原上开挖的饮用水源生态净化湖——盐龙湖全面建成启用，开创了沿海地区饮用水源地建设的先河。

6 月 29 日 江苏省政府批准公布《大运河（江苏段）遗产保护规划（2011—2030）》。

6 月 30 日 省政府印发《"十二五"时期深化医药卫生体制改革的实施意见》。《意见》要求，到 2015 年，个人卫生支出占卫生总费用的比例降低到 30% 以下，3 项基本医保参保率达到 98% 以上，看病就医矛盾得到进一步缓解。

7 月 1 日 即日起，根据江苏省低保标准自然增长机制，全省城乡低保标准再次上调。全省提高城乡低保标准将做到三个"不低于"：城乡低保标准分别不低于当地上年度城镇居民人均可支配收入和农民人均纯收入的 20%；城乡低保标准增长幅度不低于当地上年度城乡居民人均收入的增长幅度。此轮提标后，全省城乡低保标准将普遍调高 30 元左右，农村最低标准将不低于每人每月 240 元，有利于保障江苏省 40 万困难群体的基本生活。江苏省城市低保发放标准最高的是苏州昆山市，为每月 515 元；最低的是连云港灌云县和灌南县，为每月 240 元。农村最高的是苏州昆山市，为每月 515 元，苏北大部分县区农村均为 210 元。

同日　江苏上调 2012 年上半年企业退休人员基本养老金。2012 年 1 月 1 日至 6 月 30 日期间办理退休、退职手续的人员，每人每月按本人本次调整前的月基本养老金（生活费）的 10% 增加基本养老金（生活费）。2012 年 1 月 1 日至 6 月 30 日期间达到 70 周岁的退休人员，每人每月增发 30 元，退职及领取定期生活费人员每人每月增发 20 元；达到 75 周岁、80 周岁的退休、退职及领取定期生活费人员，每人每月增发 10 元。2012 年 1 月 1 日至 6 月 30 日期间退休的具有高级职称的科技人员，正高每人每月增发 330 元，副高每人每月增发 230 元。

同日　全省开始执行新的社会保险缴费基数。当年参保人员的月缴费基数下限，将从上年度的 2025 元提高到 2299 元，上限则从 10126 元提高到 11497 元。

同日　从 7 月 1 日起，江苏省正式实施阶梯电价。根据最终方案，阶梯电价以年为周期，采取"逐月累计、即超即结"的结算方法。2012 年下半年将按半年的分档电量计算，即，半年用电量未超过 1380 千瓦时不加价；超过 1380 千瓦时未超过 2400 千瓦时部分，进入第二档，每千瓦时加价 0.05 元；超过 2400 千瓦时部分进入第三档，每千瓦时加价 0.3 元。

同日　全国首个节能监察地方性法规——《南京市节能监察条例》正式实施。

7 月 2 日　经国务院正式批复同意设立盐城综合保税区，成为江北首家、江苏第五家、全国第 22 家综合保税区。盐城综合保税区一期封关区域规划面积 2.28 平方千米，同时规划相应的生活配套区和制造业配套区。11 月 15 日，盐城综合保税区通过国家验收，实现封关运作。

7月6日 苏州工业园区中新联合协调理事会第十四次会议在苏州举行。中国国务院副总理、理事会中方主席王岐山和新加坡副总理、理事会新方主席张志贤共同主持会议。会议审议并通过《苏州工业园区开发建设进展和下一步发展的报告》。

7月7日 据《新华日报》报道，江苏省科技厅统计江苏省级以上科技创新平台已达2371个，其中国家级57个，数量均居全国前列。

7月10日 国家统计局、工业和信息化部在南京发布2012年（第十一届）中国软件业务收入前百家企业名单，江苏省共有8家企业入围全国软件百强，其中南京联创科技集团股份有限公司、南瑞集团携手进入前十强，分别排在第六位和第九位。

同日 第二届中非民间论坛在苏州举行。论坛主题为"民意沟通 民间友好 民生合作"。国家副主席习近平出席论坛开幕式，并以"推进中非新型战略伙伴关系新发展"为题发表主旨讲话。联合国秘书长潘基文向论坛致信祝贺。来自中国和35个非洲国家的民间组织、学术界、企业界和媒体界等来宾600余人出席开幕式。与会代表围绕"中非双赢的新思路""中非共同发展的新举措""中非民间交流的新形式"进行坦诚而深入的讨论，达成广泛共识。论坛通过《致中非合作论坛第五届部长级会议建议书》。

7月12日 由中宣部、交通运输部、中共江苏省委联合举办的连云港市"雷锋车"组先进事迹报告会在北京人民大会堂举行。从1963年起江苏省连云港市新浦汽车总站成立的"雷锋车"组，先后有5代500多名"雷锋车"车手坚持不懈学雷锋，以实际行动传承弘扬雷锋精神，累计行程17万多千米，免费运送老弱病残旅客26万人次，义务运送行包22万余件。

7月13日 丰县、东台市、大丰市被国家发展改革委、水利部联合授予"全国农村饮水安全工程示范县"称号。

7月16日 省政府出台《关于进一步加强新技术新产品推广应用的意见》,这是国内在省级层面制定的首个新技术新产品推广应用意见,也是江苏省"稳增长、促转型、惠民生"的十项重大举措之一。

7月17日 全国就业创业工作表彰大会在北京召开,江苏省南京、无锡、苏州、南通、镇江、泰州6个城市被表彰为"全国创业先进城市"。

7月19日 国务院正式批准淮安出口加工区升级为国家级综合保税区,这是江苏省长江以北第一家在出口加工区基础上转型升级而成的综合保税区。

7月20日 由省文明办、省公安厅、省交通运输厅等7部门联合制定的《关于深入实施江苏文明交通工程的工作意见》正式发布。

7月23日 省委、省政府在南通市召开全省促进农民增收工作会议。会议贯彻落实省委十二届三次全会和省政府全体会议精神,分析当前农业农村形势,对下半年促进农民增收工作作出部署,要求全力巩固发展农业农村好形势。

同日 全国首个省级智慧城市群综合接入平台——"智慧江苏"门户平台启动并正式上线。

7月28日 全省沿海开发推进会在大丰市召开。

7月30日 经国务院批准,海安经济开发区升级为国家级经济技术开发区,定名为海安经济技术开发区,实行现行国家级经济技术开发区的政策。

7月31日 省国信集团与射阳县政府在南京签约,经中国银监会批准的"江苏信托·江苏县域发展信托计划"正式启动,射阳港首次获得2亿元信合专项资金。这是江苏首次用信托方式为沿海开发重大项目筹措资金。

8月10日 《中国海关》杂志发布2011—2012年度"中国外贸百强城市"名单，苏州市综合得分名列全国第二位，其中发展指标名列全国第一。

8月11日 全省信息通信基础设施建设会议宣布，江苏省光纤到户覆盖家庭达到694.5万户，是全国覆盖家庭数最高的省份。

8月13日 省统计局、省发展改革委、省委研究室联合发布年度监测报告。报告显示，2011年，对照省定全面建设小康社会4大类25项指标，江苏达标水平继续上升。苏南进一步巩固建设成果，正奋力开启基本实现现代化新征程；苏中在2010年省辖市全面达标后，实现县县达标；苏北不仅有6个县（市、区）达标，徐州总体达小康更使得苏北达标区域从县级市扩展到省辖市。

同日 科技部公布2011年度338家通过复核的国家级科技企业孵化器名单，江苏占54家，通过复核数量居全国第一。

8月14日 昆山留学人员创业园通过验收，成为全国留学人员创业园中首个国家级科技服务标准化单位。

8月16日 省政府办公厅印发《江苏省轨道交通"十二五"及中长期发展规划》。《规划》提出江苏省未来20年轨道交通发展的方向、目标任务，明确"十二五"时期江苏省轨道交通的发展重点和主要措施。计划全省铁路干线新增里程约1200千米，运营里程达4200千米左右，复线率及电气化率达85%以上；铁路干线覆盖全省13市及42县（市），覆盖率达到94%以上；实现沪宁杭之间1小时通达，全部省辖市与南京2小时左右通达、与上海3小时内通达。

同日 农业部确定全国33个市（县、区）为农村土地承包经营权流转规范化管理和服务试点地区，江苏太仓市、东海县入选。

8月19日 国务院同意徐州高新区、武进高新区升级为国家高新技术产业开发区，江苏国家级高新区增至 10 家，在全国排名第一。

8 月 20 日　省内首家农村社区股份合作联社——苏州高新区狮山街道农村社区股份合作联社成立。

8 月 22 日　省内首条全部采用纯电动公交车运行的公交线路在南京投运，同时投运的还有江苏省首座电动公交车充换电站——江宁高新园充换电站。

8 月 27 日　第二届中国城市公益慈善指数发布典礼在宁夏吴忠市举行，江苏省南京、无锡、苏州、江阴、张家港、昆山、镇江、宜兴、南通、常州、扬州 11 个城市获得"慈善七星城市"最高等级认定，占全国该项总数（27 个）的 40%，数量居全国第一；另有 16 个城市分获"慈善六星城市"和"慈善五星城市"称号。本届城市公益慈善指数发布典礼首次发布慈善城市百强名单，其中，无锡市、南京市列北京市、上海市、深圳市之后，居慈善百强城市第四、第五名。

8 月 28 日　长江南京以下 12.5 米深水航道一期工程开工仪式在常熟举行。长江南京以下 12.5 米深水航道建设工程是"十二五"时期全国内河水运投资规模最大、技术最复杂的国家重大工程，在全国水运建设中具有举足轻重的示范作用。

9 月 1 日　中国企业联合会发布最新"中国企业 500 强"，江苏 51 家企业入围，比上年增加 2 家，上榜企业数仅次于北京。

9 月 3 日　省政府出台《江苏省现代服务业"十百千"行动计划（2012—2015）》。

9 月 4 日　省委、省政府出台《关于进一步加强新时期民政工作的意见》。

9 月 11 日　苏州高新区有轨电车 1 号线工程开工。这是全国首条 100% 低地板钢轮钢轨现代有轨电车线路。1 号线项目全长 18 千米，总投资 31 亿元。该线路规划建立 22 个站点，预计 2015 年上半年实现通车试运营。

9 月 15 日 开发性金融支持江苏省农村改革试验区建设合作协议签字仪式在南京举行。国家开发银行江苏省分行将在"十二五"期间，对试验区的农村中小企业、农业产业化龙头企业、农民合作经济组织、农村水利建设、村庄建设、农村基础设施建设等领域的重点项目提供不少于 200 亿元的贷款支持。

9 月 17 日 国务院批准南京设立综合保税区。

9 月 18 日 全国首家村级总工会——无锡江阴市夏港街道长江村总工会正式成立。长江村为中国经济"十强村"前三强，拥有 200 亿元净资产，现有 7 大系统工会，下设 43 家独立工会组织，在职职工万余名。

9 月 19 日 海峡两岸企业家紫金山峰会在南京举行。

9 月 20 日 新加坡–江苏合作理事会第六次会议在泰州召开。

9 月 22 日 第三届中国城市信息化 50 强名单在无锡发布，江苏无锡、苏州、常州、连云港、扬州、江阴、昆山 7 个市（县）入选"2012 中国城市信息化 50 强"，其中无锡、苏州、扬州分别名列第六、第七和第九位。扬州市被评为"2012 中国智慧城市推进十强城市"，江阴市、常州市被评为"2012 中国城市信息化卓越成就十佳城市"，仪征市获"2012 中国城市信息化推进奖"。

9 月 23 日 据《新华日报》报道，截至 9 月中旬，江苏省 1.5 万个行政村均设立助农金融服务点，农民在家门口就可以办理领取养老保险、惠农补贴、存款取钱等金融业务，在全国率先实现村级金融服务全覆盖。

9 月 24 日 第十二届全国精神文明建设"五个一工程"奖揭晓，江苏省共有 9 部作品获奖，在全国名列前茅。江苏省获奖的 9 部作品是：电影《辛亥革命》（与上海合拍）、《秋之白华》，电视剧《我们的法兰西岁月》、《誓言今生》（与上海合拍），儿童剧《留守小孩》，舞剧《秀娘》，歌曲《如意东方》，广播剧《君子史良》，文艺类图书《艾晚的水仙球》。

同日 省十一届人大常委会第三十次会议在南京召开。会议通过《江苏省保护和促进台湾同胞投资条例》《江苏省禁毒条例》《江苏省野生动物保护条例》，通过《江苏省人民代表大会常务委员会关于江苏省第十二届人民代表大会代表名额分配和选举问题的决定》《江苏省人民代表大会常务委员会关于批准南京市第十五届人民代表大会代表名额分配方案的决定》，批准《南京市老山景区保护条例》《南京市城市绿化条例》《南京市城乡规划条例》《徐州市城乡规划条例》。

9月25日 在北京举行的首届中国质量发展论坛上，国家质检总局公布首批争创全国质量强市示范城市名单，江苏南京、苏州、无锡、南通4个城市入选，徐州经济技术开发区、海安县鑫缘茧丝绸工业园区、海门工业园区分别被批准为全国工程机械（起重机、挖掘机和高空作业车）产业知名品牌创建示范区、全国茧丝绸服装家纺产业知名品牌创建示范区、全国家纺床上用品产业知名品牌创建示范区，南京禄口机场、苏南硕放机场、张家港港、南京港、南通港、镇江港、江阴港、常熟港、太仓港、常州港被确定为世界卫生组织口岸核心能力达标单位。

9月26日 2012福布斯中国大陆最佳县级城市排行榜揭晓，昆山、常熟、江阴位居前三，其中昆山四度折桂。江苏有9城入选，张家港、吴江（区划调整前）、太仓、宜兴、海门、丹阳同进"强县俱乐部"。

9月27日 中国、奥地利节能环保工作组第一次会议在南通苏通科技产业园举行，会议探讨中奥苏通生态园建设的总体框架、合作原则、合作领域、工作机制和下一步工作。会议签署《中华人民共和国商务部与奥地利共和国联邦经济、家庭和青年部关于共同支持建设中奥苏通生态园的谅解备忘录》和《中奥节能环保工作组第一次会议联合纪要》。

9月30日 1—9月，江苏新开工保障房31.6万套，竣工14.1万套，用9个月的时间超额完成中央和省政府下达的全年目标任务。按照中央的部署，2012年江苏保障房新开工目标任务为27.5万套，江苏自加压力，将省定目标确定为新开工31.5万套，其中包括10.5万套廉租房和公共租赁房、5.3万套经济适用房、6.5万套限价房和9.2万套棚户区改造房。

10月1日 江苏"营改增"试点企业——中国外运长江有限责任公司顺利开出第一张增值税专用发票，标志着江苏交通运输业和部分现代服务业开始实施营业税改征增值税试点工作成功启动。

同日 苏州市区所有义务教育阶段外来工子弟学校的学生均能凭借苏州教育"E卡通"免费乘坐公交和城市轨道交通。至此，苏州市区义务教育阶段近30万学生均可凭"E卡通"免费乘坐公交车、城市轨道交通。自2011年9月开始，苏州在全国率先实行义务教育阶段学生免费享受公共交通。

10月8日 省政府出台《江苏省全民科学素质行动计划纲要实施方案（2011—2015年）》。

10月10日 国务院批复同意《江苏省海洋功能区划（2011—2020年）》。《批复》指出，通过实施《区划》，到2020年，全省建设用围填海规模控制在26450公顷以内，海水养殖功能区面积不少于30万公顷，海洋保护区面积达到管辖海域面积的11%以上，保留区面积比例不低于10%，大陆自然岸线保有率不低于35%，整治修复海岸线长度不少于 300 千米。

同日 省委、省政府出台《关于加快企业为主体市场为导向产学研相结合技术创新体系建设的意见》。

10 月 11 日 省委、省政府召开全省科技创新大会，对江苏深入实施创新驱动战略、推进科技创新工程进行再动员再部署，加快建设创新型省份，为推进"两个率先"提供有力支撑。

10 月 15 日 据《新华日报》报道，全省客运班车已开进 15719 个行政村，行政村客运班车通达率达 97.1%；全省镇村公交开通率达到 29.2%。

10 月 19 日 中德（太仓）中小企业合作示范区正式揭牌，中德中小企业工业园同时奠基。4 月 19 日，工业和信息化部批复同意在太仓市设立中德（太仓）中小企业合作示范区。截至 10 月，太仓市已经吸引 180 多家德国企业落户，总投资超过 15 亿美元，成为中国德资企业最密集的地区。

同日 水利部公布第 12 批国家级水利风景区名单，江苏盱眙天泉湖、古淮河、无锡长广溪、连云港花果山大圣湖、宝应宝应湖、盐城大纵湖、泗阳泗水河、淮安清晏园 8 家水利风景区入选。至此，江苏国家级水利风景区已达 33 家。

10 月 25 日 第三届中国国际物联网（传感网）博览会在无锡开幕。博览会由工业和信息化部、国家发展改革委、科技部、中科院、新华社、江苏省政府共同主办，是物联网领域规格最高、规模最大的国家级会展活动。

10 月 31 日 中国科学院《2012 中国新型城市化报告》在北京发布。根据"城乡发展动力""城乡发展质量""城乡发展公平"指数计算，苏州、无锡分别居中国内地 50 个代表城市新型城市化水平第七、第十位。

同日 科技部公布第四批国家技术转移示范机构名单，江苏有中国矿业大学技术转移中心、苏州中科院产业技术创新与育成中心、昆山市工业技术研究院有限责任公司、江苏省农业科学院、南京航空航天大学科技成果转化服务中心、常州大学技术转移中心、扬州大学技术转移中心7家单位入选。

11月2日 由省政府主办的第六届苏北投资贸易洽谈会在宿迁举行。本届投洽会约有2500名客商参加，共签订投资、贸易、科技合作等协议及合同项目556个，总金额642.5亿元，比上届增长17.6%。

11月6日 张家港保税港区正式获国务院批准为汽车整车进口口岸，成为目前江苏省唯一的汽车整车进口口岸，预计2013年口岸将通过验收并启用。

同日 国家质检总局考核批准90个"国家级出口食品农产品质量安全示范区"，江苏连云港市花果山出口蔬菜质量安全示范区、邳州市宿羊山镇出口大蒜质量安全示范区、丰县出口果品质量安全示范区、苏州太湖出口大闸蟹质量安全示范区、赣榆县出口泥鳅质量安全示范区5家出口食品农产品基地入选。

11月17日 江苏省暨南京市在南京人民大会堂召开大会，传达学习党的十八大精神。大会要求全省各级党组织和广大党员干部群众把学习宣传贯彻党的十八大精神作为当前和今后一个时期的首要政治任务，紧密团结在以习近平同志为总书记的党中央周围，以实际行动学习好、领会好、贯彻好党的十八大精神，奋力开创江苏"两个率先"新局面。

同日 国家文物局公布更新的45项"中国世界文化遗产预备名单"，江苏扬州瘦西湖及盐商园林文化景观、无锡惠山祠堂群等2个独立项目和大运河（江苏段）、江南水乡古镇（苏州市甪直镇、昆山市周庄镇、千灯镇、锦溪镇、太仓市沙溪镇、苏州市同里镇)、中国明清城墙(南京城墙)、海上丝绸之路(南京市、扬州市)等4个跨省联合项目入选。江苏世界文化遗产预备名单项目总数达6个,列全国第二位。

11月22日 国务院正式批复同意江苏靖江港口岸对外开放,靖江港成为国家一类开放口岸。

同日 全长8.44千米、总投资7.5亿元的京杭运河高邮新民滩特大桥正式通车。这标志着江苏结束漫水公路历史,该路段将成为全天候通行省道(此前,每年因淮河泄洪,333省道有3到4个月的漫水期,其间禁止通行)。

同日 据《新华日报》报道,国家创新基金2012年度各类项目立项公布,江苏共有517个项目获4.8887亿元立项支持,同比增长15%,占全国资助总额的9.5%,连续五年居全国第一。其中,国家创投引导基金阶段参股项目获1.35亿元资金支持,再居全国第一。

11月23日 中共江苏省第十二届委员会第四次全体会议在南京举行。全会认真学习贯彻党的十八大精神,审议通过《中共江苏省委关于认真学习贯彻党的十八大精神,奋力开创江苏科学发展新局面的意见》。《意见》与时俱进丰富"两个率先"的目标内涵,在确保2015年全省以县为单位达到省定全面小康指标的基础上,进一步提升全面建成小康社会的质量和水平,2017年城乡居民人均收入比2010年翻一番,2018年地区生产总值比2010年翻一番。全会还提出,努力在现代化建设中继续走在前列。

11月25日 泰州长江公路大桥建成通车。至此,江苏建成通车的跨江公路大桥达8座。

11月28日 工业和信息化部公布第二批"国家中小企业公共服务示范平台"名单,江苏有12家平台上榜,加上2011年首批上榜的

7 家，江苏国家级中小企业公共服务示范平台数居全国第一。

同日 由省科技厅兴办的江苏农村科技服务超市总店在省农科院生态园建成投用。全省初步建成超市总店、分店和便利店三级网络体系，共有店面 215 家，驻店科技特派员 2000 多名，已转化应用成果 593 项。

11 月 30 日 中央宣讲团党的十八大精神报告会暨省委宣讲团和省管领导干部轮训班动员会在南京举行。

同日 第 14 届中国专利奖揭晓，20 个金奖项目中江苏占 3 席。江苏此次还拿到中国专利优秀奖 17 项、中国外观设计优秀奖 2 项，获奖项目总数达 22 项。中国专利奖评选由国家知识产权局与世界知识产权组织共同开展，是国内专利领域最高奖项。

同日 据《新华日报》报道，江苏超额提前完成全国爱卫会提出的 3 年城乡环境卫生整治行动目标。全省城市生活垃圾无害化处理率达 94%，城市生活污水处理率达 89%；农村生活垃圾处理率达 68%，农村生活污水处理率达 32%。农村环境综合整治村庄数 15650 个，占全省行政村总数的 89%。

12 月 3 日 中央文明办公布 2012 年全国城市文明程度指数测评和全国未成年人思想道德建设工作测评结果。南京市城市文明程度指数在前 12 名省会、副省级文明城市中排名第 11 位，常州市、南通市、扬州市、苏州市城市文明程度指数在前 17 名地级文明城市中分别排名第 1、第 7、第 13、第 16 位；南京未成年人思想道德建设工作在前 26 名省会、副省级文明城市中排名第 12 位，南通市、苏州市、常州市、镇江市、扬州市、泰州市、徐州市、无锡市在前 66 名地级文明城市中分别排名第 7、第 18、第 21、第 29、第 35、第 42、第 45、第 58 位。

12 月 4 日 农业部、国家旅游局联合发文，认定南京高淳县和徐州铜山区为"全国休闲农业与乡村旅游示范县",宜兴市兴望农业休闲文化园、盐城大丰市丰收大地生态园、常州金坛市久红农业生态观光园和镇江句容市九龙山庄为"全国休闲农业与乡村旅游示范点"。至此,全省已成功创建5个国家级休闲农业与乡村旅游示范县,12个国家级休闲农业与乡村旅游示范点,创建总数列全国第一。

12月5日 由中国城市竞争力研究会和世界城市合作组织中国城市委员会主办的第11届"中国城市竞争力排行榜"在香港发布,苏州列2012中国城市综合竞争力排行榜第七位、2012中国国际化城市排行榜第八位,南京、无锡分列2012中国最安全城市排行榜第5、第九位,昆山、江阴、张家港、常熟、吴江、宜兴、太仓分列2012中国县级市综合竞争力排行榜第一、第二、第三、第四、第五、第七、第九位,宜兴列2012中国绿色竞争力十强排行榜第四位。

12月6日 据《新华日报》报道,2012年江苏新增"国家AAAAA级旅游区"5家,分别是:南通濠河旅游区、姜堰溱湖湿地旅游区、苏州金鸡湖景区、镇江"三山"(金山、焦山、北固山)旅游景区、无锡太湖鼋头渚景区。至此,全省国家AAAAA级旅游区已达14个,数量居全国第一。

同日 南京徐庄软件产业基地举行全国版权示范基地揭牌仪式。徐庄软件产业基地是全国首批6个版权示范基地之一,也是江苏迄今为止唯一的全国版权示范基地。

同日 2011年江苏省科技进步统计监测结果与统计公报正式公布,苏州市在全省13个省辖市中以94分排名第一,连续五年位居榜首。

12月7日 "中国幸福城市社会管理创新最佳实践案例"在北京发布。在获奖的24个最佳实践案例奖中,江苏占8个。

同日 省内首个农家书店落户苏州相城区渭塘镇翡翠家园社区,

江苏省农家书店工程正式启动。

12 月 8 日　中国科协与江苏省政府在南京举行加快推进江苏创新型省份建设合作协议签字仪式。

12 月 10 日　第 12 届全国县域经济基本竞争力百强县（市）揭晓，江苏省入围县（市）数量最多，为 25 个，其中江阴市、昆山市、张家港市、常熟市并列第一。

12 月 11 日　国务院批准同意靖江经济开发区升级为国家级经济技术开发区，定名为靖江经济技术开发区；批准吴中经济开发区升级为国家级经济技术开发区，定名为吴中经济技术开发区。

12 月 12 日　国家电网公司宣布，代表当今世界直流输电技术最高水平的锦屏—苏南 800 千伏特高压直流工程全面完成系统调试和试运行，正式投入商业运行。

12 月 15 日　江苏首批居民健康卡率先在连云港、淮安、高邮、扬中 4 个试点地区发放。居民健康卡上储存个人健康基础信息，在跨区域诊疗时，即使网络平台未连通，也能提供主要健康信息，特别是在急救医疗服务中具有重要作用。健康卡上包含有医疗机构的电子病历和诊疗信息，可进行挂号和费用结算，同时具备金融功能，与银行卡合二为一。

12 月 16 日　江苏省援藏前方指挥部在拉萨揭牌。江苏先后选派 7 批共 318 名援藏干部以及 400 余名教育人才赴藏工作。至 2011 年底，江苏共实施 50 万元以上对口支援项目 270 个，累计投入西藏无偿援助资金 17.38 亿元。"十二五"期间，江苏省对口支援拉萨市的资金总额将达到 18.36 亿元。2012 年安排对口援藏项目资金 3.38 亿元，援建项目 26 个。为更好地开展援藏工作，2012 年 4 月，江苏省委、省政府研究批准在原有援藏援疆领导小组办公室和江苏援藏干部管理协调小组的基础上，专门成立江苏省对口支援西藏拉萨市前方指挥部，负责江苏省对口支援西藏拉萨市各项工作。

12月17日　由省文明办、省委农工办等10个部门和单位联合开展的"江苏最美乡村"推选活动结果在南京揭晓，常熟市支塘镇蒋巷村等20个村被评为"江苏最美乡村"。

12月18日　即日起，凡以工程项目为单元参加南京市建筑业农民工大病医疗保险、且在参保有效期内的施工作业人员，在领取市民卡后均可享受1次免费体检，这在全国尚属首次。

12月19日　全国首个"高等教育国际化示范区"在苏州独墅湖科教创新区揭牌成立。教育部与苏州工业园区管委会签署《共建高等教育国际化示范区框架协议》。

12月20日　省委制定《关于改进工作作风、密切联系群众的十项规定》，从改进调查研究、解决民生难题、精简会议文件、简化接待工作、改进新闻报道、坚持廉洁从政等方面，对省领导同志进一步改进作风作出了具体规定。

同日　中国纺织工业联合会授予常熟市、江阴市、海门市三星镇、吴江市盛泽镇"全国纺织模范产业集群"称号。

12月21日　农业部授予盐城市、徐州市"全国粮食生产先进市"称号，授予南京市六合区、宜兴市、睢宁县、徐州市铜山区、新沂市、常州市武进区、常熟市、南通市通州区、如东县、东海县、灌云县、盱眙县、洪泽县、金湖县、射阳县、东台市、阜宁县、高邮市、仪征市、丹阳市、兴化市、靖江市、沭阳县、泗洪县等24个县（市、区）"全国粮食生产先进县"称号。

同日　如东县小洋口海洋公园被批准为国家级海洋公园。

同日　中国科技发展战略研究小组发布的《中国区域创新能力报告2012》显示，江苏区域创新能力再次摘取桂冠，连续四年蝉联"全国创新能力最强地区"。

12 月 24 日　南京长江第四大桥正式开通运营。

12 月 25 日　江苏标志性文化工程——江苏大剧院开工建设。江苏大剧院位于南京河西新城奥体中心西侧，投资约 20 亿元，是规模仅次于国家大剧院的现代化大剧院。总体设计以水为主题，呈荷叶水滴造型，充分体现"水韵江苏"特色。

12 月 26 日　科技部发文认定 55 家单位为国家级科技企业孵化器，12 家江苏科技企业孵化器名列其中，获批总数再居全国第一。截至年末，江苏各类科技企业孵化器已突破 400 家，国家级科技创新创业载体达 96 家，其中国家级高新技术创业服务中心达 80 家，全省孵化器数量、孵化场地面积、在孵企业数量等多项指标均继续位居全国第一。

同日　苏州工业园区被商务部授予"国家进口贸易促进创新示范区"称号。

同日　苏州人力资源和社会保障局发布消息：全市农村居民养老保险、医疗保险与城市居民实现并轨。加上此前已经完成的城乡"低保"并轨，苏州比预定时间表提前整整 1 年实现城乡居民社会保障"三大并轨"。这标志着苏州在全省率先建成一个覆盖全民、城乡一体的社保体系，300 多万苏州农民在社保制度上真正开始享受"市民待遇"。

12 月 28 日　江苏社科强省建设工作推进会在南京召开，对建设社科强省的工作主线、目标内涵和重点任务进行部署。

同日　江苏省第八届精神文明建设"五个一工程"表彰座谈会暨颁奖晚会在南京举行。会上，授予获全国第十二届精神文明建设"五个一工程"奖的 9 部作品为江苏省"五个一工程"荣誉奖。

同日　太仓港 2012 年集装箱吞吐量突破 400 万标箱，成为长江沿线集装箱运输量最大、接靠超大型船舶数量最多的港口。

12 月 31 日　外省籍进城务工人员随迁子女在江苏参加升学考试政策正式公布。从 2013 年起，凡具有江苏省义务教育阶段学籍的应届初中毕业随迁子女，均可参加当地中考和普通高中、中等职业学校录取，具体办法由各省辖市制定。

同日　截至 2012 年末，全省外贸进出口 5482 亿美元左右，连续十年位居全国第二；到账外资 357.6 亿美元，连续 10 年居全国第一；境外投资超过 50 亿美元，位列全国第二。

同日　截至 2012 年末，全省登记注册的私营企业达 131.3 万户，比上年底增加 11.5 万户；户均注册资本由上年底的 302 万元提高到 322 万元，户数、注册资本总额均居全国首位。

同日　2012 年，江苏应对经济下行严峻挑战，按照把握稳中求进总基调、强化"八项工程"主抓手、突出经济转型升级着力点、营造和谐稳定良好环境的总要求，统筹做好稳增长、控物价、转方式、惠民生、抓改革、促和谐各项工作，全省经济在加快转型升级中实现平稳较快发展。地区生产总值比上年增长 10.1%，人均地区生产总值突破 1 万美元，公共财政预算收入比上年增长 13.8%，固定资产投资比上年增长 20.5%。

二〇一三年

1月1日 江苏启东至上海崇明城际巴士正式投入运行，开创江苏苏中、苏北地区至上海公交的先例。

1月3日 国务院致函江苏省政府和海关总署，批复同意设立南通综合保税区。

1月5日 异地就医结算实现省内13个省辖市之间的互联互通。

同日 苏州工业园区被中央综治办、科技部、商务部等部门授予"中新社会管理合作试点单位""国家技术转移示范机构""国家火炬苏州工业园区生物医药特色产业基地""国家知识产权示范园区""国家进口贸易促进创新示范区"称号。

1月8日 省农委认定海安县、如东县、大丰市、宝应县、高邮市、兴化市、泰兴市、姜堰市等8个县（市）为第一批"亩产吨粮县"。

1月12日 省委、省政府召开全省农村工作会议。

1月15日 省第十一届人大常委会第三十二次会议审议通过新修订的《江苏省非物质文化遗产保护条例》《江苏省劳动合同条例》。

同日 无锡市、常州市、苏州市、溧阳市、南京市浦口区5个市（县、区）被环保部授予"国家生态市（县、区）"称号。

1月16日 省发展改革委、省卫生厅、省财政厅、省人力资源和社会保障厅、省民政厅、江苏保监局联合出台《关于开展城乡居民大病保险工作的实施意见》。《意见》要求，自2013年7月1日起，全省大病保险试点正式启动，并于 2014 年底全面推开。

1 月 17 日　国务院办公厅正式函复江苏省政府和商务部，同意海门、如皋经济开发区升级为国家级经济技术开发区，实行现行国家级经济技术开发区的政策。

1 月 18 日　2012 年度国家科学技术奖励大会在北京举行。江苏 49 项成果（通用项目）获奖，居全国省份第一，其中，获国家自然科学奖 2 项、国家技术发明奖 10 项、国家科学技术进步奖 37 项。

1 月 28 日　省委、省政府出台《关于推进体制机制改革创新进一步增强农业农村发展活力的意见》。

同日　省政府办公厅发布《江苏教育现代化指标体系》。该指标体系总体框架由三级指标构成：一级指标共 8 项，包括教育普及度、教育公平度、教育质量度、教育开放度、教育保障度、教育统筹度、教育贡献度、教育满意度；二级指标共 16 项；三级检测点共 46 个。江苏是继上海之后在全国最早推出教育现代化指标的省份。

同日　省统计局、国家统计局江苏调查总队联合发布 2012 年江苏经济发展"成绩单"。初步核算并经国家统计局核定，2012 年全省实现生产总值 54058 亿元，按可比价格计算，比上年增长 10.1%；江苏人均地区生产总值突破 1 万美元，达到 10827 美元，连续三年居全国各省区之首。

1 月 29 日　省政府办公厅转发省人力资源和社会保障厅、省财政厅等部门《关于建立城镇居民基本医疗保险筹资机制的指导意见》，明确全省城镇居民医保筹资将与居民可支配收入挂钩，政府补助金额不低于总额的 80%。同时建立缴费年限与待遇水平挂钩的激励机制，鼓励参保居民连续缴费、长期缴费。这一政策的出台，标志着江苏在全国省级层面率先建立城镇居民医保筹资制度保障。

同日　住房和城乡建设部公布首批 90 个国家智慧城市试点名

单，江苏省无锡市、常州市、镇江市、泰州市、南京河西新城、苏州工业园区、盐城市城南新区、昆山市花桥经济技术开发区、昆山市张浦镇入选。智慧城市是在物联网、云计算等新一代信息技术的支撑下形成的一种新型信息化城市形态。试点城市将有 3—5 年的创建期。

1 月 30 日　国家级宿迁经济技术开发区揭牌。

1 月 31 日　省政府印发《关于扎实推进城镇化促进城乡发展一体化的意见》，提出 7 个方面的 20 条措施，明确江苏今后一段时期城镇化发展的方向和要求。

同日　财政部、商务部批复同意，在苏州市启动开展现代服务业综合试点。

2 月 3 日　国务院正式批复同意设立昆山深化两岸产业合作试验区（简称"昆山试验区"）。

2 月 4 日　江苏首个内陆风电场在盱眙正式并网发电。

2 月 5 日　公安部决定从即日起新增盐城机场为台胞口岸签注点。这是大陆第 31 个、江苏省第 4 个获批开办台湾居民口岸签注的机场。至此，江苏已拥有南京、徐州、无锡、盐城 4 个台湾居民口岸签注点。

2 月 8 日　中国统计学会发布《2011 年地区发展与民生指数（DLI）报告》，2011 年江苏该指数为 73.83%，较上年提升 3.09 个百分点，超越浙江的 73.02%，首次跃居全国各省区首位。地区发展与民生指数评价指标体系包括经济发展、民生改善、社会发展、生态建设、科技创新、公众评价 6 个方面，共 42 项指标。

2 月 10 日　国务院批复同意，将泰州市列为国家历史文化名城。

2 月 18 日　全省对口支援工作会议在南京召开。会议要求各对口支援市县和部门坚持科学援建、真情援建、持续援建，再接再厉、狠抓落实、扎实工作，努力推动江苏对口支援工作继续走在全国前列。

2月22日 省委、省政府在南京召开全省科学技术奖励大会，表彰2012年度国家和省科学技术奖获奖人员。现场为省科学技术突出贡献奖获得者颁奖。省政府授予南京军区南京总医院黎介寿、江苏里下河农业科学研究所程顺和两位院士省科学技术突出贡献奖，同时授予"新型生物人工肝支持系统的研发与临床应用"等199个项目2012年度江苏省科学技术奖，其中，一等奖17项，二等奖60项，三等奖122项；授予徐秀龙等4人2012年度江苏省国际科学技术合作奖。

同日 国家发展改革委批复《徐州市城市快速轨道交通建设规划（2013—2020）》。徐州成为江苏第五个、苏北第一个发展轨道交通的城市。

同日 张家港保税港区汽车整车进口口岸顺利通过国家联合验收组的验收，正式成为全省以及长江内河唯一的汽车整车进口口岸、全国第七个港口型汽车整车进口口岸。

同日 首部快餐行业标准在苏州市2万多家餐饮企业中试行，这在国内地级城市中首开先河。

2月27日 省绿化委员会首次发布全省森林碳汇数据：自2003年启动"绿色江苏"建设10年来，全省森林碳汇由7454万吨增加到1.55亿吨，10年新增二氧化碳吸储能力8000余万吨。

2月28日 国务院办公厅正式函复江苏省政府和商务部，同意宜兴经济开发区晋升为国家级经济技术开发区。

同日 国土资源部印发《开展城镇低效用地再开发试点指导意见》，确定在内蒙古、辽宁、上海、江苏、浙江、福建、江西、湖北、四川、陕西10省（区、市）开展试点，推进城镇低效用地再开发利用，优化土地利用结构。

同日　省政府召开妇儿工委全体委员会议暨省关爱留守流动儿童工作联席会议，部署实施新一轮妇女儿童8件实事项目。8件实事项目分别是：妇女"两癌"查治救助行动、单亲特困母亲帮扶推进行动、妇女儿童活动阵地建设提升行动、女职工劳动保护示范企业促进行动、女大学生创业就业援助行动、农村妇女土地权益保障行动、妇女参与决策与管理支持行动和留守流动儿童安全守护行动。

　　同日　江苏造血干细胞捐献已达299例，居全国第二。中华骨髓库江苏省分库启动十年来已有入库志愿者10万多人，为289名国内患者和10名境外患者送去重生的希望。

　　同日　无锡市锡山区羊尖镇南村村民于永军获发江苏省首张家庭农场营业执照，经营范围为花卉、苗木、果蔬的种植、销售，以及农业观光服务。

　　3月1日　铁道部、上海市、江苏省在南通市召开沪通铁路建设动员大会。这标志着沪通铁路建设项目进入新的实施阶段。

　　同日　《江苏省残疾人保障条例》正式施行。

　　同日　苏州高新区被国家知识产权局批准为"国家知识产权示范园区"，成为新《国家知识产权试点示范园区评定管理办法》实施后全国首批10家知识产权示范园区之一。

　　3月2日　国务院办公厅正式函复江苏省政府和商务部，同意苏州市浒墅关经济开发区升格为国家级经济技术开发区。至此，苏州市共拥有国家级开发区12家。

　　3月5日　国务院公布第七批全国重点文物保护单位名单。江苏有106处入选，入选数量仅次于山西、河南、湖南、河北，列全国第五。

　　3月7日　省人力资源和社会保障厅下发《关于建立谈判机制将部分特殊药品纳入医疗保险基金支付范围的通知》，在国内率先通过医保部门、医疗机构、药品供应商三方谈判的方式，将部分医保外特殊常用高价药纳入医保支付范围。特殊药品适用于城镇职工医保和城镇居民医保参保人员。

3月8日 中共中央总书记、中共中央军委主席习近平参加十二届全国人大一次会议江苏代表团审议。他希望江苏干部群众以清醒的头脑、扎实的作风、高昂的干劲，始终把已经取得的成绩看作事业新的起跑线，按照率先全面建成小康社会、率先基本实现现代化的要求，不断开创各项工作新局面。习近平指出，新的5年奋斗历程已经开启。面对日益激烈的综合国力竞争，我们的事业就如同逆水行舟、不进则退。党的十八大确定了全面建成小康社会和全面深化改革开放的目标，对新的时代条件下推进中国特色社会主义事业作出了全面部署。我们必须正确认识国际国内形势新变化，自觉适应实现全面建成小康社会目标新要求，把握住、利用好发展机遇，看得到、应对好风险挑战，以更加坚定的信心、更加有效的举措推动科学发展、促进社会和谐。习近平指出，要深化产业结构调整，构建现代产业发展新体系，抓住化解产能过剩矛盾这一工作重点，使经济发展提高质量、增加效益、增强后劲；要积极稳妥推进城镇化，推动城镇化向质量提升转变，做到工业化和城镇化良性互动、城镇化和农业现代化相互协调；要扎实推进生态文明建设，实施"蓝天碧水"工程，让生态环境越来越好，为建设美丽中国作出贡献。他表示，相信在江苏省委和省政府领导下，全省广大干部群众勠力同心、埋头苦干、开拓进取，江苏一定能在科学发展的道路上继续向前，创造出无愧于时代和人民的新业绩。

3月11日 由无锡滨湖区法院审结的全国首例由民间环保组织中华环保联合会提起的生态公益诉讼案启动"异地补植"程序，被告无锡市蠡湖惠山景区管委会在十八湾杨湾地区补植4500平方米林木。此案在全国首开生态损害赔偿方式先河。

3月12日 中国社科院城市发展与环境研究所与《中国经济周刊》联合发布《中国城镇化质量报告》。在超大城市城镇化质量排名中，苏州排在深圳、北京、上海之后列第4位，南京列第7位。在选取的286个城市的全部样本中，苏州排名第9，南京、常州、无锡分列第12、13、14位。

3月14日 经省政府同意，江苏上调2013年企业退休人员基本养老金。调整范围对象为参加全省企业职工基本养老保险并在2012年12月31日前办理退休、退职或领取定期生活费手续的人员，调整时间从2013年1月1日起。此次调整企业退休人员基本养老金，采取普遍调整和适当倾斜相结合的办法。上调后，全省380多万名企业退休人员平均月养老金将超过2000元。

同日 苏州、徐州、扬州、无锡4市被水利部确定为国家级水生态文明试点市，江苏省水生态文明建设试点工作同时启动。

3月25日 省政府办公厅发布《江苏省大气重污染预警与应急工作方案（暂行）》。据大气重污染可能造成的危害程度，预警分为重度污染、严重污染、极重污染3个等级。针对空气污染的不同级别，各部门将统筹采取不同应急方案。这是江苏首次发布大气重污染预警与应急方案。

3月27日 省委组织部、省人力资源和社会保障厅宣布，自2013年起实施江苏省高技能人才引进计划。

同日 住房和城乡建设部公布2012年中国人居环境奖获奖名单，太仓市获2012年中国人居环境奖，"江苏省城乡统筹区域供水规划及实施""金坛市宜居工程建设""昆山市巴城镇生态宜居工程建设""宜兴市周铁镇小城镇建设"等4个项目获"中国人居环境范例奖"。苏州的县级市实现"中国人居环境奖"全覆盖。

同日　中共中央政治局常委、国务院总理李克强到江苏考察。

3月28日　国土资源部下发《关于江苏省推进节约集约用地工作方案的批复》，批准将江苏省作为国家节约集约用地试点省。

同日　全国科技进步统计监测及综合评价课题组公布《2012全国科技进步统计监测报告》。数据显示，江苏省反映科技总体实力的综合科技进步水平指数升至69.97%，比上年提高5.5个百分点，增幅排名第一，高于全国平均水平3.3个百分点。

3月29日　省委、省政府在南京召开全省推进脱贫奔小康工程座谈会。会上，省扶贫工作领导小组与苏北22个帮扶县（市、区）委书记签订实施脱贫奔小康工作责任状。

4月8日　根据国务院安排，国家考核组对江苏淮河、长江两大流域水污染防治和重金属污染防治等3个国家规划实施情况进行考核评估。

4月9日　省政府在南京召开新一轮农村实事工程动员部署会议。新一轮农村实事工程涵盖农村饮水安全、教育培训、卫生健康、交通出行、环境整治、文化建设、社会保障、脱贫奔小康八个方面，2013年省以上将投资184亿元。

4月10日　省太湖水污染防治委员会第七次全体（扩大）会议暨主要入湖河流河长工作会议在南京召开。

同日　科技部批准25个2013年度国家可持续发展实验区，江苏盐城市、海门市、东海县等入选。其中，盐城市成为我国沿海面积最大的以"沿海资源保护开发与区域发展协同推进"为主题的国家级实验区。

4月11日　贵州省党政代表团到江苏考察。两省党政领导在南京举行经济社会发展座谈会。

4月12日　省政府办公厅印发《首批江苏高校协同创新中心名

单的通知》，确定首批立项建设 29 个江苏高校协同创新中心、培育建设 11 个江苏高校协同创新中心。

4 月 18 日　全国农村留守流动儿童关爱服务体系试点工作总结推进会在常州召开。据不完全统计，江苏留守流动儿童数量达 160 万人，接受义务教育入学率稳定在 99% 左右，义务教育阶段在公办学校就读率达到 85.68%。

4 月 19 日　科技部批复 12 座城市为新一批"国家创新型试点城市"，江苏扬州、泰州、盐城 3 市入选。

4 月 20 日　省通信管理局、省互联网行业管理服务中心、省互联网协会在南京发布 2012 年度《江苏省互联网发展状况报告》。《报告》显示，截至 2012 年底，全省网民数达 3952 万人，较上年底增长 7.2%，全省互联网普及率为 50%，比上年底增长 3.2 个百分点。

同日　中共中央政治局常委、中央书记处书记刘云山到无锡江阴和苏州常熟、昆山，就做好新形势下的党建工作深入企业、农村、社区调研。

4 月 22 日　第四届中欧政党高层论坛在苏州开幕。中共中央政治局常委、中央书记处书记刘云山出席开幕式，并发表题为《同舟共济合作共赢，共创中欧美好未来》的主旨讲话。全国政协副主席、中联部部长王家瑞出席开幕式。

4 月 25 日　经国务院同意，国家发展改革委正式印发《苏南现代化建设示范区规划》，标志着中国第一个以现代化建设为主题的区域规划正式颁布实施。

4 月 28 日　江苏省工商局出台全国首个家庭农场省级注册规定《关于充分发挥工商注册登记职能，做好家庭农场登记工作的意见》，对家庭农场登记的名称、经营范围、市场主体类型、经营者提出具体的登记指导意见。截至 4 月底，全省各级工商登记机关已登记家庭农场197户，其中个体户122户、个人独资企业69户、合伙企业2户、公司4户。

5月1日　《江苏省残疾人托养服务补贴省补资金管理（暂行）办法》正式实施。江苏在全国率先出台托养补贴政策，对有托养需求的低保、低保边缘贫困残疾人家庭进行补贴。

5月2日　省政府发出《关于表彰首届江苏省出口企业优质奖获奖单位的决定》，确定徐州工程机械集团有限公司、江苏沙钢集团有限公司、波司登股份有限公司、红豆集团有限公司、好孩子儿童用品有限公司等5家企业为首届"江苏省出口企业优质奖"获奖单位并予以表彰。

5月3日　省委、省政府在苏州召开苏南现代化建设示范区工作会议，对贯彻落实《苏南现代化建设示范区规划》、高标准高起点高水平推进苏南现代化示范区建设、开创全省"两个率先"新局面作出部署。

5月8日　省政府召开试点城市新能源汽车推广应用推进会，专题部署新能源汽车推广应用工作。

5月10日　由中国铁建十四局集团承建，国内掘进距离最长、埋深最深、水压最高、直径最大的地铁过江隧道——南京地铁10号线过江地铁隧道顺利贯通。

5月13日　国务院批准设立太仓港综合保税区，规划面积2.07平方公里。这是江苏第9个，也是全国第32个综合保税区。

5月15日　省委、省政府印发《关于贯彻落实〈苏南现代化建设示范区规划〉的实施意见》。

同日　以"开放合作、转型升级"为主题的中国（昆山）品牌产品进口交易会在昆山举行。这是全国首个以进口产品为办展方向的专业展会。

5月16日　国内首个全球商品采购中心在泰州正式启用。

同日　太仓市城厢镇东林合作农场等5家合作农场，以土地承包经营权为抵押，与太仓农村商业银行签订协议，贷款1亿元，为期5年。这是全国合作农场中第一单土地承包经营权抵押贷款。

同日　江苏代表团赴新疆对接援疆工作。在新疆期间，江苏代表团分别在伊犁州和克州举行产业合作项目集中签约仪式，共签约108个项目，投资总额535.6亿元。

5月17日　中国电信2013智慧城市创新发展大会在南京召开，正式发布全国智慧城市门户。2012年，江苏信息化发展总指数为0.815，首次跨入全国信息化发展高水平地区。全省已建成覆盖所有地市的省级智慧城市群综合接入平台。

同日　教育部在江苏省张家港市召开全国县域义务教育均衡发展督导评估认定现场会。现场会认定张家港、常熟、太仓为全国首批义务教育基本均衡县市。全国县域义务教育均衡发展评估认定工作正式启动。

5月18日　从即日起至2014年8月，全省将开展可移动文物普查。普查范围包括国家机关、事业单位和国有单位法人所收藏的可移动文物。普查的文物包括1949年（含）以前历史上各时代珍贵的艺术品、工艺美术品；历史上各时代重要文献资料以及具有历史、艺术、科学价值的手稿和图书资料等；反映历史上各时代、各民族社会制度、社会生产、社会生活的代表性实物。

同日　省政府在苏州召开全省教育现代化建设推进会，对部省共建教育现代化试验区、扎实推进江苏教育现代化建设作出部署。

5月19日　全国第一家专门为残疾人提供婚姻援助的机构——常州市武进区残疾人婚姻援助中心挂牌成立。

5月21日　农业部公布19个传统农业系统为第一批中国重要农

业文化遗产，沼泽洼地土地利用模式——江苏兴化垛田传统农业系统入选。

5月22日 农业部、财政部公布首批21家全国农业改革与建设试点名单，泰州市姜堰区入选。

同日 首届"江苏紫金合唱节"在南京落幕。本次合唱节为期一个多月，全省共有300多支合唱队近2万名爱好者参与其中，苏州圆融·花季青少年艺术团、南通高等师范学校合唱团、南京艺术学院萌女生合唱团、苏州苏韵合唱团获金奖。

同日 全国318个地级市新闻办微博实力榜单在北京发布。"苏州发布""泰州发布""无锡发布"和"微常州"进入前十强，这标志着江苏官方微博的影响力、互动力和舆情应对力均领跑全国。

5月23日 江苏省党政代表团赴北京学习考察，学习首都在加快自主创新、促进转型发展等方面的先进经验，推动两地交流合作取得新进展。

5月24日 江苏省党政代表团赴广东学习考察，重点学习广东加快自主创新、促进转型升级、推进城乡发展一体化等方面的好经验好做法，在新起点上推动两省合作取得新进展。

5月28日 省委召开新闻发布会，正式发布江苏实施《苏南现代化建设示范区规划》和丰富完善提升"两个率先"指标体系的有关情况。"升级版"全面小康指标体系由原来的四大类18项25个指标扩展到五大类22项36个指标，"完善版"基本实现现代化指标体系由原来的四大类30项44个指标扩展到五大类30项53个指标。

同日 中国机械工业联合会发布2012中国机械工业主营业务收入百强企业名单，江苏共有15家企业上榜，数量列全国第二。其中，徐工集团以1012亿元的主营业务收入位居百强企业第二名。

同日 南水北调东线一期工程江苏段试通水现场会在江都水利

枢纽举行。

5月31日 深化平安中国建设工作会议在苏州召开。中共中央政治局委员、中央政法委书记、中央综治委主任孟建柱，国务委员、中央政法委副书记、公安部部长郭声琨，最高人民法院院长周强，最高人民检察院检察长曹建明等中央政法委委员出席会议并和与会代表考察苏州平安建设情况。会上，江苏南京、苏州等6市获"全国社会管理综合治理优秀市（地、州、盟）"称号；镇江、常州、苏州市以及太仓市因连续三次受到中央综治委表彰，被授予"长安杯"；泰州市海陵区、海门市等7个县（市、区）被授予"全国平安建设先进县（市、区、旗）"称号；徐州市综治办、张家港市委政法委等5个集体被授予"全国社会管理综合治理先进集体"称号；陈村、薛阿平等4人被授予"全国社会管理综合治理先进工作者"称号；33名党政主要领导和主管领导受到嘉奖。

6月2日 省委、省政府在扬州召开全省苏中发展工作会议。会议要求在新的起点上促进苏中崛起，增创区域协调发展新优势。

6月3日 省政府办公厅印发《江苏省绿色建筑行动实施方案》。

6月6日 《江苏省劳动人事争议调解仲裁办法》正式发布，自2013年8月1日起施行。

6月8日 省政府办公厅下发《关于进一步加强农村五保供养服务机构建设管理的意见》。《意见》明确，从2013年起，用3年时间对全省农村五保供养服务机构进行"三有三能六达标"改造建设，确保到2015年，全省所有农村五保供养服务机构实现每个房间或每个套间内有能正常使用的卫生间、有保暖降温设备、有电视机，老人不出院能洗澡、能看病、能康复娱乐，消防、卫生、环境、五保老人供养水平、管理服务人员配比和工资待遇达到国家和省提出的标准。

同日 全国首座标准配送式智能变电站——江苏丹阳陵口110千

伏变电站正式投入运行。

6 月 9 日 《江苏省大气颗粒物污染防治管理办法》正式发布，自 2013 年 8 月 1 日起施行。

6 月 16 日 省委、省政府联合下发《关于推进苏中融合发展特色发展提高整体发展水平的意见》，明确苏中地区发展目标。

6 月 17 日 省统计局发布统计数据：第一轮沿江开发总体规划目标如期实现。2003 年以来，沿江开发区域生产总值增长 2.84 倍，达到 2.7 万亿元，占全省比重超过 50%；三产比重提高 4.8 个百分点，占比达 45%。

同日 全省首个"碳中和"交易平台在苏州环境能源交易中心启动。

6 月 18 日 交通运输部绿色循环低碳交通运输体系建设试点示范推进会在无锡举行，交通运输部和江苏省政府正式签署《共同推进江苏省绿色循环低碳交通运输发展框架协议》。

同日 全国首个电商支行——中信银行无锡分行电商专业支行正式揭牌。

6 月 21 日 国内最先进的汽车测试平台——德国博世（东海）汽车测试技术中心投用，它将成为全国各大汽车厂家对新型车、概念车测试的重要场所。

6 月 24 日 由江苏与美国加利福尼亚州共同举办，以"深化合作，互利共赢"为主题的"走进江苏"系列经贸人文交流活动在旧金山开幕。

6 月 25 日 国土资源部召开第二届国土资源节约集约模范县（市）表彰大会，南京栖霞区、徐州铜山区、常州新北区、苏州吴中区和南通崇川区获"国土资源节约集约模范区"称号，无锡市获评"国土资源节约集约模范市"。

6月27日　第六届中国国际服务外包合作大会在南京开幕。

同日　2013联合国公共服务奖在巴林举行颁奖仪式，兴化市戴南镇董北村被授予"幸福乡村"称号并获颁证书。

6月30日　我国首部关于区域人才竞争力的综合研究报告《区域人才蓝皮书：中国人才区域竞争力报告No.1》在北京发布。《报告》显示，江苏在省域人才竞争力排名中居全国第二。

7月1日　省政府批复同意《江苏省地下水超采区划分方案》，江苏将在全国率先划定地下水水位控制红线。

同日　全省上调最低工资标准。月最低工资标准：一类地区从1320元上调到1480元，增加160元；二类地区从1100元上调到1280元，增加180元；三类地区从950元上调到1100元，增加150元。非全日制用工小时最低工资标准：一类地区13元，增加1.5元；二类地区11元，增加1.4元；三类地区9.5元，增加1.2元。

同日　全省大病保险试点正式启动，并于2014年底全面推开。全省共确定42个新农合大病保险省级试点地区，占全省统筹地区总数的53.8%，2300多万名新农合参合人员将享受这一新政。

同日　自即日起，江苏进入"零元结婚登记"时代。

同日　宁杭高铁正式开通运营。宁杭高铁将与沪宁高铁、沪杭高铁共同构成沪宁杭"铁三角"高速铁路客运通道，长三角地区高铁网络初步形成。

7月5日　国家旅游局发布《2012年度全国旅行社统计调查情况公报》。《公报》显示，2012年度，江苏旅行社数量居全国第一，旅行社国内旅游接待人次排名居全国首位，国内旅游组织人次排名第三位，旅行社主要经济指标（旅游业务营业收入、旅游业务利润、实缴税金三项综合）排名第五位。

同日　江苏政务微博群在新浪上线，66家成员单位进驻。截至

2013年5月，全省有3986个政务新浪微博，位居全国第一。加上实名认证的官员个人微博2000多个，全省政务微博数量占全国总量的1/10。

7月10日 省政府在南京召开全省质量工作会议。会上，好孩子儿童用品有限公司、南通醋酸纤维有限公司、徐工集团工程机械股份有限公司等3家企业获"2012年江苏省质量奖"。

同日 交通运输部在南通宣布，长江口12.5米深水航道向上延伸建设工程通过竣工验收，正式通航。

7月12日 中共中央政治局常委、全国人大常委会委员长张德江到宿迁、盐城、泰州、扬州、南京等地，深入企业农村、街道社区、省直部门，与党员、群众面对面交流，调研指导教育实践活动。调研期间，张德江听取了江苏省委开展教育实践活动的进展情况汇报。

7月20日 省政府印发《江苏省生态文明建设规划（2013—2022）》。这是全国首个省级生态文明建设规划。

7月21日 省委、省政府出台《关于深入推进生态文明建设工程率先建成全国生态文明建设示范区的意见》，提出通过10年时间的不懈努力，实现生态省建设目标，率先建成全国生态文明建设示范区。

7月22日 国家体育总局正式批准昆山、江阴、溧阳3市共同建立苏南（县域）国家体育产业基地，这是国家体育总局批准建立的首个以县域集群为主体的国家体育产业基地。

同日 中国知识产权指数研究课题组在北京发布《中国知识产权指数报告2013》，江苏知识产权综合实力指数排名第二位。

7月23日 省委十二届五次全会在南京举行，会议深入贯彻落实党的十八大精神和习近平总书记对江苏工作新要求，对下半年工作和生态文明建设作出部署。

7月24日　省政府在南京召开全省城市环境综合整治工作会议，对深入推进城市环境综合整治作出部署。

同日　中国电信江苏公司宣布，从即日起，在江苏境内光纤入户覆盖的区域，都能开通中国电信100兆家庭宽带。这意味着100兆宽带开始走向家庭，江苏步入"智慧家庭"时代。

7月25日　省政府印发《关于支持苏北地区全面小康建设的意见》，提出未来3年，全省将实施脱贫奔小康重点片区帮扶、黄河故道现代农业综合开发、重点中心镇建设、苏北铁路建设、城乡供水与污水处理、科技与人才支撑工程等六大关键工程。

7月26日　省政府办公厅下发《关于全面推进县级公立医院综合改革的实施意见》。《意见》要求，全省所有县级公立医院均要在2013年实施综合改革，年底前全面取消药品加成政策；经过2—3年的努力，力争将县域内就诊率提高到90%左右，基本实现大病不出县。

8月1日　住房和城乡建设部公布2013年度国家智慧城市试点名单，江苏南通市、丹阳市、苏州吴中太湖新城、宿迁市洋河新城、昆山市、丰县、东海县入选，常州市试点新增新北区（2012年试点扩大范围）。

8月3日　南京都市圈城市发展联盟在南京成立，《南京都市圈区域规划》表决通过，这标志着都市圈城市协作从"路线图"变成"任务书"。

8月8日　由中国银行股份有限公司与新加坡富登金融控股公司合资设立的睢宁中银富登村镇银行正式开业。这是省内首家中外合资的农村商业银行，将主要满足当地小微企业和"三农"客户的金融需求。

8月9日　国家能源局公布全国首批18个分布式光伏发电示范

区，江苏南通、无锡入选。

8月11日　农业部公布第三批全国"一村一品"示范村镇名单，南京市江宁区横溪街道新杨社区等18个村镇入选。至此，江苏国家级"一村一品"示范村镇总数达48家，总数和新增数均居全国第二。

8月12日　省政府办公厅公布第七批江苏省历史文化名镇名村名单，扬州市江都区大桥镇、东台市富安镇、常州市新北区孟河镇、镇江市丹徒区宝堰镇、如皋市白蒲镇、淮安市淮阴区码头镇、宜兴市周铁镇、如东县栟茶镇、常熟市古里镇等9个镇为江苏省历史文化名镇，苏州市吴中区东山镇杨湾村、苏州市吴中区金庭镇东村、常州市武进区焦溪镇焦溪村、苏州市吴中区东山镇三山村、镇江市丹徒区姚桥镇华山村、南京市高淳区漆桥镇漆桥村、南通市通州区二甲镇余西村、南京市江宁区湖熟街道杨柳村等8个村为江苏省历史文化名村。

8月14日　苏州市吴江鲈乡农村小额贷款有限公司在美国纳斯达克上市，成为国内首家登陆美国资本市场的小贷公司。

8月15日　国务院原则同意修订后的《常州市城市总体规划（2011—2020年）》。

同日　南水北调东线一期工程在徐州通过全线通水验收。

同日　据《新华日报》报道，江苏已建成全国省域最大高等教育体系，拥有普通高校130所、在校大学生181万人，高等教育毛入学率达47%，高于全国20个百分点。

8月19日　省委常委会讨论并通过改进调查研究等十项制度规定，决定在全省开展停止新建楼堂馆所和清理办公用房、清理规范创建达标、清理节庆论坛展会"三项清理"工作，在全省党员干部中全面开展会员卡清退活动。

8月21日　由团省委、省青少年发展基金会等联合主办的纪念江苏实施希望工程 20 周年暨 2013 圆梦行动助学金发放仪式在南京举行。自 1993 年以来，全省希望工程共筹集社会资金 4.15 亿余元，投入经济薄弱地区基础教育事业。已援建省内外希望小学 462 所，资助城乡贫困家庭学生 33 万余名，捐赠希望书库 821 个、体育器材及电脑 3000 多套，培训希望小学师资骨干 1856 名。其中自 2005 年启动的希望工程圆梦行动，累计筹集助学金超过 1.2 亿元，资助近 35000 名学生实现大学梦想。

8 月 23 日 靖江港口岸一类独立对外开放通过国家验收。

同日 据《新华日报》报道，在中央综治委 2012 年社会管理综合治理工作考核评价中，江苏综合绩效继续在全国各省区市领跑。全省群众安全感达 92.81%，同比提高 3.68 个百分点。全省刑事案件总量稳中有降，八类主要刑事案件连续第十年下降，破案率继续位居全国前列。

8 月 26 日 省政府印发《创新型省份建设推进计划（2013—2015）》。

同日 住房和城乡建设部、文化部、财政部公布第二批列入中国传统村落名录的村落名单，江苏有南京市江宁区湖熟街道前杨柳村等 13 个村落入选。

8 月 30 日 江苏在全国率先出台《江苏生态红线区域保护规划》，共划定 15 种类型、779 块生态红线区域，总面积 24103.49 平方公里，其中红线区的陆域面积为 22839.58 平方公里，占全省面积的 22.23%。

8 月 31 日 由中国企业联合会、中国企业家协会评选的"2013中国企业 500 强"揭晓，江苏 49 家企业上榜，上榜企业数仅次于北京。其中，苏宁集团、沙钢集团跻身前 100 强，分列第 39、第 45 位。

9 月 5 日 科技部公布 2013 年度国家重点新产品计划立项名单，

江苏共有 190 项产品入选，占全国立项总数的 13.7%，立项数连续多年蝉联全国第一。

9 月 7 日　连云港市与哈萨克斯坦国有铁路股份公司在哈萨克斯坦总统府就双方共同构建两国过境货物运输通道正式签署合作协议。连云港港口集团与哈萨克斯坦国有铁路股份公司共同出资组建公司建设和管理集装箱物流场站。这标志着中哈大陆桥运输货物中转分拨基地正式落户连云港。

9 月 8 日　句容市农业综合标准化工作通过国家标准化管理委员会考核，成为全国首个"农业综合标准化示范市（县）"。

9 月 10 日　经省政府第 13 次常务会议讨论通过，《江苏省征地补偿和被征地农民社会保障办法》正式发布，自 2013 年 12 月 1 日起施行。《办法》确立被征地农民社会保障"即征即保、应保尽保、分类施保、逐步提高"原则，被征地农民将被刚性纳入城乡社会保障体系。江苏所有新产生的被征地农民自 12 月起，将全部纳入城乡社会保障体系。

9 月 16 日　江南大学与美国加利福尼亚大学戴维斯分校合作建立的全球首个以饮食文化为主题的孔子学院正式揭牌成立。

9 月 18 日　全国首家社区海洋国防教育馆在南京市鼓楼区宁海路街道建成开馆。

9 月 24 日　省政府公布省食品药品监管局"三定"方案。"三定"方案明确，设立省食品药品监督管理局（简称"省食药监局"），为省政府直属机构，挂省食安委办公室牌子。按照"三定"方案，省食药监局将整合卫生、工商、质监、现有食药监等部门的一些职责，统一监管食品生产、流通、消费等环节。

同日　2013 中国城市森林建设座谈会在南京举行，全国绿化委员会、国家林业局授予南京等 17 个城市"国家森林城市"称号。

9 月 25 日 省人力资源和社会保障厅分别在镇江、宿迁两市举行全省统一社会保障卡首发式，标志着符合国家标准、全省统一发行、联动服务的社会保障卡的各项发行准备工作已经基本就绪，开始在江苏发行启用。

9 月 26 日 国家统计局、科技部、财政部联合发布《2012 年全国科技经费投入统计公报》，江苏继 2011 年首超千亿元之后再增 20.9%，达 1287.9 亿元，连续十年居全国各省份首位。

同日 全国首个水上 LNG（液化天然气）加注站——"海港星 01 号"在南京市八卦洲投入试运行。这标志着我国水上运输开始进入全新的"天然气时代"。

同日 省内首个"智慧银行"在农业银行苏州分行姑苏支行亮相，实现网上银行、手机银行、移动终端三大电子渠道和传统柜面的功能互补、无缝对接。

9 月 27 日 省第十二届人大常委会第五次会议审议通过《江苏省爱国卫生条例》，自 2013 年 12 月 1 日起施行。从 12 月 1 日起，9 类公共场所不得吸烟；相关场所如禁烟设施不完备，将面临较重罚款。

9 月 29 日 "苏蒙欧"（苏州、蒙古、欧洲）首趟"五定班列"（定点、定时、定线、定车次、定价格）从苏州西站发车，经满洲里开往欧洲波兰华沙。

9 月 30 日 江苏首次公开省级"三公"经费汇总数据。今后，江苏省每年都将按规定公开上年决算数和当年预算数，财政预算信息公开全面进入常态化、规范化阶段。

同日 国家发展改革委会同国土资源部、住房和城乡建设部、交通运输部等部门联合发布《全国物流园区发展规划》，南京、苏州被定位为一级物流园区布局城市，南通、无锡、徐州、泰州、连云港

5 个城市被定位为二级物流园区布局城市。

10 月 10 日　中国纺织工业联合会发布"2012—2013 年度中国纺织服装企业竞争力 500 强"，江苏共有 117 家企业入选。其中，恒力集团、阳光集团、红豆集团入围前十强，恒力集团排名第一。

同日　据《新华日报》报道，国家知识产权局发布第二批国家知识产权示范城市名单，江苏无锡、泰州、常熟、昆山 4 个城市入选。此次全国共有 18 个城市入选，示范时限自 2013 年 9 月至 2016 年 8 月。加上苏州、南京、南通、镇江 4 个首批示范城市，江苏共有 8 个城市跻身国家知识产权示范城市，占全国近 1/5。

10 月 12 日　台湾彰化银行昆山花桥支行揭牌，这是台资银行在大陆地区设立的第一家同城支行，将为昆山的台资企业提供贴身服务。

10 月 16 日　全国首个跨省市轨道交通项目——上海轨交 11 号线北段延伸工程（上海安亭站—昆山花桥站）正式通车，并投入载客试运营。

同日　农业部公布第二批国家农业产业化示范基地名单，江苏海安县农业产业化示范基地、淮安市淮阴区农业产业化示范基地、南京市溧水区白马农业产业化示范基地、张家港市常阴沙农业产业化示范基地、东台市农业产业化示范基地、泰兴市农业产业化示范基地、泗洪县农业产业化示范基地等 7 个园区获农业部认定。至此，全省国家级农业产业化示范基地总数达 13 个，与山东省并列全国第一。

10 月 18 日　国家发展改革委、财政部复函，明确将泰州市列为全国首批战略性新兴产业区域集聚发展试点，泰州医药高新区实施的"新型疫苗及特异性诊断试剂产业集聚发展试点"项目被列为重点发展项目。

10 月 19 日　泰州凤城河通过全国休闲标准化技术委员会验收，

成为全省首个城市中央休闲区。

同日　江苏省唯一的国家级大宗商品交易所——长三角商品交易所在无锡挂牌开业。这是江苏省唯一通过国务院部际联席会议验收并冠名"交易所"的国家级大宗商品交易平台。

10月21日　据国务院医改办消息，江苏和北京、内蒙古、吉林、安徽、河南、湖北、湖南、海南等9个省（市）被列入跨省就医即时报销试点省份。

10月22日　江苏省和内蒙古自治区两省区政府在南京签署《能源战略合作协议》。《协议》明确，双方加快内蒙古向江苏送电工作，近期重点推进内蒙古锡盟至江苏特高压输电通道建设，二期实施后送电总规模约达1500万千瓦。及时启动一批煤电一体化合作项目前期工作，利用特高压输电通道安排风电等可再生能源的配送容量。

同日　江苏首场排污权竞拍在苏州市环境能源交易中心举行。排污权竞拍正式启动，标志着江苏正在从"谁污染谁治理"的末端约束逐步转变为"谁使用谁有偿""谁拥有谁付费"的前置约束。

同日　据《新华日报》报道，全省第一条"智能公路"在205国道淮安段建成。公路沿线设有公路气象站、车辆检测器、不停车超限检测系统等设备，构成立体化感知网络，能便捷地"感知"路面交通流量、道路状况及公路沿线气象等系列数据和信息。

10月24日　由教育部批准的首家中外联合研究生院——东南大学－蒙纳士大学苏州联合研究生院暨联合研究院在苏州举行成立仪式。这也是澳大利亚高校与中国高校联合建立的首个研究生院。

10月25日　《2012江苏省老龄人口信息和老年事业发展状况报告》正式发布。报告显示，全省60岁及以上老年人口已超过1424.75万人，占户籍总人口的18.89%，相当于挪威、芬兰、丹麦3个国家人口的总和。全省平均预期寿命达76岁，最长寿者为116岁。

10 月 26 日　由科技部、江苏省政府共同主办的首届中国环保技术与产业发展推进会在宜兴举行。会上，科技部与江苏省政府签署了《关于共同推进中国宜兴环保科技工业园创新发展合作计划（2013—2015 年）》。大会还发布了《宜兴环保倡议书》。

10 月 28 日　无锡市举行公共免费无线热点建设项目签约仪式。这标志着无锡开建全国首个 Wi-Fi 全免费城市。

10 月 31 日　全省对口支持苏北高校工作推进会在淮安市举行。首批参与合作计划的河海大学与淮海工学院、江南大学与徐州工程学院、南京师范大学与盐城师范学院、苏州大学与淮阴师范学院、南京工业大学与淮阴工学院、江苏大学与盐城工学院等分别签订合作协议。

同日　中德企业合作基地质量安全生产示范区在太仓揭牌，这标志着太仓成为国内首个针对德资集聚区的质量安全示范基地。

11 月 1 日　长江文化博物馆在张家港市开馆。这是国内第一个集长江流域文化收藏、保护、研究、展示和教育于一体的博物馆。

11 月 2 日　全省沿海开发推进会在南通召开。会议提出，新阶段的沿海开发，要在已有的政策和工作基础上，突出沿海特色，突出提质增效，突出工作重点，集中力量组织实施港口功能提升、沿海产业升级、临海城镇培育、滩涂开发利用、沿海环境保护、重大载体建设"六项行动"，解决一批重大关键问题。紧紧围绕沿海地区发展的战略定位，更好地发挥比较优势、放大后发优势、释放潜在优势，努力实现更有质量、更有效益、更可持续的发展，确保完成第二阶段目标任务，打造沿海经济增长极和"升级版"。

11 月 4 日　2013 两岸企业家紫金山峰会在南京举行。中共中央政治局常委、全国政协主席俞正声出席并致辞。2013 两岸企业家紫金山峰会是两岸企业家峰会理事会分别在北京和台北成立后举办的首届年会，也是新一届"升级版"的年度峰会。

11月6日　昆山花桥国际商务城通过省级建筑节能和绿色建筑示范区验收，成为全省首个通过验收的建筑节能和绿色建筑示范区。

11月9日　据《新华日报》报道，全省62个县（市、区）通过国家教育督导检查组的义务教育均衡发展"国检"。加上上半年通过评估认定的张家港、太仓、常熟，江苏成为全国接受国家督导评估认定县（市、区）最多的省份。

11月10日　据《新华日报》报道，张家港再制造产业示范基地被国家发展改革委批准为全国首批、江苏首家"国家再制造产业示范基地"。此次获批的示范基地规划面积4.3平方公里，其中启动区1.1平方公里，计划总投资超过100亿元。

11月14日　在上海举行的世卫组织健康城市合作网络会议暨健康场所命名仪式上，苏州市12家单位被世卫组织（WHO）健康城市合作中心评为健康场所。

11月15日　省群众性精神文明建设先进单位暨第二届"江苏最美乡村"表彰会在南京召开。会上，省委、省政府表彰156个江苏省文明单位、文明村镇、文明社区标兵，省文明委表彰13个江苏省文明行业及一批文明单位、村镇、社区。会议命名20个村为第二届"江苏最美乡村"。

同日　在英国结构工程师学会2013年年会上，泰州长江公路大桥工程项目被授予年度最高奖项——卓越结构工程大奖。这是我国桥梁工程首次获该奖项。

11月20日　省政府出台《江苏省城乡居民社会养老保险实施办法》，在全省范围内整合新农保和城镇居民养老保险两项制度，实行全省统一的城乡居民社会养老保险制度。

同日　据《新华日报》报道，截至11月中旬，全省13个省辖市已全部设立申请救助家庭经济状况核对机构。这标志着全省市级层面"低收入家庭认定体系"建立。

同日 机械工业信息研究院发布《2012 年中国装备制造业区域竞争力分析报告》，规模和综合竞争力江苏均居首位。

11 月 21 日 在北京召开的 2013 年中欧城镇化伙伴关系论坛智慧城市分论坛上，南通、扬州、淮安 3 市被正式确定为中欧绿色智慧城市中方试点城市。

12 月 2 日 中国科技发展战略研究小组发布《中国区域创新能力报告 2013》，江苏再次摘取桂冠，连续五年蝉联"全国创新能力最强地区"。

同日 人力资源和社会保障部批准建立"中国苏州人力资源服务产业园"，苏州成为省内首家建立国家级人力资源服务产业园的城市。

12 月 7 日 苏北快速铁路网的关键工程连盐铁路全线开工建设。连盐铁路起自连云港赣榆北，终至盐城北，客运为主兼顾货运，投资总额 260 亿元，设计时速 200 千米，建设工期 3 年半。全线设赣榆北、赣榆、连云港、海州、董集、杨集、田楼、响水、滨海、阜宁东、射阳及盐城北 12 个车站。

12 月 10 日 南水北调工程东线一期工程正式通水。南水北调东线一期工程自长江下游江苏境内江都泵站引水，通过 13 级泵站提水北送，经山东东平湖后分别输水至德州和胶东半岛。工程干线全长 1467 千米，设计年抽江水量 87.7 亿立方米，供水范围涉及江苏、安徽、山东 3 省的 71 个县（市、区），直接受益人口约 1 亿人，总投资 500 多亿元。其中，江苏境内输水干线 404 千米，建设 9 个梯级泵站。

12 月 12 日 科技部、中宣部、文化部和新闻出版广电总局联合发布第二批 18 家国家级文化和科技融合示范基地，南京国家级文化和科技融合示范基地、无锡国家级文化和科技融合示范基地入选。

同日 "太湖流域水环境综合治理技术成果展示洽谈会"在南京举行。从 2008 年以来，江苏坚持"科技治太"方针，每年安排省级太湖治理专项资金 20 亿元。截至 2013 年 9 月，太湖治理一至七期专项资金共安排项目 5413 项，总投资约 980 亿元，实施饮用水安全、工业点源污染治理等 11 大类工程项目。太湖水质明显改善，表现为湖体富营养化由中度改善为轻度，湖体主要污染物浓度较 2007 年大幅下降，15 条主要入湖河流基本消除劣 V 类，蓝藻平均暴发面积下降 66%，藻密度下降 26%。

12 月 13 日 科技部公布国家级科技特派员创业链、创业基地和创业培训基地名单，江苏省科技厅推荐的茶叶产业、盐土农业产业和江淮猪产业获批为国家科技特派员创业链，无锡、扬州（仪征）、镇江（句容）、南京白马、苏州（常熟）获批为国家科技特派员创业基地，南京农业大学新农村发展研究院和扬州大学获批为国家科技特派员创业培训基地。

12 月 18 日 长江三角洲地区主要领导座谈会在南京举行。会议认真贯彻党的十八届三中全会、中央经济工作会议精神，综合分析国际国内新形势以及长三角地区合作与发展面临的机遇和挑战，深入交流三省一市 2013 年以来统筹稳增长、调结构、促改革的政策举措和经验做法，重点围绕"加快转型升级，共同打造长三角经济'升级版'"的主题，就推动经济转型升级、联动实施国家战略、深化重点专题合作、完善合作发展机制等事项进行深入讨论。

同日 全省第一条新建低碳高速公路——镇丹高速公路启动建设。镇丹高速公路经过镇江新区和丹阳市，线路长 21.6 千米，工程总投资约 17.3 亿元，被交通运输部确定为国家级低碳示范高速公路。

同日　兰亭集势（苏州）贸易有限公司一件价值 90 美元的婚纱销往巴西，成为江苏首票正式放行的跨境电子商务出口货物。

12 月 19 日　据《新华日报》报道，2009 年以来，全省新增见义勇为基金 11.8 亿元，相当于此前 17 年基金总量的 1.5 倍。基金总量累计突破 19 亿元，列全国第一。

12 月 20 日　工业和信息化部公布第三批国家中小企业公共服务示范平台名单，江苏苏州工业园区中小企业服务中心等 7 家服务平台入围。全省国家级中小企业公共服务示范平台累计达 26 家，位居全国第一。

12 月 23 日　工业和信息化部公布首批 68 个国家信息消费试点市，江苏南京市、盐城市、张家港市、扬州市广陵区入选，入选城市数量居全国第一。

12 月 26 日　第二届江苏省慈善大会在南京举行，会上颁发第二届"江苏慈善奖"。截至 2013 年 12 月，全省慈善组织基金总量达 264.67 亿元（含合同认捐），各类慈善基金会总资产超过 72.8 亿元。江苏的慈善资金募集能力居全国前列。在全国 100 个慈善城市行列中，江苏有 27 个城市入围，其中 11 个城市获得"慈善七星城市"的称号，占全国总数的 40.7%。

同日　东海县青湖镇青南村 129 户居民屋顶光伏电站项目投入使用，青南村成为全国首个屋顶光伏发电村。

12 月 27 日　江苏省环境监测站标准化建设通过环保部整体验收，成为全国第一个通过验收的省份。2014 年底，江苏可以实现空气质量常态化预报。

12 月 28 日　苏州轨道交通地铁 2 号线正式开通试运营，与 2012 年 4 月运营的 1 号线形成"十"字交叉成网，苏州成为全国首个轨道交通成网运营的地级市。

同日　国土资源部授予扬州"中国温泉之城"称号。扬州成为长三角地区首个"中国温泉之城"。

同日　《2013中国城市形象暨幸福感调查评估报告》在北京发布，南京获"2013中国最具幸福感城市""2013中国形象最佳城市"称号。

12月30日　江苏投资规模最大、发电功率最大的太阳能光伏电站项目在海安县老坝港滨海新区并网发电。

12月31日　江苏省政府与国家体育总局在常州武进区全民健身中心签署《共建公共体育服务体系示范区合作协议》。《协议》明确，要大力推进城市社区"10分钟体育健身圈"和绿色健身步道建设，实现基层公共体育设施免费开放，省市县三级财政安排体育场馆公共服务资金，支持大型体育场馆向社会免费或低收费开放，各类公共体育设施免费或优惠向学生、老年人和残疾人开放等。

同日　中国统计学会、国家统计局统计科学研究所发布2012年地区发展与民生指数（DLI）统计监测结果。2012年江苏发展与民生指数为77.02%，较上年提升3.19个百分点，连续第二年居全国各省区首位。

二〇一四年

1月1日 即日起，江苏全面整合"新农保"和城镇居民养老险两项制度，实行全省统一的城乡居民社会养老保险制度，城乡居民养老将"一视同仁"，惠及全省 3000 万人。

1月2日 省政府与中国科学院在南京签署合作建设江苏省产业技术研究院协议。

同日 国内首个服务中小微企业的常设型基金——总规模 1 亿元的无锡市中小企业转贷应急资金面世。

1月6日 江苏启动实施教育现代化建设监测评估，成为全国第一个开展教育现代化建设监测评估的省份。

1月7日 长三角区域大气污染防治协作小组第一次工作会议在上海召开，由长三角三省一市和国家八部委组成的长三角区域大气污染防治协作机制正式启动。会上，环保部受国务院委托与上海市、江苏省、浙江省、安徽省政府分别签订《大气污染防治目标责任书》。

1月8日 国家能源局公布第一批创建新能源示范城市和产业园区名单，江苏省扬州市、徐州市、淮安市、盐城市、南通市入选新能源示范城市，南京江宁经济开发区和镇江经济技术开发区入选新能源应用示范产业园区，入选数量均居全国第一。

1月10日 在北京召开的 2013 年度国家科学技术奖励大会上，江苏 48 项通用项目成果获奖，获奖总数位居全国省份第一。由江苏农科院等单位参与完成的"两系法杂交水稻技术研究与应用"项目获国家科学技术进步奖特等奖。

1月11日 第七届中国地方政府创新奖在北京揭晓，昆山市张浦镇党委、镇政府"经济发达镇行政改革与流程再造"项目获优胜奖，太仓市政府"'政社互动'创新实践"项目获提名奖。

同日 南京软件谷、江苏软件园入选国内首批9家智慧园区试点名单。

1月12日 《省政府关于2013年度江苏省科学技术奖励的决定》发布，授予"特殊地基土的力学特性与高速公路控制变形成套技术"等199个项目2013年度江苏省科学技术奖，其中一等奖20项、二等奖58项、三等奖121项；授予熊猫电子集团有限公司等10家企业2013年度江苏省企业技术创新奖；授予杨培东等2人2013年度江苏省国际科学技术合作奖。

1月13日 省住房和城乡建设厅、省财政厅、省发展改革委联合下发《关于全面推进公共租赁住房和廉租住房并轨运行的实施意见》，决定在扬州、金坛、太仓、泗洪三市一县试点基础上，全面推进公租房和廉租房并轨运行，并轨后统称为公共租赁住房。

1月14日 《江苏省大气污染防治行动计划实施方案》正式发布。《方案》提出，到2017年江苏省空气质量将明显好转，重污染天气较大幅度减少，细颗粒物（PM$_{2.5}$）浓度较2013年下降20%左右。

1月16日 我国首部社区矫正地方性法规——《江苏省社区矫正工作条例》，经省十二届人大常委会第八次会议审议通过，从2014年3月1日起实施。

1月17日 国家能源局下达2014年光伏发电年度新增建设规模，全年新增备案总规模1400万千瓦，其中江苏新增建设规模120万千瓦，分布式、光伏电站分别为100万千瓦、20万千瓦，总量与山东并列全国第一。

1 月 18 日 省政府宣布,江苏公路建设史上单体规模最大的工程——总投资 182 亿元、全长 530 公里的临海高等级公路基本建成,进入验收和试运行阶段。公路北起连云港赣榆 – 苏鲁交界处,南至南通启东连接沿江高等级公路和崇启大桥至上海,按双向四车道一级公路标准建设,贯穿江苏连云港、盐城、南通沿海 3 市 17 县(市、区),是江苏沿海最靠近海岸线的干线公路。临海高等级公路的建成,填补了江苏路网结构在沿海近 40 公里腹地缺少纵向骨架干线的空白。

1 月 19 日 江苏省首家境外产业合作集聚区——印度尼西亚加里曼丹岛农工贸经济合作区获批。该合作区由如皋市双马化工有限公司投资设立。

1 月 24 日 省政府公布全省 2013 年经济社会发展情况。2013年江苏实现地区生产总值 59162 亿元,按可比价格计算,比上年增长 9.6%;人均地区生产总值 74607 元,比上年增加 6260 元,折合12047 美元。

1 月 25 日 省委、省政府印发《关于全面深化农村改革深入实施农业现代化工程的意见》。《意见》从完善粮食等重要农产品供给保障机制、构建新型农业经营服务体系、深化农村产权制度改革、提高农村公共服务水平等方面,对 2014 年全省"三农"工作提出明确的指导性意见。

同日 《江苏区域人才竞争力报告》正式发布,这是全省首次发布市县人才竞争力指数。报告显示,13 省辖市人才综合竞争力前五名分别为南京、苏州、无锡、常州、镇江,48 县(市)人才综合竞争力排名前十名分别为昆山、江阴、张家港、常熟、宜兴、太仓、丹阳、扬中、靖江、溧阳。

1 月 26 日 省农委公布,溧阳市、南通市通州区、灌云县、灌南县、扬州市江都区、靖江市等6个县（市、区）实现"亩产吨粮"。加上首批公布的"亩产吨粮县"，全省累计有14个县（市、区）实现"亩产吨粮"。

1月27日 为加强和改善对全省全面深化改革的领导，省委常委会决定成立中共江苏省委全面深化改革领导小组。

2月10日 盐城市和大丰、建湖、金湖、阜宁4县（市）被农业部认定为"国家级杂交水稻种子生产基地"。江苏杂交水稻生产规模和水平居全国前列，常年制种面积及产量分别达16666.67公顷和3500万公斤左右，其中盐城占80%左右，为全国最大的杂交水稻种子生产基地。

2月25日 苏港合作联席会议第一次会议在南京召开，这标志着苏港两地正式建立起稳定、有效、机制化的交流合作平台。

同日 连云港港口集团与哈萨克斯坦哈铁快运物流有限公司在北京签署中哈国际物流有限公司合资合同和章程，并与哈萨克斯坦国有铁路股份公司签署合作会谈纪要。这标志着中哈共建丝绸之路经济带的构想迈出关键一步。

3月1日 沪通铁路长江大桥正式开建，标志着我国沿海铁路大通道的重要组成部分沪通铁路全面开工建设。

3月4日 无锡市惠山区阳山镇桃园村获全国十大"中国最有魅力休闲乡村"称号，兴化千岛油菜花金色田园景观、句容大卓桃园粉色田园景观、丰县大沙河洁白纯美梨树田园景观、泰州多彩稻田紫绿色田园景观、宜兴翠绿茶园景观带、仪征红色芍药花田园景观、扬州宝应湖渔作景观等7个田园景观获"中国美丽田园"称号。

3月6日 江苏省与巴西米纳斯吉拉斯州两省州签订关于进一步深化友好省州关系的备忘录。根据协议，两省州政府将成立联合工作委员会，根据各自发展和合作契合点，推动双方在经贸、投资、教育和体育等领域开展交流合作。

3月7日 住房城乡建设部和国家文物局公布第六批中国历史文化名镇（村）名单，江苏苏州市吴江区黎里镇、苏州市吴江区震泽镇、东台市富安镇、扬州市江都区大桥镇、常州市新北区孟河镇、宜兴市周铁镇、如东县栟茶镇、常熟市古里镇等8个镇入选第六批中国历史文化名镇，苏州市吴中区东山镇杨湾村、吴中区金庭镇东村、常州市武进区郑陆镇焦溪村、吴中区东山镇三山村、高淳县漆桥镇漆桥村、南通市通州区二甲镇余西村、南京市江宁区湖熟街道杨柳村等7个村入选中国历史文化名村。

3月20日 国家发展改革委和财政部、商务部等部门联合下发通知，同意东莞等30个城市创建国家电子商务示范城市，徐州市、常州市、无锡市入选创建国家电子商务示范城市名单。

3月22日 "一带一路"交汇点建设暨国家东中西合作示范区建设领导小组会议在连云港召开。

3月24日 由于兼顾经济发展与历史文化传承，为市民和外来务工人员创造了宜居的生存环境和均等的社会保障机会，苏州市获2014年第三届"李光耀世界城市奖"，成为第一个获得该奖项的中国城市。

同日 江苏省代表团赴贵州学习考察，研究商讨进一步做好对口帮扶贵州省铜仁市工作。

3月26日 国家发展改革委正式批复将苏州市列为"国家发展改革委城乡发展一体化综合改革试点"，这意味着苏州城乡发展一体化试点晋升至国家层面。根据批复方案，苏州将积极破解难题，打造新型城镇化发展、共同富裕、"四化"同步发展、公共服务均等化、生态文明、和谐社会、土地资源节约集约利用、城乡金融制度改革等8个示范区。到2015年，苏州城镇化率超过75%，现代农业发展水平达到 90%；到 2020 年，城镇化率超过 85%，现代农业发展水平达到 95%，城乡发展一体化基本实现。

3 月 27 日　省委全面深化改革领导小组第二次会议召开，会议贯彻中央全面深化改革领导小组第二次会议精神，审议通过省委全面深化改革领导小组 2014 年工作要点，研究部署全省改革工作。

3 月 28 日　江苏省补充耕地指标交易启动仪式暨首次补充耕地指标挂牌交易在南京举行。通过两个批次现场竞标，11 个标的共计 515.48 公顷补充耕地指标全部成功交易，敲响全省补充耕地指标市场交易第一槌。这意味着全省用于占补平衡的补充耕地指标由原来以政府部门主导为主变为以市场调节为主。

4 月 3 日　国家统计局江苏调查总队首次发布江苏城乡统一的居民收入数据：2013 年江苏全体居民人均可支配收入为 24776 元，比上年增长 10.3%。

4 月 4 日　全省新型城镇化和城乡发展一体化工作会议在南京召开。

4 月 9 日　第三次亚太经合组织（APEC）科技创新政策伙伴关系机制（PPSTI）会议在常州开幕。

4 月 10 日　全国首个水上海事专用无线网络在镇江建成。

同日　全国网上信访工作现场推进会在淮安召开，部署在全国范围内推广淮安市首创的"阳光信访"模式。

4 月 11 日　国内首只市场化人才基金——江苏人才创新创业基金成立，首期规模 1.5 亿元。

4 月 14 日　太湖流域防汛抗旱总指挥部指挥长会议在上海召开。

4 月 15 日　据国家海洋局网站消息，财政部、国家海洋局联合下发《关于在天津、江苏实施海洋经济创新发展区域示范的通知》，江苏新增为国家海洋经济创新发展区域示范试点省，重点推动海水淡化、海洋装备等产业科技成果转化和产业化，推动产业向全球价值链高端跃升。

4月19日 国家教育督导检查组在南京反馈通报，江苏省24个县（市、区）达到国家规定的义务教育基本均衡县评估认定标准。至此，江苏共有89个县（市、区）通过国家认定，占全省县（市、区）总数的89%，名列全国前茅。

4月21日 国内首个以互联网众筹为基础、以文化创意产业为核心的新型产业园区"中国创谷"众筹文创园在扬州揭牌。

4月22日 国内首家地方公益环保基金会——无锡市环境保护基金会正式成立。基金初始规模1000万元，将重点围绕水、空气和固废治理，推广太湖蓝藻整治、土壤改良、垃圾分类等相关环保新技术的开发应用。

4月24日 中国气象局、江苏省政府在南京召开共同推进江苏率先基本实现气象现代化合作联席会议，共商推进江苏气象现代化建设。

4月26日 首架江苏制造飞机整机——双座艾雷奥特轻型通用飞机在建湖县艾雷奥特（江苏）飞机工业有限公司下线。

4月28日 中共中央政治局常委、国务院总理李克强在重庆主持召开依托黄金水道建设长江经济带座谈会。中共中央政治局常委、国务院副总理张高丽出席。上海、江苏、浙江、安徽、江西、湖北、湖南、四川、重庆、云南、贵州等11个长江经济带覆盖省（市）政府主要负责人汇报对建设长江经济带的思考和建议。座谈会之后，江苏团与重庆市就共同推进长江经济带建设、深化苏渝交流合作、进一步做好新时期对口支援三峡库区工作进行交流座谈。

4月29日 在罗马举行的联合国粮农组织全球重要农业文化遗产（GIAHS）指导委员会和科学委员会会议上，兴化垛田传统农业系统被列入"全球重要农业文化遗产",成为江苏首个入选项目。

5月1日 全国首部关于义务教育均衡发展的地方性法规——《无锡市义务教育均衡发展条例》颁布实施。

5月6日 教育部正式发文同意建立宿迁学院,明确宿迁学院为本科层次的民办普通高校,办学定位为应用技术类型高等学校。这标志着江苏省独立设置本科院校实现地级市全覆盖。

5月7日 全省组织预备役高炮部队快速动员演习。这是1994年以来,江苏首次组织预备役师全建制、全要素、全过程快速动员检验性演习。

5月14日 2014中国(昆山)品牌产品进口交易会、第三届世界工商领袖(昆山)大会暨第二届国际商会亚太CEO峰会在昆山举行。来自全球40多个国家和地区的667家企业参展,规模比上届扩大30%。

5月17日 第三届中国工业大奖在北京揭晓,徐工集团获"中国工业大奖",亨通集团有限公司、江苏盛虹科技股份有限公司获"中国工业大奖表彰奖",江苏阳光集团有限公司、江苏沙钢集团有限公司获"中国工业大奖提名奖"。

5月19日 国家主席习近平与哈萨克斯坦总统纳扎尔巴耶夫在上海西郊会议中心共同启动控制系统,由中哈双方历经8个月合作共建的中哈(连云港)物流合作基地项目一期工程正式启用投产。这是国家主席习近平提出建设丝绸之路经济带的构想后首个中外经济合作实体项目,对于充分发挥连云港作为"一带一路"交汇点和新亚欧大陆桥东桥头堡的区位优势,促进我国与中亚特别是上合组织成员国的交流合作,具有重要意义。中哈(连云港)物流合作基地项目一期工程,由连云港港口集团(51%)和哈铁快运物流有限公司(49%)共同出资建设,总投资6.06亿元,规划建设集装箱堆场20万平方米、

1763 个集装箱位，集装箱库 2.3 万平方米，堆场铁路专用线 3.8 千米，日均装卸能力 10.2 列，年最大装卸能力 41 万标箱，主营国际多式联运、拆装箱托运、仓储等国际货物运输业务，年内计划投资 5 亿元以上，建成集装箱堆场和管控系统设施。

5 月 20 日　省委、省政府印发《江苏省新型城镇化与城乡发展一体化规划（2014—2020 年）》。根据《规划》，到 2020 年，江苏省常住人口城镇化率达到 72%，新型城镇化与城乡发展一体化质量显著提升。这是江苏省颁布实施的第一个新型城镇化与城乡发展一体化规划。

同日　科技部、江苏省政府和以色列经济部正式签署合作协议，共建常州创新园，这是中以两国政府首个共建园区。

同日　南通、淮安、泰州、宿迁、盐城入选水利部第二批全国水生态文明城市建设试点名单。加上第一批的徐州、苏州、无锡、扬州等 4 个市，全省 13 个省辖市中已有 9 市列入全国水生态文明城市建设试点，数量居各省之首。

5 月 21 日　盱眙县法院针对"留守儿童"久不归家的父母发出全国首份关注留守儿童《督促令》。

5 月 23 日　全省开始实施外商投资"清单式管理、快速化审批"。总投资 3000 万美元以下的鼓励类和允许类外资项目，申报时只要作出承诺、提交相关材料，就能"即来即办、现场办结"；3 亿美元以下的鼓励类、允许类外资企业设立审批权限，下放到南京以外的 12 个地级市和 3 个省直管县。

同日　由江苏梦兰集团牵头组建的梦兰星河能源股份有限公司投资建设的跨国能源项目——阿穆尔－黑河边境油品储运与炼化综合体项目获国家发展改革委核准批复，项目总投资 77.6 亿元。该项目开启了中国民企开展跨国能源项目的先河。

同日　省工商联、省总商会正式发布新时期苏商精神——厚德、崇文、实业、创新。

6月3日　江苏民营经济发展表彰大会在南京召开，红豆集团有限公司、苏宁云商集团股份有限公司等100家优秀民营企业和红豆集团党委书记、总裁周海江等30名优秀民营企业家受到省委、省政府的表彰。

6月4日　省委召开领导干部会议，传达学习第二次中央新疆工作座谈会精神，研究部署进一步做好对口支援新疆和全省社会稳定工作。

6月6日　苏州市姑苏区被授予"国家古城旅游示范区"称号，成为全国首个古城旅游示范区。

6月7日　由江苏省作栽站、扬州大学农学院、江苏省农科院等单位组成的小麦实产验收专家组在高邮市三垛镇春生村对"宁麦13"攻关田进行现场实产验收。结果显示，该测产田块亩单产693.2公斤，创江苏省小麦单产新纪录。

6月11日　江苏全面推行城乡居民大病保险，筹资标准每人每年不低于15元，重点保障参保人员经基本医疗保险补偿后需个人负担的符合规定的医疗费用，支付比例不低于50%。

6月22日　在卡塔尔多哈召开的世界遗产大会上，中国申报的大运河项目通过第38届世界遗产委员会审议，正式列入《世界遗产名录》。大运河江苏段列入世界文化遗产的河段长325千米，遗产区7个，遗产点22处。

6月24日　江苏省党政代表团赴新疆维吾尔自治区就贯彻落实第二次中央新疆工作座谈会和习近平总书记重要讲话精神，全面推进对口援疆和两省区合作交流进行考察交流。代表团先后到伊犁哈萨克自治州、克孜勒苏柯尔克孜自治州进行实地考察调研和工作对接。

6月26日 国内首座 Workhorse 自升式钻井平台"凯旋一号"（N407），在中远船务（启东）海洋工程有限公司建成命名。这是我国建造的自升式钻井平台中规格最高的平台之一，技术水平和建造质量处于全球领先水平。

6月28日 省内首条有轨电车——苏州高新区有轨电车1号线试运行。

同日 国务院第五督查组到江苏就贯彻落实国务院稳增长促改革调结构惠民生政策措施落实情况开展督查。

6月29日 在黑龙江召开的国家现代农业示范区农业改革与建设培训班暨经验交流会上，农业部对示范区测评情况进行通报，江苏包揽国家现代农业示范区数量、示范区综合得分排名、现代农业示范区改革与试点考核评价3个"全国第一"。

同日 全国医药工业百强榜在青岛发布，江苏12家药企入围全国医药工业百强榜。同时公布的中国医药研发产品线最佳工业企业20强中，江苏6家药企入选，数量居全国第一，其中连云港恒瑞医药位居榜首。

6月30日 省住房和城乡建设厅、省发展改革委、省财政厅、省国土资源厅等8部门联合下发《关于鼓励和引导民间资本参与保障性安居工程建设有关问题的通知》，民间资本参建保障房在江苏正式打开闸门。

同日 国内首个纺织原料（棉纱）现货 B2B 交易电子平台——纺织原料交易中心在南通综合保税区投入运行。

同日 南京青奥轴线地下立交枢纽正式通车。该工程总开挖面积15万平方米，使用钢筋11万吨，基坑最大开挖深度27.5米，是我国目前最大规模的城市地下交通枢纽工程，创下城市地下交通枢纽工程的多项"中国之最"。

7月1日 南京地铁十号线和机场线投运。无锡地铁一号线通车，无锡成为继南京、苏州后全省第三个跨进地铁时代的省辖市。全省开通运营地铁总里程达200多千米，在建地铁约600千米。

7月7日 省委全面深化改革领导小组召开第四次会议，会议审议并原则同意转变政府职能、完善现代市场体系、财税体制改革、金融改革创新、开放型经济体制改革等专项改革方案。

同日 江苏泰州医药高新技术产业开发区、苏州工业园区和中国宜兴环保科技工业园入选工业和信息化部、国家发展改革委公布的第一批国家低碳工业园区试点名单。

7月9日 "十二五"时期全国内河水运投资规模最大、技术最复杂的国家重大工程——长江南京以下12.5米深水航道一期工程通过交工验收，5万吨海轮可直接由海入江，直抵南通。

7月11日 《江苏省城乡养老保险制度衔接实施意见》正式公布，全省企业职工养老保险和城乡居民养老保险可相互衔接、自由转移。

7月12日 南京禄口国际机场二期工程正式建成通航。南京禄口国际机场二期工程于2011年4月1日正式开工，投资总额105.75亿元，设计年旅客吞吐量3000万人次、货邮吞吐量80万吨，新建一条3600米长、60米宽的第二跑道和滑行道系统，可起降目前世界上最大的空客380客机，新建26万平方米航站楼、51个机位的站坪。

7月21日 省委、省政府、省军区在南京召开省第十届双拥模范城命名表彰大会。会上，南京市鼓楼区等86个县（市、区）被命名为"江苏省双拥模范城"，南京军区司令部警卫营二连等46个单位被命名为"江苏省双拥模范单位"，宋爱军等64人被授予"江苏省双拥先进个人"称号。

同日 住房城乡建设部、国家发展改革委等7部委联合下发通知，公布最新一批全国重点镇名单，江苏 96 个镇入选。

7 月 22 日　交通运输部和省政府在南京联合召开江苏交通运输现代化建设工作会议。

7 月 25 日　国家电网公司淮南—南京—上海 1000 千伏交流特高压输变电工程建设动员电视电话会议在北京召开，标志着这项迄今为止规模最大、投资最大、难度最大的交流特高压输变电工程进入建设实施阶段。

同日　省人大常委会联合全省 13 省辖市人大常委会共同开展《老年人权益保障法》和《江苏省老年人权益保障条例》执法检查。

7 月 28 日　全国首个养老服务业发展引导基金在苏州设立，首期规模 5000 万元。

7 月 30 日　无锡市入选国际电气和电子工程师协会（IEEE）倡导的全球智慧城市试点计划，成为唯一入选的中国城市。

7 月 31 日　全省政府职能转变和机构改革工作电视电话会议召开。全省将探索建立以 5 张清单、1 个平台、7 项相关改革举措为主要内容的简政放权、转变职能基本架构。

8 月 1 日　青奥会重要配套工程、江苏首条位于长江以北的地铁线路——南京地铁宁天城际一期工程正式投入运营。宁天城际是国内一次性建设里程最长的城市轨道交通工程，首次采用国产化信号系统，设计最高时速 100 千米。线路起自南京长江大桥以北的浦口区泰山新村，止于六合区境内的青奥会帆船项目赛场金牛湖，全线设 17 座车站，并预留远期延伸至安徽天长的接口。

8 月 9 日　全国第一个湖区 VTS 船舶交管中心在洪泽湖投入使用。

8 月 10 日　国务院正式批复同意江苏如东洋口港口岸和启东港口岸对外开放。

8月16日　由民政部发起的第三届"中国城市公益慈善指数"在北京发布，江苏28个城市入选"中国城市公益慈善百强榜"。

同日　第二届夏季青年奥林匹克运动会在南京举行。国家主席习近平出席开幕式并宣布运动会开幕。南京青奥会是继2008年北京奥运会后，在我国举办的又一项具有国际影响的奥林匹克盛事。本届青奥会设28个大项222个小项的比赛，来自五大洲的3700余名青年运动员参赛。28日，青奥会在南京闭幕。中共中央政治局常委、国务院总理李克强出席闭幕式。国际奥委会主席巴赫致辞并宣布南京第二届青年奥林匹克运动会闭幕。

8月18日　全国工商联发布"2014中国民营企业500强"榜单，江苏96家企业上榜，位居全国第二，苏宁控股集团以营收总额2798.13亿元再登榜首。

8月22日　省政府发布《宁镇扬同城化发展规划》。这是江苏第一个以同城化为主题的区域性规划，标志着宁镇扬同城化进入操作层面。

8月26日　省委全面深化改革领导小组召开第五次会议。会议审议《深化医药卫生体制改革省级试点方案》，研究省级深化医改试点工作。

同日　国家发展改革委、国土资源部、环境保护部、住房城乡建设部联合下发《关于开展市县"多规合一"试点工作的通知》，提出在全国28个市县开展"多规合一"试点，淮安市、句容市、泰州市姜堰区入选。

8月31日　《血火记忆——南京大屠杀死难者国家公祭读本（小学版）》在南京市北京东路小学正式发布。

9月1日　国务院公布第一批80处国家级抗战纪念设施、遗址名录，江苏刘老庄八十二烈士陵园、侵华日军南京大屠杀遇难同胞纪念馆、南京抗日航空烈士纪念馆、拉贝故居、抗日山烈士陵园、新四军纪念馆、侵华日军投降签字仪式旧址等 7 处纪念设施和遗址入选，数量位列全国第二。

9 月 3 日 江苏的南京邮电大学科技园、南通大学科技园、无锡传感网大学科技园、淮安市大学科技园等 4 家大学科技园入选科技部和教育部认定的第十批国家大学科技园。至此，全省共获批认定国家大学科技园 15 家，数量跃居全国第一。

同日 无锡国家传感网创新示范区部际建设协调领导小组第三次会议在无锡召开。

9 月 5 日 亚太经济合作组织（APEC）第 21 次中小企业部长会议在南京召开。中共中央政治局委员、国务院副总理马凯出席开幕式并致辞。APEC 中小企业部长会议主席、工业和信息化部部长苗圩主持会议。APEC 各经济体负责中小企业事务的部长和代表以及相关国际机构的官员、工商界人士约 150 人参加会议。与会 APEC21 个经济体中小企业部长发表《关于促进中小企业创新发展的南京宣言》。

9 月 13 日 全国"五个一工程"奖在北京揭晓，由江苏省委宣传部报送的 9 部作品获奖，获奖总数名列全国第二。获奖的 9 部作品是：电影《一号目标》，电视剧《推拿》和《青果巷》，舞剧《丹顶鹤》，广播剧《雪域彩虹》（与西藏自治区党委宣传部联合选送），歌曲《我们的中国梦》和《春雨江南》（与全国妇联联合选送），图书《小水的除夕》和《大美昆曲》。

9 月 19 日 省民政厅、省卫生计生委、省财政厅、省人力资源和社会保障厅四部门联合下发《关于全面推进医养融合发展的意见》。《意见》提出，到 2015 年，实现养老、医疗资源的充分融合，在各类养老服务机构中都能提供基本医疗服务，护理型床位占养老床位总数 30% 以上；到 2020 年，实现养老和医疗康复资源共享，服务便捷，各类养老服务机构（护理院）医疗服务功能更加完善，与医疗机构合作更加紧密，医养融合模式更加成熟，医疗护理水平逐步提高，护理型机构床位数占养老床位总数达 50% 以上。

9 月 22 日　作为我国进出口货物监管模式重大改革的长三角海关区域通关一体化正式开始实施。上海、南京、杭州、宁波、合肥海关启用区域通关一体化通关方式。

同日　省十二届人大常委会第十二次会议在南京举行。会议通过国内第一部关于港澳同胞投资保护的地方性法规——《江苏省保护和促进香港澳门同胞投资条例》；决定同意江苏省人民政府的提名，授予阿龙切哈诺沃、爱德华·拜恩、海纳·温康纳、杨名皓、後藤元秀"江苏省荣誉公民"称号。

9 月 24 日　2014（第二届）江苏互联网大会在南京召开。

9 月 25 日　2014 年长三角地区合作与发展联席会议在上海召开。

9 月 26 日　2014 中国南京世界历史文化名城博览会暨城市文化遗产保护和可持续发展论坛举行。

9 月 28 日　水利部公布第 14 批国家级水利风景区名单，江苏金坛愚池湾水利风景区、昆山明镜荡水利风景区、镇江金山湖水利风景区、无锡新区梁鸿水利风景区、宿迁宿城古黄河水利风景区、溧阳南山竹海水利风景区等 6 家水利风景区入选。至此，全省国家级水利风景区达 45 家。

9 月 29 日　省政府印发《关于推进智慧江苏建设的实施意见》。《意见》提出，到 2016 年，建成智慧产业更加集聚、基础设施更加智能、政府运行更加高效、社会管理更加精细、公共服务更加便捷、生态环境更加宜居、网络安全更加长效的智慧化发展体系，力争成为全国有影响力的智慧基础设施先行区、产业转型升级拓展区、智慧政务运行高效区、智慧服务业态创新区、新兴智慧产业集聚区。

10 月 1 日　《江苏省水环境区域补偿实施办法（试行）》正式实施，水环境"双向补偿"全面启动。这是江苏实行"资源有偿使用制度和生态补偿制度"的新探索，江苏成为全国首个水环境区域补偿全境覆盖省份。

同日　全国第一部促进科技人才创业和科技创业园区发展的地方法规——《南京市紫金科技人才创业特别社区条例》正式实施。

同日　全国首部生态补偿地方性法规——《苏州市生态补偿条例》正式实施。

10 月 9 日　"走进江苏"系列经贸人文交流活动在英国伦敦开幕。

同日　工业和信息化部、国家发展改革委联合公布"宽带中国"示范城市名单，南京、苏州、镇江、昆山入选。

10 月 13 日　中央文明办在张家港市召开全国县级文明城市创建工作现场会，学习推广张家港经验，部署以培育和践行社会主义核心价值观为根本，以国家新型城镇化为契机，大力推动县级文明城市创建活动。

同日　中国知识产权指数报告课题组在北京发布《中国知识产权指数报告 2014》。报告显示，江苏知识产权综合实力继 2013 年从全国第四位跃居全国第二位之后，2014 年继续保持全国第二，北京、上海分别位列第一和第三。该评价体系涉及知识产权产出水平、流动水平、综合绩效、创造潜力等四个方面，江苏均处于全国领先水平。

10 月 14 日　中国商务部部长高虎城与意大利经济发展部部长桂迪在意大利签署《关于共同支持建立中意生态园的谅解备忘录》，双方支持两国企业、机构及有关组织在中国海安经济技术开发区合作共建"中意海安生态园"。该项目成为中欧合作共建园区中唯一落户县级城市的政府间合作项目。

10 月 20 日　国务院正式批复支持南京、苏州、无锡、常州、昆山、江阴、武进、镇江等 8 个高新技术产业开发区和苏州工业园区建设苏南国家自主创新示范区。苏南自主创新示范区是继北京中关村、武汉东湖、上海张江、深圳之后第五个国家自主创新示范区，也是我国首个以城市群为基本单元的国家自主创新示范区。

10 月 21 日　中国社科院发布《中小城市绿皮书：中国中小城市发展报告（2014）》。《报告》显示，江阴、昆山并列"综合实力百强县市"第一名，张家港、常熟、太仓分获第二至四名，宜兴位列第七。百强中小城市中，江苏占据 17 席，其中江阴市位列中国中小城市科学发展测评第一名。

同日　科技部公布 2014 年度国家重点新产品计划立项名单，江苏有 5 项产品被确定为战略性创新产品，146 项产品被确定为国家重点新产品，占全国立项总数的 13.4%，立项数连续多年蝉联全国第一。

10 月 24 日　宜兴市、海门市被认定为首批"中德低碳生态城市合作项目"试点示范城市。

10 月 26 日　中共中央政治局常委、国务院副总理张高丽在苏州会见到访的新加坡副总理张志贤，并共同主持中国新加坡双边合作联委会第十一次会议、中新苏州工业园区联合协调理事会第十六次会议和中新天津生态城联合协调理事会第七次会议。

10 月 28 日　科技部与江苏省政府在南京举行工作会商，落实中央部署要求，共商实施创新驱动发展战略、推进创新型省份建设试点工作。

10 月 29 日　国务院下发《关于调整城市规模划分标准的通知》，将城市划分为五类七档。江苏特大城市 1 个：南京；I 型大城市 2 个：无锡、苏州；II 型大城市 8 个：徐州、常州、南通、淮安、扬州、连云港、昆山和江阴；中等城市 6 个：盐城、镇江、泰州、宿迁、宜兴和常熟；另有 I 型小城市 33 个，II 型小城市 7 个。

同日 "新加坡 – 江苏合作理事会"第八次会议在常州召开。会议期间，新苏双方签署 15 项合作协议，涉及金融创新、智慧城市、养老服务、环保、医疗、商贸物流、装备设计及制造、企业并购等领域。

11 月 1 日 从即日起，江苏调整全省最低工资标准。月最低工资标准：一类地区 1630 元，增加 150 元；二类地区 1460 元，增加 180 元；三类地区 1270 元，增加 170 元。非全日制用工小时最低工资标准：一类地区 14.5 元，增加 1.5 元；二类地区 12.5 元，增加 1.5 元；三类地区 11 元，增加 1.5 元。

11 月 4 日 淮南—南京—上海特高压工程南京变电站正式开工建设，这标志着江苏进入特高压电网大规模建设阶段。

同日 江苏走马塘拓浚延伸张家港枢纽工程、南水北调东线一期工程宝应站工程、南水北调东线一期工程淮安四站工程获 2013—2014 年度中国水利工程优质（大禹）奖。

11 月 8 日 由中国工程院、农业部等部门专家组成的论证委员会在对江苏农业机械化水平进行论证后认为，江苏农机化在全国率先实现由中级阶段向高级阶段的跨越。全省农业综合机械化水平达 78%，其中主要农作物综合机械化水平为 84%，粮食生产基本实现机械化，高效设施农业机械化水平为 50%，农业劳动力占全社会劳动力比重为 16.3%。开展省级农业机械化水平评价论证，在全国尚属首次。

11 月 11 日 国务院公布第四批国家级非物质文化遗产代表性项目名录（共 153 项）和国家级非物质文化遗产代表性项目名录扩展项目名录（共 153 项），江苏 18 个项目入选，其中新入选 3 项、扩展 15 项。江苏省入选的 18 个项目，包括民间文学 2 项、传统音乐 3

项、传统舞蹈 1 项、传统美术 3 项、传统技艺 3 项、传统医药 2 项、民俗 4 项。

11 月 14 日 江苏高院、浙江高院、上海高院、安徽高院在上海共同签署《长江三角洲地区人民法院执行联动信息共享合作协议》，建立起四地法院执行联动协作机制。

11 月 15 日 2014 中国最美村镇颁奖典礼在南京举行，江苏 8 个村镇入选。其中，南京市江宁区谷里街道周村、无锡市锡山区荡口古镇获人文环境奖；如皋市如城街道顾庄村获循环发展奖；盐城市郭猛镇杨侍村、南京市溧水区洪蓝镇傅家边村、泰州市兴化市戴南镇董北村获人物贡献奖；无锡市惠山区阳山镇、南通市通州区五接镇开沙村获健康美食奖。

同日 国内城镇燃气第一个大规模盐穴储气项目——港华金坛储气库项目开工建设。

11 月 17 日 中美高校与江苏省昆山市合作创办的全国首个设在县级市的中外合作办学机构昆山杜克大学校园正式启用。

11 月 18 日 工业和信息化部中小企业发展促进中心发布 2014 年《全国企业负担调查评价报告》。《报告》显示，江苏企业负担综合指数全国最低。

11 月 20 日 由中材科技（阜宁）风电叶片有限公司出产的国内最长的风电叶片 SINOMA77.7 正式下线，这是世界第三长叶片，标志着我国在大型风电叶片制造技术方面取得新的突破。

11 月 21 日 全国首个低碳发展示范乡镇发布会在扬中市举办，中国质量认证中心（CQC）发布扬中市新坝镇、新治村低碳乡镇的评价报告，同时发布《低碳乡镇评价规范》和《低碳村镇评价创建指南》。

11 月 25 日 江苏 10 个村落入选住房和城乡建设部、文化部、国家文物局、财政部、国土资源部、国家旅游局等联合公布的第三批中国传统村落名录。至此，全省共有 26 个村落入选中国传统村落名录。

11 月 30 日　省政府在北京分别与中国电信、中国移动、中国联通、中国铁塔（中国通信设施服务股份有限公司）4 家电信企业就推进智慧江苏建设举行工作会商并分别签署战略合作协议。2015—2019 年，4 家电信企业将投资 1750 亿元加强江苏信息通信基础设施建设。

12 月 1 日　长三角区域大气污染防治协作小组第二次工作会议在上海召开。会议在总结 2014 年工作的基础上，形成《长三角区域大气污染防治协作 2015 年重点工作建议》。

同日　南京市、常熟市、常州市武进区、洪泽县入选全国第二批农村改革试验区。至此，江苏全国农村改革试验区增加至 5 个市、县（市、区），是全国数量最多的省份。根据批复的改革试验方案，南京市承担农村集体产权股份合作制改革试点任务，常熟市承担农村基层党建创新试点任务，常州市武进区承担土地承包经营权流转管理、农产品目标价格保险试点任务，洪泽县承担农田水利设施产权制度改革和管护机制创新试点任务。

12 月 2 日　长江三角洲地区三省一市主要领导座谈会在上海召开。会议认真贯彻落实党的十八届三中、四中全会精神和习近平总书记关于长三角合作重要指示，综合分析当前国际国内新形势以及长三角地区一体化发展面临的新情况、新机遇，深入交流三省一市深化改革创新、推动经济转型升级的政策举措和经验做法，重点围绕"积极参与'一带一路'和长江经济带国家战略，在新的起点上推进长三角地区协同发展"的主题，就深化重点领域改革、深入推进经济结构调整、加强重点专题合作、完善区域合作协调机制等事项进行深入讨论。

12 月 4 日　省委召开全省人大工作会议。会议强调，坚定中国特色社会主义制度自信，推动人大工作创新发展与时俱进。

12 月 5 日　省委全面深化改革领导小组召开第七次会议，会议审议了《江苏省深化党的建设制度改革实施方案》《江苏省司法体制改革试点工作方案》《关于推动传统媒体和新兴媒体融合发展的实施意见》《关于在国有企业积极稳妥发展混合所有制经济的意见》《江苏省省属企业负责人履职待遇、业务支出管理暂行办法》《关于进一步推进户籍制度改革的意见》《关于进一步深化价格改革、切实加强价格监管的意见》。

12 月 10 日　省政府 56 个部门责任清单正式公布，江苏成为继浙江、安徽后第三个建立责任清单的省份。责任清单的基本内容包括七大项：部门职责，职责边界，公共服务，对应行政权力，行政权力运行流程图，涉及中介服务项目及盖章、收费，以及加强事中事后监管制度。

同日　宿淮（宿州至淮安）铁路正式开通，填补了宿迁城区范围内不通铁路的历史空白。至此，江苏 13 个省辖市实现铁路全覆盖。

12 月 12 日　截至本日，宿迁市国税收入 100.38 亿元（不含海关代征），江苏省由此成为全国首个所有地市级国税收入全部突破百亿元的省份。

12 月 13 日　中共中央、全国人大常委会、国务院、全国政协、中央军委在南京隆重举行南京大屠杀死难者国家公祭仪式。中共中央总书记、国家主席、中央军委主席习近平出席公祭仪式并发表重要讲话。中共中央政治局常委、全国人大常委会委员长张德江主持公祭仪式。2014 年 2 月 27 日，十二届全国人大常委会第七次会议通过决定，以立法形式将 12 月 13 日设立为南京大屠杀死难者国家公祭日。

同日　中共中央总书记、国家主席、中央军委主席习近平到南京和镇江，深入科研院所、企业、乡村、农户考察，就经济社会发展情况进行调研。考察期间，习近平听取了江苏省委和省政府的工作汇报，对江苏经济社会发展取得的成绩和各项工作给予肯定。习近平指出，希望江苏的同志认真落实中央各项决策部署，紧紧围绕率先全面建成小康社会、率先基本实现现代化的光荣使命，努力建设经济强、百姓富、环境美、社会文明程度高的新江苏。习近平强调，把经济发展抓好，关键还是转方式、调结构，推动产业结构加快由中低端向中高端迈进。要以只争朝夕的紧迫感，切实把创新抓出成效，强化科技同经济对接、创新成果同产业对接、创新项目同现实生产力对接、研发人员创新劳动同其利益收入对接，形成有利于出创新成果、有利于创新成果产业化的新机制。要努力在全面深化改革中走在前列，把中央通过的各项改革方案落到实处，大胆探索，勇于实践，积极试点，积累经验。要增强出口竞争力，增创开放型经济新优势，拓展对内对外开放新空间。习近平指出，没有农业现代化，没有农村繁荣富强，没有农民安居乐业，国家现代化是不完整、不全面、不牢固的。发达地区在这方面一定要带好头、领好向，把工业化、信息化、城镇化、农业现代化同步发展真正落到实处。做好各项工作，必须有强大的价值引导力、文化凝聚力、精神推动力的支撑，加强文化建设要有主心骨，社会主义核心价值观要广泛宣传教育、广泛探索实践，使社会主义核心价值观成为引导人们前进的强大精神动力。要像抓经济建设一样抓民生保障，像落实发展指标一样落实民生任务，民生工作面广、量大、头绪多，一定要注重稳定性、连续性、累积性，一件事情接着一件事情办，一年接着一年干，一任接着一任做。习近平强调，全面从严治党是推进党的建设新的伟大工程的必然要求。从严治党的重点，在于从严管理干部，要做到管理全面、标准严格、环节衔接、措施配套、责任分明。从严治党是全党的共同任务，需要大气候，也需要小气候。各级党组织要主动思考、主动作为，通过营造良好小气候促进大气候进一步形成。

12月22日 省委十二届九次全会在南京举行。全会强调，要深入学习贯彻习近平总书记在江苏视察时的重要讲话精神，紧紧围绕"两个率先"的光荣使命，协调推进全面建成小康社会、全面深化改革、全面推进依法治国、全面从严治党，在推动经济发展、现代农业建设、文化建设、民生建设、全面从严治党等五个方面迈上新台阶，努力建设经济强、百姓富、环境美、社会文明程度高的新江苏。

12月25日 《中国区域创新能力报告2014》在北京发布，江苏连续六年蝉联"全国创新能力最强地区"。

12月28日 江苏13个省辖市全面实现空气提前24小时预报，在全国率先实现空气污染预报全域覆盖，开全国先河。

12月29日 国家发展改革委等11部门印发《国家新型城镇化综合试点方案》，同意将江苏列为国家新型城镇化综合试点省。按照要求，试点工作从2014年底开始，到2017年取得阶段性成果，形成可复制、可推广的经验。

同日 江苏在省一级以及宿迁、泰州、镇江市和苏州工业园区、泗洪县、宿迁市宿城区、兴化市、丹阳市、扬州市广陵区等10个点同步开启"三证合一"（工商营业执照、组织机构代码证和税务登记证）登记改革，成为全国"三证合一"推广面最大的省份。

12月31日 丰县黄河故道大沙河国家湿地公园、溧阳长荡湖湿地公园正式获批国家湿地公园（试点）。

同日 经国家林业局批准，苏州太湖湖滨国家湿地公园（试点）摘下"试点单位"帽子，成为江苏省2014年唯一获批的国家湿地公园。

二〇一五年

1月1日 《江苏省人民代表大会常务委员会关于促进全民阅读的决定》开始施行。这是国内第一部关于促进全民阅读的法律性文件。《决定》确定每年4月23日为"江苏全民阅读日"。

1月6日 省政府印发《关于深入推进依法行政加快建设法治政府的意见》。《意见》明确提出,到2020年,基本建成职能科学、权责法定、执法严明、公开公正、廉洁高效、守法诚信的法治政府,依法行政和法治政府建设水平处于全国前列,人民群众对法治政府建设的满意度达90%以上。具体有六大任务:深入推进政府职能转变,不断提高政府立法质量,建立健全科学民主决策机制,严格规范行政执法行为,切实加强行政监督,依法防范和化解社会矛盾。

同日 淮安涟水机场航空口岸通过国家验收,成为国家一类对外开放航空口岸。

1月7日 省全面推进依法行政工作领导小组印发《江苏省法治政府建设指标体系》。《体系》包括依法全面履行职能、提高制度建设质量、行政决策依法科学民主、严格规范公正文明执法、强化权力制约监督、依法防范和化解社会矛盾、完善依法行政保障措施等7个一级指标和依法界定政府职能等29个二级指标。

1月8日 南京市高淳区、高邮市、太仓市、扬中市、洪泽县入选水利部、财政部、国家发展改革委公布的"全国农田水利设施产权制度改革和创新运行管护机制试点"名单。

1月12日 省委、省政府召开全省农村工作会议暨推动现代农业建设迈上新台阶部署会。

同日 2014年"中国人居环境范例奖"公布。江苏有5个项目获最高奖项，分别是江苏省村庄环境整治苏南实践项目、徐州市云龙湖风景名胜区生态景观修复工程、常州市数字化城市管理项目、常熟市虞山镇历史文化遗产保护项目、太仓市沙溪镇特色小城镇建设项目。

1月15日 江苏省被国家卫计委列入深化医改综合试点省份，在公立医院改革等八个方面大力推进省级各项医改，重点在公立医院改革、深化人事分配制度改革、分级诊疗制度建设、智慧健康互联互通等四个方面进行突破。

1月16日 省十二届人大常委会第十四次会议在南京闭幕。会议通过《江苏省农村扶贫开发条例》《江苏省实施〈中华人民共和国母婴保健法〉办法》。

1月19日 国家质检总局公布第二批"国家级出口工业产品质量安全示范区"名单。江苏省南京市出口光电显示产品、常州市出口木质地板、无锡市锡山出口摩托车（电动车）、太仓市中德企业合作基地出口精密机械产品4个质量安全示范区入选。至此，全省共拥有7个国家级出口工业品示范区，数量居全国第一。

1月20日 国内首辆具有自主知识产权的碳纤维新能源汽车在盐城下线，创下中国第一个2万辆碳纤维纯电动汽车制造工厂、中国第一条电动汽车铝合金底盘机器人焊接线、中国第一条高温高压真空辅助碳纤维成型生产线3个"中国第一"。

1月22日 农业部认定第三批国家现代农业示范区，江苏省常州市国家现代农业示范区、句容市国家现代农业示范区、连云港市赣榆区国家现代农业示范区、南京市国家现代农业示范区、洪泽县国家现代农业示范区、扬州市江都区国家现代农业示范区、苏州市吴江区国家现代农业示范区、南通市国家现代农业示范区入选。

1 月 23 日　由南通港闸船舶制造公司承建的国内首条海底采矿船在南通市新码头下水。该船全长 122.2 米，型宽 25 米，型深 5.2 米。

1 月 25 日　省委、省政府印发《关于加大农村改革创新力度，推动现代农业建设迈上新台阶的意见》。

2 月 1 日　江苏启动史上规模最大的全省环保大检查，时间持续至 2015 年末。本次检查的方式，实行属地负责的原则，采取"企业自查、市县检查、省级督查"的方式进行。大检查期间，全省共出动执法人员 54.04 万人次，检查企业 19.18 万家，发现各类环境违法问题 10117 个，先后约谈环境问题突出的 11 个县市政府领导，对 62 个市县开展环境监察稽查，通报问题清单。

2 月 5 日　经国务院批复，连云港高新技术产业开发区、盐城高新技术产业开发区升级为国家高新技术产业开发区。

2 月 26 日　张家港经济技术开发区、盐城环保科技产业园入选第六批"国家新型工业化产业示范基地"。

2 月 27 日　省委、省政府召开推动民生建设迈上新台阶暨综合医改试点工作动员大会，对推动民生建设迈上新台阶和做好综合医改试点工作进行动员部署。

2 月 28 日　江苏省政务服务中心、省公共资源交易中心（一期）正式运行。省政务服务中心首批有 53 个部门 386 项行政许可事项进驻办理。

3 月 1 日　《江苏省大气污染防治条例》正式施行。这是全省大气污染防治的首部综合性法规，也是 14 年来首次由省人代会审议的地方性法规，标志着江苏依法治理大气污染进入新阶段。

3 月 2 日　省政府印发《江苏省社会信用体系建设规划纲要

（2015—2020年）》，这是全省首部社会信用体系建设规划纲要。《纲要》提出，未来5年，全省将重点加强政务诚信、商务诚信、社会诚信以及司法诚信四大领域诚信建设。

3月7日 中共中央政治局常委、国务院总理李克强参加十二届全国人大三次会议江苏代表团的审议。李克强充分肯定江苏过去一年的工作，并对江苏发展提出三点希望和要求：第一，要通过改革开放率先在经济发展新常态下打造发展新动能；第二，要带头释放创新驱动新红利，促进经济迈向中高端；第三，要在长江经济带发展中起引领作用。

3月17日 国家发展改革委下发《关于开展中小城市综合改革试点工作的通知》，江苏省新沂市、海安县被列为国家中小城市综合改革试点地区。

3月19日 太湖流域水环境综合治理省部际联席会议第六次会议在苏州召开。会议明确2015年全面深化流域水环境综合治理措施等五个方面的重点工作。

3月27日 省十二届人大常委会第十五次会议通过《江苏省绿色建筑发展条例》，从7月1日起正式实施。这是国内首部促进绿色建筑发展的地方性法规。

同日 省政府妇女儿童工作委员会全体会议召开。新一轮妇女儿童八件实事出炉，分别是：农村妇女免费"两癌"检查、妇女创业就业援助、基层妇女参与民主管理、爱心母婴室创建、"96338好苏嫂"智慧家庭服务平台建设、儿童安全保护、家庭文明建设、妇女儿童活动阵地建设。

3月28日 省政府办公厅印发《江苏省项目节能量交易管理办法（试行）》，从7月1日开始在苏南五市先行试点。江苏成为首个出台节能量交易办法的省份，在全国率先开展工商业项目节能量交易。

4月9日　省政府在扬州召开全省公共体育服务体系建设推进会。会议公布6个设区市、49个县（市、区）为首批省级公共体育服务体系示范区。

4月24日　中共中央政治局委员、国务院副总理刘延东在江苏调研，强调要按照"四个全面"总体布局，打造大众创业、万众创新和增加公共产品、公共服务"双引擎"，推进医疗卫生重心下沉、卫生资源向社区和农村下移，加快发展体育产业，大力促进体育消费。

4月28日　江苏建立全国省级第一家网络普法联盟，"法润江苏网"和"江苏网络普法联盟"正式上线运行。

5月5日　经省政府同意，省发展改革委、省林业局联合发布《江苏省湿地保护规划（2015—2030年）》，明确湿地保护中远期目标：2015—2020年，重点加强对长江、淮河、太湖、洪泽湖、宝应湖、骆马湖、里下河湖荡、滨海湿地等重要湿地区域内保存较好的自然湿地抢救性保护与退化湿地生态修复治理，自然湿地保护率达50%；到2030年，全省湿地保有量282万公顷以上，自然湿地保护率达55%，全省湿地生态质量下降、湿地生态功能退化的不利趋势得到根本扭转。

5月16日　江苏代表团赴贵州，就进一步做好对口帮扶贵州铜仁工作进行商讨，并在贵州学习考察，推动两省深化交流合作，促进共同繁荣发展。

5月21日　根据国家发展改革委《关于同意设立江苏省通州湾江海联动开发示范区的复函》和省委、省政府《关于南通陆海统筹发展综合配套改革试验区总体方案》精神，省政府正式批复南通市政府，同意在南通市通州湾设立江海联动开发示范区，并原则同意《通州湾江海联动开发示范区总体方案》。这标志着通州湾开发建设正式上升到国家和省级战略层面。

5月26日　省政府决定,在南京特殊教育职业技术学院基础上建立南京特殊教育师范学院,同时撤销南京特殊教育职业技术学院建制。这是全国首所独立设置、专门培养特殊教育师资和残疾人事业专门人才的本科院校。

6月3日　省委、省政府发布《中国制造2025江苏行动纲要》。

6月5日　在教育部对江苏县域义务教育均衡发展督导检查反馈会上,教育部负责人宣布,江苏100个县(市、区)全部通过国家县域义务教育发展基本均衡督导认定,江苏成为全国首个实现县域义务教育基本均衡全覆盖省份。这是江苏继1996年基本扫除青壮年文盲、基本普及九年义务教育之后,又一具有里程碑意义的大事。

6月9日　省委、省政府召开推动文化建设迈上新台阶工作会议。会议对深入实施文化建设工程、加快建设文化强省进行专题部署,确立把江苏建设成为文化凝聚力和引领力强、文化事业和产业强、文化人才队伍强的文化强省,努力构筑思想文化建设高地、道德风尚建设高地"三强两高"新目标。会议表彰第二届"紫金文化奖章"和"江苏社科名家"获得者,公布2012—2014年度江苏省文明城市。

6月18日　在连云港召开的绿色港口建设现场交流会上,交通运输部分别授予连云港港和宁宣高速公路"绿色港口"和"绿色公路"称号。

6月25日　扬州泰州机场航空口岸对外开放通过国家级验收。

6月27日　国务院印发《关于同意设立南京江北新区的批复》,正式批复同意设立南京江北新区。这是全国第13个、江苏省首个国家级新区。

6月29日　长江南京以下深水航道建设二期工程推进会暨领导小组第三次会议在南京召开。会议宣布二期工程开工。工程完工后,长江南京以下航段将可全程满足 5 万吨级集装箱船双向通航、5 万吨级其他海轮减载双向通航，兼顾 10 万吨级散货船减载通航。

同日 山西晋北—江苏南京 ±800 千伏特高压直流输电工程开工动员大会在山西朔州和江苏盱眙县召开。该工程是山西省首个特高压直流工程，也是落地江苏省的第二个特高压直流工程。

同日 省食品药品监督管理局在全国率先出台《江苏省食用农产品市场销售监督管理指导意见（试行）》。

6 月 30 日 省政府召开新闻发布会，发布全省先进制造业发展水平状况。"十二五"以来，全省先进制造业发展水平逐年提升，2014 年较 2011 年提升 3.32 个百分点，年均提升 1.1 个百分点。2014 年全省先进制造业占比为 41.25%。苏州、南京、无锡先进制造业发展水平领先全省。

7 月 1 日 全国首部绿色建筑地方性法规——《江苏省绿色建筑发展条例》正式施行。

同日 江苏全面提高城乡低保标准，按照新一轮脱贫工程要求，全省农村低保最低标准提高到每人每月 335 元。

7 月 8 日 江苏临海高等级公路的关键控制性节点工程——灌江口大桥建成通车，标志着临海高等级公路全线贯通。

7 月 16 日 省委、省政府在宿迁市召开全省促进农民创业增收工作会议。会议贯彻中央关于推进"大众创业、万众创新"和支持农民创业的决策部署，重点总结推广宿迁发展"一村一品一店"经验，对推动农民就业创业、抓好秋熟生产、推进扶贫开发等作出部署安排，确保完成全年农业农村工作目标任务。

7 月 20 日 经国务院同意，住房和城乡建设部批复《江苏省城镇体系规划（2015—2030 年）》。根据该《规划》，至 2030 年，江苏城镇化水平将达 80% 左右，城镇人口约 7200 万人，将形成 2 个特大城市，城市发展更追求质量和内涵。

7月21日 南京市栖霞区栖霞街道高家村滑坡地质灾害监测系统正式投入运行，这是全省首个大规模滑坡地质灾害远程无线监测系统。

7月22日 国家公共文化服务体系示范区（项目）创建工作领导小组公布第三批创建国家公共文化服务体系示范区（项目）名单，南京市江宁区入选示范区创建名单，扬州市"四位一体"公共图书馆服务平台、淮安市公共数字文化综合服务平台入选示范项目创建名单。"十二五"期间，全省先后有9个市（区）进入国家公共文化服务体系示范区（项目）行列。

7月24日 全国首家县级行政审批局在江苏盱眙县挂牌成立，这是经国务院同意、由中央编办和国务院法制办确定的相对集中行政许可权改革国家级试点，也是江苏行政审批体制改革的新突破。23个部门、203项行政许可权分两批全部划转到行政审批局，实现"一枚公章管审批"。

7月29日 省政府出台《关于机关事业单位工作人员养老保险制度改革的实施意见》，从2014年10月1日起实施。机关事业单位将建立与企业职工统一的社会统筹和个人账户相结合的基本养老保险制度，实行同样的缴费标准、待遇计发办法和调整机制。

7月30日 水利部、国土资源部、交通运输部、江苏省政府、山东省政府联合发布《关于在南水北调东线输水干线洪泽湖骆马湖至南四湖段全面禁止采砂活动的通知》。

8月3日 南京市被交通运输部确定为全国第一批综合运输服务示范城市。根据实施方案，未来3年，南京将着力解决综合运输服务"最后一公里"问题。

8月26日 科技部印发《苏南国家自主创新示范区发展规划纲要（2015—2020年）》。

8月31日 《中共江苏省委关于加强全省县乡人大工作和建设的实施意见》印发，在加强县乡人大的监督、促进科学民主决策等方面实现新突破。这也是全国首次在省级层面就县乡人大工作和建设专门作出规定。

9月1日 国内首个数字化标准图书馆——江苏省无锡市标准化研究中心标准图书馆揭牌开馆。

9月2日 国务院食品安全办下发通知，决定扩大食品安全城市创建工作试点范围，在首批试点基础上，将江苏等11个省、直辖市纳入第二批试点省份，南京市被列入试点城市。

9月5日 省政府出台《关于在公共服务领域推广政府和社会资本合作模式的实施意见》，鼓励在能源、交通运输、环保、医疗、养老、教育等公共服务领域采用"政府和社会资本合作"（PPP）模式，设立100亿元规模的PPP融资支持基金。

9月19日 中国科协公布第九次公民科学素质调查结果，江苏公民科学素质达标率为8.25%，首次跃居全国省份第一。

9月25日 省十二届人大常委会第十八次会议审议通过《江苏省循环经济促进条例》，自2016年1月1日起施行。《条例》突出条款的硬约束，着力解决发展中出现的重大问题和新问题，体现江苏经济社会发展的特色。这是江苏省针对循环经济出台的首部法律条例。

同日 17时58分，世界首台百万千瓦超超临界二次再热燃煤发电机组——国电泰州电厂二期工程3号机组通过168小时连续满负荷试运行，正式进入商业运营，脱硫、脱硝装置同步投运。

10月13日 省委、省政府印发《关于加快推进生态文明建设的实施意见》。《意见》提出，到2020年，全社会生态文明理念显著增强，绿色发展水平显著提升，污染排放总量显著下降，生态环境质量显著改善，率先建成全国生态文明示范省。《意见》同时明确5个方面 15 个定量指标，包括：生态红线区域占全省面积不低于 22%；单位地区生产总值二氧化碳排放强度比 2005 年下降 45%；$PM_{2.5}$ 年均浓度下降到 50 微克 / 立方米左右；全省 90% 的市县达到国家生态市县建设标准。

10 月 21 日 我国首条跨淮河流域特高压供电线在盱眙竣工。该工程是淮南—南京—上海 1000 千伏特高压供电工程组成部分，工程全长 759 千米，其中跨淮河流域近 10 千米。

10 月 28 日 苏州千兆光网割接上线，标志着苏州建成全省规模最大的全光网城市，成为全国首个"千兆城市"。

10 月 30 日 阜宁至建湖高速公路通车，标志着江苏提前实现"县县通高速"。全省高速公路通车里程超 4600 千米，密度全国居首。

10 月 31 日 江苏城市公立医院医药价格改革正式实施，全省城市公立医院药品实行零差价，终结"以药养医"模式。

11 月 7 日 亚洲最大、世界一流的中国汽车技术研究中心——盐城汽车试验场建成启用。试验场总投资 20 亿元，试验道路总长 60 千米。

11 月 26 日 在北京召开的第五届中国智慧城市发展年会上，无锡凭借在智慧城市基础设施、"一中心四平台"、智慧应用提升工程建设等方面的突出表现，再获全国智慧城市发展水平评估第一名。

同日 国内首个绿色建筑主题公园——武进绿色建筑博览园正式开园。

12 月 2 日 长江南京以下 12.5 米深水航道一期工程通过竣工验收，标志着长江干线太仓至南通段 12.5 米深水航道进入正式运行阶段，可满足 5 万吨级集装箱船舶（实载吃水 ≤ 11.5 米）全潮，5 万吨级散货船、油船乘潮双向通航，以及 10 万吨级及以上海轮减载乘潮通航的要求。

12 月 11 日 国家电网公司重大科技示范项目——江苏南京 220 千伏西环网统一潮流控制器（UPFC）工程正式投运。这是我国首个自主知识产权的 UPFC 工程，也是世界上首个采用模块化多电平换流（MMC）技术的 UPFC 工程，标志着全球能源互联网最先进的柔性输电技术在江苏率先落地，我国在柔性交流输电技术上走在世界前列。

12 月 14 日 在南京召开的全省扶贫开发工作电视电话会议透露，继 2011 年全省基本消除年收入 2500 元以下的绝对贫困现象后，截至 2015 年末，"十二五"时期实行扶贫建档立卡的 411 万农村低收入人口整体实现 4000 元预期脱贫目标。至此，江苏扶贫开发已经从消除绝对贫困转入缓解相对贫困的新阶段。

同日 农业部公布第一次监测合格国家农民合作社示范社名单，江苏有 352 家示范社入选，监测合格的示范社总数位居全国第一。

12 月 28 日 苏北地区的重要快速通道——徐宿淮盐铁路全面开工建设。徐宿淮盐铁路西起徐州东站，经睢宁县、宿迁市、泗阳县、淮安市、阜宁县、建湖县，终至盐城站，正线全长 316 千米，项目总投资 428 亿元，设计行车时速为 250 千米。

同日 常州市武进区嘉泽镇满墩村农民吕伟斌用自家的农房（宅基地）不动产权作抵押，在全国第一个申请办理农房（宅基地）抵押登记，取得全国第一份农房（宅基地）抵押不动产登记证明，获得江南农村商业银行 50 万元贷款。

同日 淮安现代有轨电车一期工程实现载客试运营。该线路是世界上最长的无触网有轨电车线路，也是国内首条进入城市核心区的有轨电车线路。

12 月 31 日 江苏交通一卡通联网成功，在全国率先实现设区市互联互通。

同日　全省市县党政机关公车改革拟取消车辆全部停驶封存。至此，全省党政机关公车改革主要任务已基本落实。据统计，全省党政机关公车改革涉及公务人员 40.3 万人，取消公车 3.37 万辆，每年可节约交通支出 9 亿多元。

二○一六年

1月1日 即日起，全省上调最低工资标准。其中，月最低工资标准：一类地区1770元，增加140元；二类地区1600元，增加140元；三类地区1400元，增加130元。非全日制用工小时最低工资标准：一类地区15.5元，二类地区14元，三类地区12元。

1月8日 中共中央、国务院在北京举行国家科学技术奖励大会。江苏共有39项通用项目获奖，其中主持完成22项，获奖总数和主持完成的获奖数继续保持全国各省区市第二位。39项通用获奖项目中，包括自然科学奖2项、技术发明奖9项、科技进步奖28项。

1月12日 国务院批复同意在天津市等12个城市设立跨境电子商务综合试验区，苏州市名列其中，成为江苏省唯一入选城市。

1月13日 国电泰州电厂二期工程4号机组通过168小时试验，标志着世界首个百万千瓦等级再热燃煤发电机组全面建成投运。

1月15日 省十二届人大常委会第二十次会议表决通过《江苏省人民代表大会常务委员会关于确定连云港、淮安、宿迁市人民代表大会及其常务委员会开始制定地方性法规的时间的决定》。《决定》公布之日起，3市可以制定地方性法规，3市人民政府可以开始制定规章。至此，江苏13个设区市全部获得地方立法权。

1月20日 全国首批汽车电子标识安装启动仪式在无锡举行，标志着无锡成为全国首个启用汽车电子标识，进行智能交通管理的示范应用城市。汽车电子标识也称电子车牌，是嵌有超高频无线射频识别芯片并存储汽车身份数据的电子信息识别载体。

1月23日 省政府出台《关于建立政府法律顾问制度的意见》。《意见》明确，到2016年末前，县级以上地方政府及其工作部门要全部建立起政府法律顾问制度，乡镇政府、街道办事处应当根据需要形成多种形式的政府法律顾问服务方式。

1月28日 中国广核集团在如东海域建设的海上风电场实现首批6台风机并网发电。中广核如东海上风电项目计划安装38台4兆瓦风电机组，装机容量为152兆瓦，预计年上网发电量约4亿千瓦时。这是我国首个自主开发建设的海上风电场，标志着我国海上风电开发实现重大突破。

1月29日 住房和城乡建设部公布2015年国家生态园林城市、园林城市、县城和城镇命名名单。徐州市、苏州市、昆山市被命名为国家生态园林城市，新沂市、东台市、大丰市、扬中市、靖江市为国家园林城市，泗阳县为国家园林县城，碧溪镇、千灯镇、薛家镇、菱塘回族乡、南丰镇为国家园林城镇。

2月2日 江苏信托代表江苏省PPP融资支持基金，与徐州市城市轨道交通有限责任公司签署《关于对徐州市2号线轨道交通投资发展有限公司的股权投资合同》，这是江苏签下的PPP融资支持基金首个投资项目，即以股权方式对徐州市城市轨道交通2号线一期工程项目投资4亿元，这也是全国PPP基金投资的第一单项目。

2月4日 江苏文脉整理与研究工程启动。该工程是江苏有史以来最为浩大的文化工程，计划历时10年左右时间，编辑出版《江苏文库》（包括纸本与数字版），纸本规模3000册左右，共分为书目、文献、精华、方志、史料、研究6个部分。

2月17日 省委全面深化改革领导小组第十五次会议召开。会议审议《省委全面深化改革领导小组2016年工作要点》和《全面推进价格机制改革的实施意见》。

2月18日 教育部科技发展中心网站公布 2015 年获发明专利授权量前 50 名高校名单，以及至 2015 年末有效发明专利量前 50 名高校名单，江苏高校获得的发明专利授权量和有效发明专利量分别列各省区市第一、第二。

2月20日 省委、省政府印发《关于加快建设具有全球影响力的产业科技创新中心的意见》。

同日 省委、省政府印发《关于建设具有国际竞争力的先进制造业基地的意见》。

2月26日 省政府印发《关于降低实体经济企业成本的意见》。

同日 中宣部、中央文明办在北京召开全国学雷锋志愿服务工作推进会，会上公布全国最美志愿者、最佳志愿服务项目、最佳志愿服务组织、最美志愿服务社区"四个 100"先进典型名单。江苏入选总数 19 个，位列全国第二。

3月2日 科技部公布第二批国家科技服务业区域试点名单，江苏苏州工业园区、江阴国家高新区、武进国家高新区、镇江国家高新区和南通国家高新区等 5 家入围。加上 2015 年首批入选区域试点的苏州国家高新区，全省共有 6 家高新区入围国家科技服务业区域试点，数量居全国第一。

3月5日 全球首个接受无创胚胎染色体筛查（NICS）的试管婴儿在无锡妇幼保健院生殖中心健康诞生。这标志着我国胚胎植入前遗传学筛查技术已处于世界领先水平。

3月9日 国家统计局公布十八大以来我国科技创新状况统计分析报告。报告显示，2015 年江苏、广东、山东和北京研发经费超千亿元，属于"创新取得明显成效"的地区。江苏研发经费已连续 13 年居全国首位，科技进步对经济增长的贡献率达 60%，区域创新能力连续七年居全国首位。

3月12日 江苏省政府与北京大学、清华大学和中国科学院举行新一轮战略合作协议签约仪式。根据协议，双方将共同推进产业技术研究机构等创新载体建设，共同推进技术转移机制和模式创新，共同推进国家重大科技基础设施建设，共同推进国家重大科技基础设施和骨干创新平台落户江苏，共同推进人才培养和交流合作，等等。

3月23日 科技部公布2015年度国家级科技企业孵化器名单，江苏富达高新技术创业服务有限公司等23家科技企业孵化器入围。截至2016年3月，全省累计建有国家级科技企业孵化器136家，占全国认定数的18.5%，数量位居全国第一。

3月24日 省政府印发《江苏省国民经济和社会发展第十三个五年规划纲要》。《纲要》提出，"十三五"时期，江苏经济社会发展的总体目标是：全省率先全面建成小康社会，苏南有条件的地方在探索基本实现现代化的路子上迈出坚实步伐，人民群众过上更加美好的生活，经济强、百姓富、环境美、社会文明程度高的新江苏建设取得重大成果。

同日 省委、省政府在南京召开全省教育工作会议。会议提出今后五年全省教育工作总的要求，即到2020年教育主要发展指标达到教育现代化水平，人民群众对教育的满意度显著提高，教育对经济社会发展的贡献度显著提高。

3月28日 2015年江苏社会文明程度测评指数发布，全省社会文明程度测评指数为86.25。

3月31日 江苏与俄罗斯戈梅利州共同签署两省州《关于共同参与丝绸之路经济带建设的框架合作协议》。根据协议，双方将加强在物流、产能、贸易、科技等方面的合作。

4月3日 淮南—南京—上海1000千伏交流特高压输变电工程

第一阶段（安徽淮南—江苏长江北岸段）正式投运。这是 12 条重点输电通道中最先投运的特高压工程，也是江苏省首个特高压交流工程。

4 月 7 日　全国基本公共体育服务体系建设现场推进会在常州市举行。全省共有 11 个市、86 个县（市、区）创建成省级公共体育服务体系示范区。

4 月 11 日　中国（苏州）跨境电子商务综合试验区建设暨"单一窗口"平台启动仪式在苏州工业园区综合保税区举行。

4 月 16 日　省委、省政府印发《关于推进供给侧结构性改革的意见》。《意见》明确，省供给侧结构性改革的重点举措是：综合施策化解过剩产能，调整优化产业结构；多措并举化解房地产库存，促进房地产市场平稳健康发展；稳妥有序推进去杠杆，增强防范化解风险能力；切实降低企业成本，提升企业市场竞争力；加快补齐发展短板，着力扩大有效供给。

4 月 19 日　省委召开全省"两学一做"学习教育工作座谈会，认真学习贯彻习近平总书记重要指示和中央座谈会精神，对全省开展"两学一做"学习教育进行动员部署。

4 月 27 日　省委、省政府印发《关于进一步加快全省开发区转型升级创新发展的意见》。《意见》提出，全省开发区要成为江苏先进制造业基地和产业科技创新中心建设的主要载体，成为构建开放型经济新体制和培育开放型经济新优势的排头兵，成为科技创新驱动和绿色集约发展的示范区，成为带动区域经济发展和实施区域共同发展的重要平台。

5 月 1 日　江苏全面推行营改增试点，全省共有建筑、房地产、金融、生活服务业四大行业 73.2 万户纳入试点。江苏于 2012 年 10 月 1 日起正式实施营改增试点，截至 2016 年 2 月，全省试点纳税人达 49.5 万户，累计减税 615.7 亿元。

同日　省委、省政府出台《关于加快苏北振兴推进全面建成小康社会的若干政策意见》。根据《意见》，苏北发展目标任务为：保持苏北经济社会平稳较快发展，力争苏北地区"十三五"时期经济总量、城乡居民收入年均增长 9% 左右。到 2020 年，苏北地区以县为单位达到省定全面小康指标，6000 元以下低收入人口全部脱贫，经济薄弱村集体经济年收入达到 18 万元，12 个省扶贫开发重点帮扶县（区）分批退出，苏北地区全面建成小康社会，为"迈上新台阶、建设新江苏"打下坚实基础。

5 月 4 日　中国 – 中东欧国家最高法院院长会议在苏州开幕，中国及 16 个中东欧国家的最高法院院长和大法官围绕"全球信息化时代的司法"主题展开研讨。国家主席习近平向会议致贺信。

同日　省委、省政府召开加快苏北发展推进全面建成小康社会工作会议，总结苏北"十二五"发展成就和经验，分析苏北发展面临的新形势，推动苏北地区落实好"十三五"发展各项目标任务。会议对推动苏北新一轮发展起好步开好局作出全面部署，强调要一手抓优势的发挥和放大，一手抓短板的拉长和补齐，以实施国家和省重大战略为机遇，以创新驱动为主引擎，以经济保持中高速增长、产业迈向中高端水平为突出任务，以保障和改善民生为根本目的，推动苏北各项工作都能够尽快出成果、上台阶，确保如期全面建成小康社会。

5 月 5 日　水利部公布首批国家水情教育基地名单，江苏河道总督府（淮安清晏园）入选，成为首批 8 家基地之一。江苏河道总督府（淮安清晏园）是我国治水史和漕运史上唯一保存完好的水利管理衙署园林。

5 月 12 日　国际桥梁及结构工程协会 2014 年度杰出结构工程奖揭牌仪式在泰州大桥现场举行。国际桥协杰出结构工程奖是国际桥梁工程界公认的最高奖项，专门授予全世界最具创新性的桥梁和建筑结构。泰州大桥是我国继卢浦大桥、水立方后第三个获此奖项的项目。泰州大桥建设期间，成功创造包括三塔两跨桥型，水中沉井基础深度，纵向人字形、横向门式框架结构钢塔高度，W 形主缆架设长度以及钢箱梁同步对称吊装等 5 项世界第一。

5 月 13 日　国内首家省级民营投资平台 ——"苏民投"收到营业执照，标志着该平台正式投运。"苏民投"由 11 家民企出资 86 亿元组建，总部设在无锡市。

5 月 15 日　宁启铁路复线正式开通运行，南京到南通、扬州、泰州首次开行动车组列车，结束了苏中地区不通动车的历史。

5 月 17 日　省政府批复下发《江苏省太湖流域水生态环境功能区划（试行）》。《区划》将太湖流域划分为 4 个等级，分别赋予不同的环境目标，并纳入政府考核。江苏太湖流域是全国首个按照"生命共同体"理念建立水生态环境功能区的地区。

5 月 19 日　以"创新发展、合作共赢"为主题的 2016 中国（昆山）品牌产品进口交易会在昆山举行。本届交易会由商务部、中国国际贸易促进委员会和江苏省政府共同主办，着重展示装备制造、环保技术、生活消费等领域的品牌产品和新技术。展会总规模 8 万平方米，共有来自 42 个国家的 800 多家企业参展，其中有 37 家世界 500 强及行业龙头企业。

同日　第七届联合国教科文组织世界记忆工程亚太地区委员会（MOWCAP）大会在越南顺化召开，苏州申报的"近现代苏州丝绸样本档案"入选《世界记忆亚太地区名录》。该档案文献共 28650 卷 302841 件。

5 月 23 日　"江苏 - 南部非洲投资与发展高层论坛"在南京举行。南部非洲发展共同体 14 个国家的驻华大使、总领事等外交官，江苏 120 多名企业家代表参加论坛。

5 月 24 日 省委、省政府召开加快推进沿海地区发展工作会议。会议分析面临的新形势新要求，部署下一阶段工作，指出要重点推进重大基础设施建设，大力发展海洋经济和临港大工业，切实强化对新亚欧大陆桥沿线地区的服务和支撑作用，加快形成以区域中心城市为支撑、沿海综合交通通道为纽带、近海临港城镇为支点的新兴城镇化地区，全面增强沿海地区的整体竞争力，确保如期实现国家规划的第二步战略目标。

5 月 25 日 国家发展改革委公布《关于建设长江经济带国家级转型升级示范开发区的通知》，确定全国 33 个开发区为长江经济带转型升级示范开发区，其中，江苏苏州工业园区、张家港保税区、南通经济技术开发区入围。

5 月 27 日 交通运输部联合中国铁路总公司在辽宁大连召开铁水联运暨多式联运现场推进会，"江苏省新亚欧大陆桥集装箱多式联运示范工程"项目入选 16 个国家级多式联运示范项目名单。

5 月 28 日 由中国 – 东盟商务理事会和南通市政府联合主办的"中国 – 东盟建筑业合作高峰论坛暨中国 – 东盟建筑行业合作委员会成立大会"在南通举行。东盟 10 国的 60 多位驻华使节以及 300 多名中外建筑业代表出席，并签署《关于加强中国 – 东盟建筑业合作共赢南通共识》。

6 月 1 日 经国务院同意，国家发展改革委、住房和城乡建设部联合印发《长江三角洲城市群发展规划》。根据规划内容，江苏 9 个设区市入选，南京定位为特大城市，苏州为 I 型大城市，无锡、常州、南通、盐城、扬州、泰州为 II 型大城市，镇江为中等城市，并由此形成南京都市圈和苏锡常都市圈。

6 月 2 日 全球第八个德国中心——太仓德国中心开业。太仓德国中心由德国巴伐利亚州立银行投资 8000 万元人民币设立,为在华德企提供市场咨询、法律金融、秘书翻译等全方位的服务。

6月5日　在北京举行的中国生态文明奖表彰暨生态文明建设座谈会上,张家港市被授予"首届中国生态文明奖先进集体"称号,是江苏省唯一获此称号的城市。

同日　江苏省友好代表团对柬埔寨进行友好访问,与柬埔寨首相洪森共同出席西哈努克港经济特区"百家企业入园"庆典,并考察调研西哈努克港经济特区。

6月6日　由农业部与江苏省政府联合举办的"放鱼日"启动仪式主会场活动在启东市圆陀角举行。主会场放流活动共放流重要海洋生物苗种 500 多万尾,全省江河湖海同步增殖放流各类水生生物苗种 7000 多万尾。

6月7日　省政府办公厅印发《关于做好"救急难"工作的指导意见》。该《意见》的出台,标志着江苏在全国率先实现"救急难"制度从试点到全人群的全覆盖。

6月14日　国务院办公厅政务公开办通报,根据《政府信息公开条例》要求,结合网友点赞情况以及专家和第三方机构分析评估意见,评选出省级政府和国务院部门 2015 年度优秀政府信息公开年度报告,其中,省级政府 5 个,分别是江苏、北京、上海、湖南、四川,江苏位列省级政府第一名。

6月16日　国家知识产权局、江苏省政府联合召开引领型知识产权强省试点省建设启动会。

6月20日　第二届中国－中东欧国家卫生部长论坛在苏州举行。国务院副总理刘延东和捷克总理索博特卡出席开幕式并致辞。本次论坛以"深化卫生务实合作,促进健康可持续发展"为主题,来自中东欧 16 个国家的代表团负责人参加此次论坛。

同日　在德国法兰克福 2016 国际超级计算大会上，我国自主研制的"神威·太湖之光"超级计算机获世界超级计算机 TOP500 排名第一。该超级计算机峰值计算速度达每秒 12.54 亿亿次，持续计算速度每秒 9.3 亿亿次，性能功耗比为每瓦 60.51 亿次，3 项关键指标均排名世界第一，这标志着我国超级计算机研制能力已达到世界领先水平。

同日　江苏首家"苏字号"民营大型投资公司——江苏民营投资控股有限公司（简称"苏民投"）在无锡揭牌。苏民投由江苏省工商联、无锡市政府协调推动，沙钢集团、协鑫集团、红豆集团联合省内知名民企发起设立，是目前国内规模最大的省级投资公司，首期注册资本 86 亿元。

6 月 22 日　江苏省政府与国家电网公司小城镇（中心村）电网改造升级工程签约仪式在南京举行。根据协议，省电力公司将用 2 年时间完成经营区内全部 794 个小城镇（中心村）电网改造升级任务，总投资达 18.33 亿元。

6 月 27 日　国家工商总局发布 2014—2015 年度国家级"守合同重信用"企业，全国共 6023 家，其中江苏上榜企业 654 家，占 10.86%，江苏入围企业数量连续三届居全国第一。

同日　南京市出台《关于加快推进公租房货币化保障的实施意见》，在全国首创将住房保障政策覆盖至中低收入住房困难家庭、新就业人员和外来务工人员。

7 月 1 日　江苏省庆祝中国共产党成立 95 周年大会在南京举行。会议表彰全省 51 名优秀共产党员、50 名优秀党务工作者和 50 个先进基层党组织。

同日　国务院办公厅印发《关于批准南通市城市总体规划的通知》。国务院原则同意《南通市城市总体规划（2011—2020 年）》。根据《通知》，南通的城市定位是：长三角北翼经济中心、现代化港口城市和国家历史文化名城。《通知》对南通未来城市发展提出六项要求，分别是：重视城乡区域统筹发展、合理控制城市规模、完善城市基础设施体系、建设资源节约型和环境友好型城市、创造优良的人居环境、重视历史文化和风貌特色保护。《总体规划》确定在1770平方公里的城市规划区范围内，实行城乡统一规划管理。到2020年，中心城区常住人口控制在215万人以内，城市建设用地控制在254.3平方公里以内。

同日　省十二届人大常委会第二十次会议审议通过《江苏省社会保险基金监督条例》，即日起施行。《条例》第21条规定"财政部门应当建立健全社会保险基金保值增值管理机制"。

7月3日　国务院印发《关于南京市城市总体规划的批复》。国务院原则同意《南京市城市总体规划（2011—2020年）》。根据《批复》，南京的城市定位是：江苏省省会，东部地区重要的中心城市，国家历史文化名城，全国重要的科研教育基地和综合交通枢纽。

7月5日　长江南京以下12.5米深水航道二期工程实现初通阶段性目标，12.5米深水航道初步贯通至南京，对船舶试行开放，南京至长江出海口可全程通航5万吨级及以上船舶。

7月7日　经国务院批准，省政府调整淮安市部分行政区划：撤销淮安市清河区、清浦区，设立淮安市清江浦区，以原清河区、清浦区的行政区域为清江浦区的行政区域，清江浦区人民政府驻城南乡淮海南路268号；撤销洪泽县，设立淮安市洪泽区，以原洪泽县的行政区域为洪泽区的行政区域，洪泽区人民政府驻高良涧街道东九道26号。

7月8日　由省政府主办的第六届江苏书展在扬州国展中心举行。本届书展以"悦读成就最美的自己"为主题。主展场设在扬州国展中心，在南京、苏州、南通、镇江、泰州设立分展场。主展场参展出版发行单位 380 多家，出版物品种 12 万多种；参展文创和动漫单位 130 多家，文创和动漫产品 1000 多种。主展场共举办阅读推广活动 200 多场，进场人次 28.1 万，总销售额 2084.8 万元。

7 月 15 日　中央第三环境保护督察组对江苏开展环境保护督察。其间，先后听取江苏省委、省政府工作情况汇报，调阅 14 批 7000 多份资料，与 25 名省级领导进行个别谈话，走访 10 个省级部门，赴 11 个市开展下沉督察和补充督察。全省对督察组交办的 2451 件环境信访问题，即查即办，立行立改，办结率 100%。

7 月 26 日　国务院印发《关于苏州市城市总体规划的批复》。国务院原则同意《苏州市城市总体规划（2011—2020 年）》。根据《批复》，苏州的城市定位是：国家历史文化名城和风景旅游城市，国家高新技术产业基地，长江三角洲重要的中心城市之一。

7 月 29 日　省委、省政府召开全省科技创新大会，认真学习贯彻习近平总书记在全国科技创新大会、两院院士大会和中国科协第九次全国代表大会上的重要讲话精神，落实国家创新驱动发展战略纲要，就深入践行新发展理念、大力推动科技创新进行部署。

8 月 3 日　国家旅游局召开新闻发布会，新批准 6 家 AAAAA 级景区，其中江苏有 2 家，分别是徐州云龙湖景区、连云港花果山景区。至此，全省共有 22 家 AAAAA 级景区，总数量居全国第一。

8 月 8 日　本月起江苏在全国率先全面推行省级预算单位公务卡，以满足单位大额开支的需要，进一步提高公务支出透明度。

8 月 16 日　淮南—南京—上海 1000 千伏特高压交流输变电工程苏通 GIL 综合管廊工程开工。苏通 GIL 综合管廊工程是世界上首次在重要输电通道中采用特高压 GIL，管线单相长度达 5.8 千米，两回 6 相总长约 35 千米，是目前世界上电压等级最高、输送容量最大、技术水平最高的超长距离 GIL 创新工程。

8月23日 国家重大水利工程、江苏省单项投资最大的水利项目——新孟河延伸拓浚工程启动建设。该工程延伸拓浚河道116.47千米，工程概算总投资134.62亿元。

8月25日 我国首列中亚班列"中亚国际专列（南通—阿富汗·海拉顿）"正式开通。"中亚国际专列（南通—阿富汗·海拉顿）"项目由海门工业园区管委会和江苏勤耕实业有限公司合作共建，全线约7000千米，其中我国境内4510千米。

同日 全国工商联发布2016中国民营企业500强榜单，江苏94家企业入围，比上届增加3家，入围企业数居全国前列。

8月29日 江苏全光网省发布暨江苏产业互联网联盟成立大会在南京举行。截至7月，江苏已达到全光网省建设水平，全省电信宽带用户平均速率34兆，达到国际领先水平。

9月2日 全省个体工商户"两证合一"（营业执照、税务登记证合并）改革启动仪式在靖江举行。靖江安儿祺服装店的店主刘珊成为领取全省首份"两证合一"执照的个体户。这也是全国首份加载统一社会信用代码的"两证合一"个体工商户执照。

9月6日 经省政府同意，省级各部门公布3张清单，分别是行政许可中介服务事项清单、随机抽查事项清单、公共服务事项目录清单。行政许可中介服务事项精简60.7%。

同日 全国"互联网＋"现代农业工作会议暨新农民创业创新大会在苏州召开。中共中央政治局委员、国务院副总理汪洋出席会议并讲话。

9月10日 首座世界轮滑博物馆在南京正式开馆。

9月11日 淮南—南京—上海1000千伏特高压输变电工程中的东吴变电站主变系统投入运行。东吴变电站是目前全球在建规模最大、变电容量最高、供电能力最强的1000千伏特高压交流变电站。

9月12日　省委首次学习报告会在省委党校举行。省委决定，每两个月举办一次学习报告会，围绕学习贯彻中央治国理政新理念新思想新战略和重大决策部署，结合省委中心工作和阶段性重点任务，邀请专家学者作辅导报告。

同日　江苏省党政代表团赴陕西省，就贯彻落实习近平总书记在东西部扶贫协作座谈会上的重要讲话精神，进一步深化苏陕经济合作推进"一带一路"建设，实现优势互补共同提升发展水平进行学习考察。

9月14日　省委、省政府召开深入推进法治江苏建设暨政法队伍建设工作会议。大会提出，"要努力让法治成为江苏发展核心竞争力的重要标志，成为维护社会公平正义、保证人民安居乐业的重要屏障"，"要把政法队伍建设放到突出位置来抓，全面推进思想、作风、能力建设，为履行好党和人民赋予的职责使命提供有力保障"。会议表彰全省法治城市创建工作先进单位和法治建设示范县（市、区）。

同日　中办、国办联合发布《关于省以下环保机构监测监察执法垂直管理制度改革试点工作的指导意见》。江苏成为12个试点省份之一。

9月18日　江苏省党政代表团赴上海、浙江，就学习借鉴改革创新经验深化区域合作，抓住机遇促进长三角地区一体化发展学习考察。考察期间，上海市、浙江省两地领导先后与江苏省党政代表团举行座谈。

9月22日　江苏－维多利亚州（澳大利亚）社区服务交流会、江苏－维多利亚州城市合作联盟对话会、江苏－维多利亚州第16次联合经济委员会会议分别在南京举行。

同日　省委、省政府、省军区在海安召开角斜"红旗民兵团"

命名 50 周年暨推进民兵转型建设会议。

9 月 23 日 由省政府主办的第 18 届江苏农业国际合作洽谈会在连云港举办。来自 50 多个国家和地区的 600 多位境外来宾参加，1000 多家境内外企业参展，设有 760 多个展位。洽谈会共签约合作项目 228 个，其中投资合作项目 110 个，协议外资 19.1 亿美元。

9 月 25 日 世界手工艺理事会在伊朗授予东海县"世界水晶之都"铭牌，标志着东海县作为"水晶之都"的定位得到国际权威机构认证，并正式迈上世界级台阶。

9 月 26 日 省十二届人大常委会第二十五次会议在南京举行。会议表决通过《江苏省湿地保护条例》《江苏省核事故预防和应急管理条例》《江苏省实施〈中华人民共和国村民委员会组织法〉办法》，表决通过《江苏省人民代表大会常务委员会关于批准江苏省 2016 年省级预算调整方案的决议》《江苏省人民代表大会常务委员会关于确定淮安市清江浦区人民代表大会代表名额和常务委员会组成人员名额的决定》《江苏省第十二届人民代表大会常务委员会代表资格审查委员会关于个别代表的代表资格的报告》。

9 月 28 日 首届国家中小企业发展基金高峰论坛暨国家中小企业发展基金子基金成立揭牌仪式在南京举行。

9 月 30 日 省委、省政府召开全省旅游业发展大会。会议强调，要把握旅游业发展新趋势，突出特色、推动创新、开放合作、激发活力，加快旅游强省建设，构建大旅游发展格局，把江苏打造成国内领先的旅游强省、国际著名的旅游目的地，充分发挥旅游业在全省发展大局中的重要作用。

10 月 1 日 江苏在全面实施工商营业执照、组织机构代码证、税务登记证"三证合一"的基础上，整合社会保险登记证和统计登记证，正式实施"多证合一、一照一码"。

10月9日 江苏、安徽两省在南京举行经济社会发展座谈会。

10月11日 住房和城乡建设部公布第一批中国特色小镇名单，江苏省南京市高淳区桠溪镇、宜兴市丁蜀镇、邳州市碾庄镇、苏州市吴中区甪直镇、苏州市吴江区震泽镇、东台市安丰镇、泰州市姜堰区溱潼镇等7镇入选。

10月14日 青海省党政代表团到江苏考察访问。江苏、青海两省在南京举行座谈会。

10月16日 江苏省政府与阿里巴巴集团、蚂蚁金服集团在南京分别签署战略合作框架协议。双方将深入实施51个具体合作项目，共同推动产业转型升级、共同打造金融服务平台、共同推动电子商务合作发展、共同推进互联网政务服务能力提升、共同营造创新创业良好环境、共同推动互联网领域创新应用。

同日 全国脱贫攻坚奖表彰大会在北京召开。江苏省镇江市人大常委会原副主任，镇江农科所原所长、党委书记赵亚夫同志被授予"全国脱贫攻坚奖（贡献奖）"；苏宁集团董事长张近东同志被授予"全国脱贫攻坚奖（奉献奖）"；江苏省滨海县扶贫工作领导小组办公室被授予"全国扶贫系统先进集体"称号；江苏省泗阳县农村扶贫工作领导小组办公室主任张佳胜同志被授予"全国扶贫系统先进工作者"称号。

10月17日 江苏省脱贫攻坚先进典型表彰会在南京召开。王卓等10名同志被授予全省"脱贫致富奖"，王强众等17名同志被授予全省"扶贫济困奖"。

同日 省委、省政府召开全省推动长江经济带发展工作座谈会。会议认真贯彻习近平总书记在推动长江经济带发展座谈会上的重要讲话精神，根据党中央、国务院《长江经济带发展规划纲要》，对江苏积极参与和推动长江经济带发展进行专题部署。

10 月 21 日　健康医疗大数据应用及产业园建设国家试点启动推进会在北京和江苏、福建同步举行，江苏省南京市、常州市成为国家试点地区。

同日　首架 P750 飞机在常州高新区航空产业园的北京通航常州基地举行下线仪式。这标志着 P750 飞机首次实现"中国造"，填补了国内涡桨固定翼飞机制造的空白。

同日　由江苏省政府和中华全国供销合作总社主办的 2016 海峡两岸（江苏）名优农产品展销会在镇江市举行。

10 月 22 日　第六届江苏 – 澳门·葡语国家工商峰会在澳门开幕，来自江苏、澳门和全球葡语国家近 400 名工商界人士参加。在峰会上，签署《关于苏澳互派公务人员交流学习协议书》，举办江苏 –澳门·葡语国家基础设施建设高层圆桌会议、江苏 – 澳门·葡语国家城市联盟工作推进会、苏风艺品——澳门国际文化艺术品展览会、江苏大闸蟹（澳门）推介会等一系列活动。

10 月 28 日　省委召开常委（扩大）会议，传达学习党的十八届六中全会精神。会议强调，全省各级党组织和广大党员要在以习近平同志为核心的党中央领导下，学习宣传好、贯彻落实好六中全会精神，不断开创江苏改革发展和全面从严治党新局面。

同日　江苏省政府、科技部、国家卫生计生委、国家食品药品监管总局、国家中医药管理局共同推进泰州医药高新区建设联席会议第五次会议在泰州召开。

同日　中科院院士、南京工业大学校长黄维教授当选俄罗斯科学院外籍院士。这是江苏首位获此荣誉的科学家。

10 月 29 日　第四届中国"淘宝村"高峰论坛在沭阳县举行。由阿里集团组织发起的中国"淘宝村"高峰论坛，是全国最具影响力的农村电子商务盛会。

10 月 30 日　2016 年"国际能源变革论坛"在苏州开幕。本届论坛由国家能源局、江苏省政府、国际可再生能源署联合主办,以"能源转型中的协调发展"为主题。

同日　无锡国家传感网创新示范区部际建设协调领导小组第四次会议在无锡召开。会议听取无锡国家传感网创新示范区建设情况报告,领导小组各成员单位就促进示范区发展的政策措施进行深入研究。

同日　江苏省"紫峰奖"(台资企业)颁奖典礼在南京举行。"紫峰奖"是经国家批准,由江苏省政府专门设立,授予江苏省内台资企业的最高奖项,也是大陆各省(区、市)中首个面向台资企业的表彰奖项。"紫峰奖"设立五大类别奖项,分别是:出口贸易领军企业、纳税贡献领军企业、现代服务业领军企业、成长型企业和青年创业企业。64 家台资企业成为"紫峰奖"得主。

11 月 1 日　江苏省政府与中国移动通信集团公司在南京签署共同推进江苏物联网发展专项战略合作协议。根据协议,双方将在加快构建物联网基础设施、全面推动物联网产业发展、打造特色示范应用等方面展开合作。

11 月 2 日　泰州市建设金融支持产业转型升级改革创新试验区获国务院批准。这是全国第一个以金融改革推动实体经济产业转型为方向的创新试验区。

11 月 3 日　由国家能源局、中国贸促会、中国能源研究会和江苏省政府主办的第八届中国(无锡)国际新能源大会在无锡开幕。本届展会以"新能源:创新、跨界、互联"为主题,高端论坛和专业展览相结合,集中展示光伏工程及系统、新能源汽车等新能源领域的新技术和新产品,吸引近 300 家知名企业参展。

11 月 5 日　连云港至徐州高速铁路开工建设。这是江苏"十三五"

开工建设的首个重大铁路项目，也是以江苏省投资为主建设的首条时速350千米的高速铁路。项目正线全长180千米，总投资281.7亿元，建设工期3年半。

11月8日 首届中国－中东欧国家创新合作大会在南京开幕。大会发布《中国－中东欧国家创新合作南京宣言》，中国和中东欧16国代表共同为"中国－中东欧国家虚拟技术转移中心"揭牌。本届大会以"一带一路"开放创新、"互联互通"长效合作为主题。

11月10日 全国"两权"抵押贷款试点现场会议在泗洪县举行。

11月11日 省委、省政府召开全省深化行政审批制度改革加快简政放权激发市场活力推进会。

11月12日 全省相对集中行政许可权改革第二批试点启动，涉及7个设区市、1个国家级新区，其中，苏州、无锡、泰州、淮安在全市范围改革，常州、镇江、徐州各选取1个县（市、区）先行先试，江北新区在南京率先探索。

11月15日 中央第三环境保护督察组向江苏省委、省政府进行反馈，中央环境保护督察组组长吴新雄在情况反馈会上通报督察意见。

11月16日 省政府与华为技术有限公司在南京签署战略合作协议。双方就推进云计算、物联网、大数据、智能制造、智慧城市等新技术、新应用在江苏落地并推动相关产业发展，达成深层次战略合作。

11月18日 中共江苏省第十三次代表大会在南京召开。大会全面总结省第十二次党代会以来取得的重大成就和宝贵经验，深刻分析面临的形势和机遇挑战，明确了今后五年的总体要求、奋斗目标和主要任务。省委书记向大会作了题为《聚力创新、聚焦富民，高水平全面建成小康社会》的报告。会议强调，今后五年要在以习近平同志为核心的党中央坚强领导下，高举中国特色社会主义伟大旗帜，以邓小平理论、"三个代表"重要思想、科学发展观为指导，深入贯彻习近平总书记系列重要讲话精神，紧紧围绕"五位一体"总体布局和"四个全面"战略布局，践行创新、协调、绿色、开放、共享的发展理念，牢记"两个率先"光荣使命，积极引领经济发展新常态，以供给侧结构性改革为主线，深入实施七大发展战略，聚力创新，聚焦富民，推动各项事业发展和全面从严治党迈上新台阶，高水平全面建成小康社会，努力建设经济强、百姓富、环境美、社会文明程度高的新江苏。

同日　国务院复函江苏省政府，同意将高邮市列为国家历史文化名城。这是继 2015 年常州获批后，江苏的第 13 座国家历史文化名城。

11 月 22 日　省委、省政府联合印发《关于深化行政审批制度改革加快简政放权激发市场活力的意见》。《意见》提出，建立阳光高效的审批体制，创造透明便利的营商环境；建立简约便捷的公共服务模式，打造便利创业创新的政务环境；建立综合有效的监管执法体系，营造公平有序的市场环境。

11 月 24 日　由江苏省政府与文化部合作共建的荷兰海牙中国文化中心举行揭牌仪式并正式运营，这是全国第二家由文化部与地方政府合作共建并投入运营的海外中国文化中心。

11 月 25 日　环保部、商务部和科技部批准连云港经济技术开发区、淮安经济技术开发区为国家生态工业示范园区。

11 月 28 日　全国推进"互联网＋"政务服务工作现场会在南京召开。

12 月 2 日　由江苏省未来网络创新研究院牵头，清华大学、中国科学技术大学、深圳电信研究院共同申报的未来网络试验设施（CENI）重大科技基础设施项目，获国家发展改革委正式立项批复。

该项目总投资 16.7 亿元，其中国家拨款 9 亿元，建设期 5 年。该项目是我国在通信领域唯一的国家重大科技基础设施项目，是落地江苏的首个国家重大科技基础设施项目。

12 月 5 日　昆山深化两岸产业合作试验区部省际联席会议第四次会议在北京召开。会议明确在推动两岸产业合作、两岸金融创新合作、贸易便利化、两岸民间交流合作等四个方面给予支持，赋予昆山在设立两岸产业合作基金、台资中小科创企业的投贷联动业务等方面的先行先试权。

12 月 6 日　以"让制造更聪明"为主题的世界智能制造大会在南京举行。大会由工业和信息化部、江苏省政府共同主办，是一次全球智能制造领域的大规模、国际性交流研讨的盛会。本次大会涵盖 1 个高峰论坛、8 个专题论坛、1 个展览会和 8 个专项活动，共吸引全球近 20 个国家和地区的近 4000 位嘉宾和近 300 家企业参会参展。

12 月 9 日　省委、省政府召开"两减六治三提升"专项行动动员会。"两减"，即以减少煤炭消费总量和减少落后化工产能为重点，调整江苏长期以来形成的煤炭型能源结构、重化型产业结构，从源头上为生态环境减负。"六治"，即针对当前江苏生态文明建设问题最突出、与群众生活联系最紧密、百姓反映最强烈的六方面问题，重点治理太湖水环境、生活垃圾、黑臭水体、畜禽养殖污染、挥发性有机物污染和环境隐患。"三提升"，则是提升生态保护水平、提升环境经济政策调控水平、提升环境监管执法水平，为生态文明建设提供坚实保障。

12 月 10 日　《中国区域创新能力报告 2016》在北京发布，江苏连续八年蝉联"全国创新能力最强地区"。

同日　在北京举行的第四届"中国法治政府奖"终评评审暨颁奖典礼上，张家港市的"社区协商——基层治理法治化的新探索"项目获"中国法治政府奖",这是本届江苏唯一获奖项目。

12月11日　全国农商银行联盟组织评估的"2016年农商银行综合影响力30强排行榜"发布,江苏有9家农商银行入选,是全国入选数量最多的省份。江苏入选银行分别是:张家港农商银行、常熟农商银行、江阴农商银行、无锡农商银行、昆山农商银行、紫金农商银行、吴江农商银行、江南农商银行和滨海农商银行。其中,张家港农商银行综合影响力排名第五位,在全国县级农商银行中排名首位。

12月18日　南京国家现代农业产业科技创新示范园区获农业部批准,成为全国首家国家级农业科创中心。

12月20日　省科技厅发布《2015年度全省高新技术产业开发区创新驱动发展综合评价情况的通报》。这是江苏省首次对全省高新区创新驱动发展进行综合评价,也是在全国各省市中首次开展的高新区创新驱动发展综合评价。评价结果显示,全省高新园区以占全省3.8%的土地面积,创造了全省21%的地区生产总值、28%的工业总产值和36.6%的出口总额,集聚全省33%的高新技术企业,实现高新技术产业产值18298.5亿元,占规模以上工业产值比重达56.4%,高于全省16.3个百分点。

同日　我国单位容量最大、离岸距离最远、电压等级最高、海况最复杂的海上风电项目——鲁能江苏东台200兆瓦海上风电项目成功并网发电。

12月21日　2016"质量之光"年度质量典礼在北京人民大会堂举行。南通市获评年度质量魅力城市,成为全国10个获奖城市之一,也是江苏省此次唯一获此殊荣的城市。

12月27日　常州中非国际合作产业园启动建设,这是全省首家与非洲合作的国际产业园区。

12月29日　省委、省政府印发《关于聚焦富民持续提高城乡居民收入水平的若干意见》。《意见》提出，城乡居民收入增长与经济增长保持同步，劳动报酬增长和劳动生产率提高保持同步，到2020年城乡居民人均可支配收入比2010年翻一番，居民收入在地区生产总值中的比重逐步提高。收入分配格局进一步优化，城乡之间、区域之间、不同群体之间收入差距逐步缩小，中等收入者比重上升，低收入者收入明显增加。农村居民收入增幅高于城镇居民收入增幅，人均年收入6000元以下的农村低收入人口全部脱贫，共建共享的格局基本形成。

同日　以"新江苏、新台阶、新贡献"为主题的2016民营资本投资江苏大会在南京举行。会上，举行民营资本投资江苏重大项目集中签约仪式，来自全国各地的民营企业与江苏各设区市签订总额约2500亿元的投资合作协议。

12月30日　省委全面深化改革领导小组第十九次会议召开，深入学习贯彻习近平总书记在中央深改组会议上的重要讲话精神，研究部署全省一系列改革方案。

同日　国家林业局批准兴化里下河湿地公园开展国家湿地公园试点建设。规划建成后的里下河湿地公园，湿地保护率可达87.75%，将成为我国淮河下游以沼泽湿地保护为特色的示范性国家湿地公园。

二○一七年

1月1日 即日起，省内符合条件的三类人员可申请办理异地就医联网结算。按照规定，省内异地就医联网结算的服务对象有三种：异地安置退休人员；异地长期居住或长驻异地工作、学习连续时间在6个月以上人员；因病经参保地定点医疗机构诊断需转异地医疗机构诊治的人员。这意味着，全省13个设区市、84个职工医保统筹区实现异地就医联网结算，2429万参保职工可以省内异地刷卡看病。

同日 南京开始实施一级公立医院医药价格综合改革，在全国率先对所有等级的公立医院全部实行药品零差价。217家医院（一级医院29家、未定级188家）所有药品零差价销售，取消药品加成，实施医疗服务价格调整。

1月3日 《江苏省土壤污染防治工作方案》公布。按照《方案》要求，到2020年，全省土壤环境质量总体保持稳定，农用地和建设用地土壤环境安全得到基本保障，土壤环境风险得到基本管控；到2030年，全省土壤环境质量稳中向好，农用地和建设用地土壤环境安全得到有效保障，土壤环境风险得到全面管控；到本世纪中叶，土壤环境质量全面改善，生态系统实现良性循环。

1月4日 省政府出台《关于整合城乡居民基本医疗保险制度的实施意见》，整合城镇居民医保和新型农村合作医疗两项制度，实行覆盖范围、筹资政策、保障待遇、医保目录、定点管理和基金管理"六个统一"，统一后由人力资源和社会保障部门承担行政管理职能。

同日　南京市高淳区、无锡市滨湖区、沛县等 16 个县（市、区）被农业部认定为第三批全国农村集体"三资"（农村集体资金、农村集体资产和农村集体资源）管理示范县。至此，江苏省示范县数量已达 38 个。江苏省示范县新增数和累计数均居全国首位。

1 月 11 日　省委、省政府召开全省农村工作会议，深入学习习近平总书记关于推进农业供给侧结构性改革的重要指示，贯彻落实中央农村工作会议精神，围绕省第十三次党代会部署要求，谋划部署今年和今后一个时期推进农业供给侧结构性改革、提高农业农村发展水平的重点任务和主要举措。

1 月 13 日　省委办公厅、省政府办公厅印发《关于完善农村土地所有权承包权经营权分置办法的实施意见》。《意见》指出，确认"三权"权利主体，明确权利归属，稳定土地承包关系，才能确保"三权分置"得以确立和稳步实施。作为继家庭联产承包责任制后农村改革又一重大制度创新，"三权分置"对坚持土地集体所有权根本地位、严格保护农户承包权、加快放活土地经营权作出具体规定，意义深远。

1 月 17 日　省十二届人大常委会第二十八次会议在南京举行。会议表决通过《江苏省民用航空条例》《江苏省实施〈中华人民共和国农业技术推广法〉办法》，批准了南京等市人大常委会报批的 4 件法规。

1 月 24 日　"江苏 12345 在线"服务平台正式上线运行。这是国内首家省、市、县全面覆盖，统一联动的在线服务平台。

2 月 10 日　全省东西部扶贫协作工作会议在南京举行。

2 月 13 日　泰州市姜堰区在全国首创在全区各村（居）党组织全面推广设立生态文明委员，在全区村（居）委员会设立环境保护委员，全力推进生态乡镇、优美村庄建设。

2 月 28 日　省政府召开新闻发布会，向社会公布《关于建立对失信被执行人联合惩戒机制的实施意见》。《意见》由省内 55 个部门和单位联合参与实施，惩戒措施达 68 项，对失信被执行人的惩戒将由单个部门在单一领域的惩戒变为由多个部门在多个领域共同惩戒，发挥信用监督、警示和惩戒作用，建设诚信江苏，让失信者"一处失信，处处受限"。

3 月 3 日　省政府出台《关于统筹推进城乡义务教育一体化促进优质均衡发展的若干意见》，明确了城乡义务教育一体化的"任务书"和"线路图"。

3 月 6 日　晋北—江苏 ±800 千伏特高压直流输变电工程江苏段线路验收现场，国网江苏省电力公司创造了一项"世界第一"——在国际上首次使用具有完全自主知识产权的电网异物激光清除器成功处置了特高压线路异物挂线隐患。

3 月 7 日　国务院办公厅印发《东北地区与东部地区部分省市对口合作工作方案》，组织东北地区与东部地区部分省市建立对口合作机制。《方案》明确，辽宁对口江苏。这是继对口支援新疆、西藏，与陕西、青海、贵州开展扶贫协作之后，中央在深化区域合作、促进协调发展方面交给江苏的又一项重要任务。

3 月 31 日　省委、省政府召开全省基础设施建设推进会。会议强调，要着眼于补齐短板、增创未来发展优势，把握新阶段基础设施建设的新要求，加快推进全省基础设施建设，为高水平全面建成小康社会提供有力支撑。

5 月 9 日　国务院印发《开展基层政务公开标准化规范化试点工作方案》，将南京市建邺区、无锡市滨湖区、徐州市新沂市、常州市天宁区、苏州工业园区、南通市如皋市、宿迁市沭阳县纳入国家试点地区。

5 月 16 日　省政府正式批复南通建设上海大都市北翼门户城市的总体方案。省政府要求南通聚力建设"三港三城三基地"，加快打造集"生态屏障、产业腹地、创新之都、文化名城"等功能于一体的上海"北大门"，构建上海与苏中苏北发展的重要传导区、示范区。

5 月 20 日　以"约在江苏，共筑梦想"为主题的首届江苏发展大会在江苏大剧院隆重开幕，1200 多位海内外知名江苏人齐聚南京共襄盛会。

6 月 4 日　23 点 25 分，随着最后一组 1000 千伏交流滤波器投切试验结束，内蒙古锡盟—江苏泰州 ±800 千伏特高压直流输电工程泰州换流站 1000 千伏交流系统调试成功，正式启动投运。泰州站是世界上首个千万千瓦级分层接入 1000 千伏及 500 千伏交流电网的特高压交直流深度融合变电站。

6 月 5 日　省政府办公厅印发《关于全省推行不见面审批（服务）改革实施方案》《关于全省推行企业投资项目多评合一的指导意见》《关于全省推行施工图多图联审的指导意见》和《关于全省推行不动产登记一窗受理集成服务工作的指导意见》4 个文件，将充分运用"互联网 + 政务服务"和大数据技术，全面实现不动产登记全业务、全过程"一窗受理、集成服务"。

6 月 17 日　全省 13 个设区市、96 个县（市、区）均出台"不见面审批"改革方案和首批"不见面审批（服务）"事项清单。至此，全省"不见面审批"改革方案和"不见面审批（服务）"清单（第一批）实现全省全覆盖。

7 月 13 日　江苏省首批"不见面审批（服务）"事项清单在江苏政务服务网正式公布。事项清单涵盖 65 个省级部门和 13 个设区市梳理出的 11458 项审批服务事项。

7 月 17 日　全面推行河长制工作电视电话会议在南京召开。会议贯彻党中央、国务院和省委、省政府关于全面推行河长制的重大决策，推动全省河长制工作任务全面落实，切实提升全省河湖管理保护水平。

7月20日　南京成为国家住房租赁十个试点城市之一。

7月31日　农业部网站公布首批10个农业对外开放合作试验区建设试点名单，其中，连云港农业对外开放合作试验区榜上有名，成为江苏省首个农业对外开放合作试验区。

8月4日　全国首张具有唯一身份识别条形码的"先证后核"工业产品生产许可证在无锡发出，刚创办两个月的无锡喜欧电动车有限公司顺利拿到助力车生产许可证。江苏是国务院确定的工业产品生产许可证试行简化程序改革试点省份，"先证后核"已覆盖全省。

8月14日　省政府印发《关于切实减轻企业负担的意见》，就完善营改增税收政策、规范中介和协会收费、减少省级涉企收费、加大对企业职工培训补贴力度、加大引才奖补力度等方面明确了17条政策措施。

8月16日　省政府办公厅印发《江苏省排污权有偿使用和交易管理暂行办法》，明确化学需氧量、氨氮、总磷、总氮、二氧化硫、氮氧化物、挥发性有机物等主要污染排放物将实行有偿使用和交易。

8月25日　连徐高铁连云港段开钻仪式暨全面施工动员大会在连云港举行。这标志着连徐高铁进入实质性施工阶段。

同日　省政府召开基层政务公开标准化规范化试点工作推进会，同步出台《省政府办公厅关于开展基层政务公开标准化规范化试点工作的实施意见》。

同日　省政府出台《省政府关于全面放开养老服务市场提升养老服务质量的实施意见》。《意见》针对解决制约江苏省养老服务业发展的瓶颈性问题提出突破性举措，明确促进养老机构连锁化，养老机构设立申请须 5 个工作日内答复；到 2020 年政府运营的养老床位数占比须降至 30%；打造"省级健康养老服务业集聚区"，培育产业"航母"。

9月4日　江苏省党政代表团到新疆，就深入贯彻习近平总书记关于新疆工作重要指示和中央第二次新疆工作座谈会精神，全面落实第六次全国对口支援新疆工作会议部署，做好新一轮对口援疆工作和两省区合作发展进行考察交流。

9月8日　全省 17 个内河航道水上服务区岸电互联互通工程全部建成投运，标志着江苏省在全国率先实现内河岸电系统互联互通。

9月15日　南京空港大通关基地项目在溧水开工建设，这是继首都机场大通关基地之后，我国建设的第二座大通关基地，已有 30 多家高端航空制造、医药冷链、数码产品进出口、航空物流及跨境电商企业签约进驻。

同日　在东台市行政服务中心自助服务终端前，东台荣腾手套有限公司法人代表拿到自助打印的营业执照。这是江苏省首张通过工商自助办照系统"出炉"的营业执照。

同日　经国家质检总局考核验收并正式批准，江苏新增 3 个国家级出口食品农产品质量安全示范区，分别为泰州市国家级出口食品农产品质量安全示范区、沭阳县国家级出口食品农产品质量安全示范区和灌南县国家级出口食品农产品质量安全示范区。

9月19日　国内首家养老资源交易机构在南京成立，江苏养老资源交易网当天同步上线。

同日　拉萨市党政代表团来江苏访问考察，并举行合作项目协议集中签约仪式。

9月25日　截至当日，江苏所有省级河长全部完成首轮巡河。

9月28日　中央推进长江经济带建设领导小组办公室批复同意

《江苏泰州大健康产业集聚发展试点方案》。

9月30日 10时45分，内蒙古锡盟—江苏泰州 ±800千伏特高压直流输电工程圆满完成168小时试运行。其间，电网运行平稳，特高压设备运行正常。这标志着锡泰特高压直流工程江苏段投运，江苏由此初步形成了"一交三直"特高压交直流混联电网格局。

10月9日 《江苏省生态河湖行动计划（2017—2020年）》正式印发实施，标志着江苏正式在全省全面实施生态河湖行动。

同日 全国脱贫攻坚奖表彰大会暨脱贫攻坚先进事迹报告会在北京举行。扬州市江都区郭村镇张倪村党总支副书记、江苏万顺机电集团有限公司董事长、中国扶贫志愿服务促进会全国贫困村结对帮扶行动工作组副组长周善红获"全国脱贫攻坚奖（创新奖）"。

10月16日 全省脱贫致富先进典型表彰电视电话会议召开，对刘尊龙等10位全省"脱贫致富奖"获得者、王进等13位全省"扶贫济困奖"获得者进行了表彰。

同日 南京紫金山天文台宣布，我国南极巡天望远镜追踪探测到首例引力波事件光学信号，暗物质关键技术指标世界领先。

11月10日 首届全国新农民新技术创业创新大会在苏州召开，中共中央政治局常委、国务院副总理汪洋出席并讲话。

11月13日 新一期全球超级计算机500强榜单发布，位于无锡的国家超算中心"神威·太湖之光"超级计算机连续第四次获得冠军。"神威·太湖之光"以每秒9.3亿亿次的浮点运算速度再次领跑TOP500榜单。

12月1日 由农业部和江苏省政府共同主办的中国江苏·现代农业科技大会在南京开幕。大会主题是"科技兴农、创新富民"。

同日 《江苏省传统村落保护办法》正式施行，江苏在全国率先以省政府规章形式对传统村落进行立法保护。

12 月 2 日　省第十二届人大常委会第三十三次会议通过《苏南国家自主创新示范区条例》。《条例》共 9 章 64 条，是我国第三个关于自主创新示范区的地方性法规，也是第一个以城市群为基本单元的自主创新示范区条例。

12 月 6 日　南京地铁 S3 号线（宁和城际）开通运营。S3 号线是国内首条在大型桥梁上与高铁并行跨江的地铁线路。

12 月 7 日　由工业和信息化部、中国工程院、中国科协和江苏省政府共同主办，以"聚·融·创·变"为主题的 2017 世界智能制造大会在南京举行。

同日　省发展改革委印发《泰州市里下河生态经济示范区发展规划》。这标志着"1+3"重点功能区战略实施以来，全省首个生态经济示范区发展规划获批。根据《规划》，泰州里下河生态经济示范区为兴化市全域，拓展区为姜堰区的 8 个乡镇，33 个乡镇被划定为限制开发区，8 个乡镇为重点开发区。

12 月 10 日　贵州省东西部扶贫协作考察团到江苏省考察交流。铜仁市与苏州市签署扶贫协作助推扶贫攻坚合作协议。

12 月 12 日　中共中央总书记、国家主席、中央军委主席习近平深入徐州市的企业、农村、革命纪念馆，就学习贯彻党的十九大精神和当前经济社会发展情况进行考察调研。12 日，习近平从北京到达徐州后，首先考察了徐工集团重型机械有限公司。他强调，国有企业是中国特色社会主义的重要物质基础和政治基础，是中国特色社会主义经济的"顶梁柱"。要按照党的十九大部署推动国有企业深化改革、提高经营管理水平，使国有企业成为贯彻新发展理念、全面深化改革的骨干力量，成为我们党执政兴国的重要支柱和依靠力量。习近平指出，必须始终高度重视发展壮大实体经济，抓实体经济一定要抓好制造业。装备制造业是制造业的脊梁，要加大投入、加强研发、加快发展，努力占领世界制高点、掌控技术话语权，使我国成为现代装备制造业大国。创新是企业核心竞争力的源泉，很多核心技术是求不到、买不来的。落实党的十九大关于推动经济发展质量变革、效率变革、动力变革的重大决策，实现中国制造向中国创造转变、中国速度向中国质量转变、中国产品向中国品牌转变，必须有信心、有耐心、有定力地抓好自主创新。国有企业要成为深化供给侧结构性改革的生力军，瞄准国际标准提高发展水平，促进我国产业迈向全球价值链中高端。习近平勉励徐工集团着眼世界前沿，努力探索创新发展的好模式、好经验。离开徐工集团，习近平乘车前往徐州市贾汪区潘安采煤塌陷区整治工程神农码头考察。他表示，资源枯竭地区经济转型发展是一篇大文章，实践证明这篇文章完全可以做好，关键是要贯彻新发展理念，坚定不移走生产发展、生活富裕、生态良好的文明发展道路。对采煤塌陷区整治的有益经验，要注意总结推广。之后，习近平又来到附近的潘安湖街道马庄村考察。他指出，农村基层党组织是农村各个组织和各项工作的领导核心，要强化农村基层党组织职能，把农村基层党组织建设成为宣传党的主张、贯彻党的决定、领导基层治理、团结动员群众、推动改革发展的坚强战斗堡垒。他叮嘱当地干部一定要把村务公开和信息服务这件事办好，真正做到让数据多跑路、让群众少跑腿。习近平指出，农村精神文明建设很重要，物质变精神、精神变物质是辩证法的观点，实施乡村振兴战略要物质文明和精神文明一起抓，特别要注重提升农民精神风貌。13 日下午，习近平来到徐州凤凰山东麓，瞻仰了淮海战役烈士纪念塔，参观了淮海战役纪念馆。他强调，我们缅怀革命先烈，为的是继承他们的遗志，发扬他们的精神，不忘初心、牢记使命，在他们用生命和鲜血开辟的道路上不懈奋斗、永远奋斗。习近平指出，淮海战役深刻启示我们，决定战争胜负的未必一定是武器和兵力，军队的战略战术运用、将士们的信心和勇气、人民的支持和帮助，往往是更为重要的因素。我们要传承好人民军队的红色基因，努力培养有灵魂、有本事、有血性、有品德的新时代革命军人，永葆人民军队性质、宗旨、本色。要继承和弘扬我们党和人民军队的光荣传统和历史经验，在坚持和发展中国特色社会主义道路上不断前进。

12月13日　中共中央、全国人大常委会、国务院、全国政协、中央军委在南京隆重举行南京大屠杀死难者国家公祭仪式，深切缅怀80年前惨遭侵华日军屠杀的死难同胞，宣示中国人民铭记历史、缅怀先烈、珍爱和平、开创未来的坚定立场，庄严表达走和平发展道路的崇高愿望。中共中央总书记、国家主席、中央军委主席习近平出席公祭仪式，参观"南京大屠杀史实展"，亲切会见南京大屠杀幸存者代表和为中国人民抗日战争胜利作出贡献的国际友人亲属代表。全国政协主席俞正声出席仪式并讲话。

同日　江苏省年度跨区跨省电力交易量突破1000亿千瓦时，达到1006亿千瓦时。其中，外购入电量953亿千瓦时，同比增长30%，送出、置换电量53亿千瓦时。

12月16日　长三角旅游合作第七次联席会议在安徽黄山召开，江苏、浙江、安徽、上海等三省一市共同签署《推进长三角区域旅游一体化发展2018年行动计划》。

同日　由连云港港口集团建造的亚洲最大的豪华客滚船"和谐云港"号投入使用。该船长196米、宽28.6米，总吨位3.4万吨，乘客定额1080人，将用于连云港至韩国仁川之间的海上运营。

12月19日　世界上电压等级最高、容量最大的江苏苏州南部电网500千伏统一潮流控制器科技示范工程投运，在全球首次实现500千伏电网电能流向的灵活、精准控制，最大可提升苏州电网电能消纳能力约130万千瓦。

12 月 24 日　江苏省正式印发《制造业"双创"平台培育三年行动计划》，推动深化制造业与互联网融合发展，激发制造业创新活力、发展潜力、转型动力。按照《计划》，到 2020 年末，江苏省将重点打造 10 个全国有较大影响力的制造业"双创"示范平台、40 个省内重点行业推广应用示范平台；重点行业骨干企业互联网"双创"平台普及率超过 90%。

同日　世界最大跨度公铁两用斜拉桥——沪通长江大桥 HTQ-1 标段桥面板全部吊装到位，全长 3.8 公里的公路层实现贯通。

12 月 27 日　江苏省河长制工作办公室召开发布会，宣布全省 13 个设区市全部通过全面建立河长制省级验收，江苏省全面建立河长制。2017 年以来，江苏省本级、13 个设区市、120 个县（市、区）、1339 个乡镇的河长制工作方案全部出台。全省落实省、市、县、乡、村五级河长共 66037 人，实现了全省河流河长全覆盖。

12 月 28 日　安徽宿州至江苏扬州的宿扬高速公路扬州段正式通车，至此，宿扬高速全线通车。宿扬高速全长 300.5 公里，其中安徽段长 169.7 公里，江苏段长 130.8 公里。

二○一八年

1月1日　《江苏省河道管理条例》正式施行。江苏在全国率先将"全面实行河长制"以立法形式予以确认。

同日　《江苏省人民代表大会常务委员会关于大气污染物和水污染物环境保护税适用税额的决定》正式施行。同时，自 2018 年 1 月 1 日起依法不再征收排污费。全省大气污染物税额标准：南京市为每污染当量 8.4 元，无锡市、常州市、苏州市、镇江市为每污染当量 6 元，徐州市、南通市、连云港市、淮安市、盐城市、扬州市、泰州市、宿迁市为每污染当量 4.8 元。水污染物税额标准：南京市为每污染当量 8.4 元，无锡市、常州市、苏州市、镇江市为每污染当量 7 元，徐州市、南通市、连云港市、淮安市、盐城市、扬州市、泰州市、宿迁市为每污染当量 5.6 元。

同日　即日起，全省城乡居民基本医疗保险筹资标准提高至每人每年不低于 720 元，其中个人缴费标准提高至每人每年不低于 210 元，各级财政补助标准提高至每人每年不低于 510 元。城乡居民医保政策范围内住院费用基金支付比例将稳定在 70% 左右。

1月3日　省内首家无障碍数字图书馆在南通上线。

1月4日　省政府办公厅发出《关于归集企业职工基本养老保险基金委托投资运营资金的通知》。省政府研究决定，省企业职工基本养老保险基金委托投资运营额 1000 亿元，采取保底收益方式委托投资，投资期限 5 年。

1月8日 国内最长最宽的水下隧道——苏锡常南部高速公路太湖隧道工程启动建设。

1月12日 长三角地区主要领导座谈会在苏州举行。会议期间，有关方面签署交通、能源、科技等10个专题合作协议，以及《关于共同推进长三角地区民航协同发展努力打造长三角世界级机场群合作协议》。

同日 全球首型深海原油中转船在启东出海，开启为期10天的试航之旅。该船由南通中远船务牵头研发设计制造，船长约90米、宽20米，具有全球通航能力。

1月13日 长三角区域大气污染防治协作小组第五次工作会议暨长三角区域水污染防治协作小组第二次工作会议在苏州召开。会议审议通过《长三角区域空气质量改善深化治理方案（2017—2020年）》《长三角区域水污染防治协作实施方案（2018—2020年）》和《长三角区域大气污染防治协作2018年工作重点》《长三角区域水污染防治协作2018年工作重点》。

1月16日 盐城至南通高铁正式开建。盐通铁路自徐宿淮盐铁路盐城站引出，向南经大丰区、东台市、海安县、如皋市，终点为在建的沪通铁路南通西站。新建正线全长156.6公里，采用双线高速铁路技术标准，设计时速350公里。项目建成后，将与徐宿淮盐铁路、沪通铁路等相连，构成京沪高铁通道徐州以南的重要分流通道。

1月19日 12时12分，"淮安号"恩来星卫星在甘肃酒泉卫星发射中心搭乘长征十一号运载火箭顺利发射升空。这颗卫星应用国内首创、国际领先的基于离轨帆技术的主动离轨装置，使之成为国内第一颗真正意义上的环保型微纳卫星、第一颗应用主动离轨制动装置的立方体卫星。

同日 全国首票由企业自行打印的《海关专用缴款书》在南京

产生。这标志着海关通关无纸化"最后一公里"被彻底打通，海关通关实现全部单证无纸化和全流程线上办理。

1月31日 江苏首个以省委、省政府名义对防灾减灾救灾进行专门部署的规范性、纲领性文件——《关于推进防灾减灾救灾体制机制改革的实施意见》出台，为推进江苏省防灾减灾救灾体制机制改革提供行动指南。

2月1日 江苏交通一卡通市、县全面互联互通开通仪式在南京举行，江苏成为全国交通一卡通互联互通应用范围最广、覆盖方式最全、受益人群最多、跨地域刷卡量最大的省份。

2月23日 打好污染防治攻坚战暨"263"专项行动推进会在南京召开。

2月24日 江苏省纪念周恩来诞辰120周年座谈会在南京举行。

2月27日 据《新华日报》报道，2017年江苏社会文明程度测评指数正式发布，全省社会文明程度测评指数为88.23，比2016年提高1.15。常州市、无锡市全域社会文明程度测评指数超过90，张家港市、溧阳市、丹阳市社会文明程度测评指数分列县（市）前三位。

2月28日 《南京市长江岸线保护办法》发布，在全国率先把长江岸线保护纳入法治化轨道。

3月1日 江苏设区市出台的首部水利工程综合管理方面的法规——《南通市水利工程管理条例》正式施行。

3月12日 省公安厅、省环境保护厅、省住房和城乡建设厅、省交通运输厅、省水利厅和江苏海事局等6部门共同下发行动方案，决定从即日起至2018年底，在南京、无锡、常州、苏州、南通、扬州、镇江、泰州沿江8市组织开展长江流域江苏段污染环境违法犯罪集中打击整治行动，严厉打击向长江水体非法排污、非法倾倒固体废物等犯罪行为。

3 月 21 日 江苏在长江以及太湖、涸湖、高邮湖、宝应湖、邵伯湖、洪泽湖、骆马湖等湖泊同步启动水生生物资源增殖放流活动。此次活动共放流各类淡水水生生物苗种超过 2000 万尾，其中大规格的四大家鱼、胭脂鱼、河豚等重要经济生物苗种和珍稀濒危物种 15 万尾。

3 月 26 日 省政府办公厅印发《江苏省第二次污染源普查实施方案》，江苏省第二次全国污染源普查工作全面启动。

3 月 27 日 省十三届人大常委会第二次会议在南京举行。会议分别表决通过《江苏省妇女权益保障条例》《关于修改〈江苏省实施宪法宣誓制度办法〉的决定》《关于修改〈江苏省大气污染防治条例〉等16件地方性法规的决定》，批准了南京等市报批的 4 件法规和修改废止法规的决定。其中，《江苏省妇女权益保障条例》在全国范围内首次将"共同育儿假"、妇女议事会制度、社会性别平等评估机制入法。

4 月 5 日 江苏省河长制工作领导小组印发《江苏省河长湖长履职办法》。《办法》明确，各级总河长是本行政区域内推行河长制、湖长制的第一责任人，负责辖区内河长制、湖长制的组织领导和推进工作。该《办法》适用于全省县级以上总河长和河长、湖长的履职。

4 月 8 日 省委、省政府召开全省农村工作会议，深入学习贯彻习近平总书记关于"三农"工作的系列重要讲话精神，贯彻落实中央农村工作会议精神，对全省实施乡村振兴战略作出全面部署。

4 月 12 日 全省集中式饮用水水源地环境保护专项行动正式启动，力争 2018 年 11 月底前完成县级及以上城市水源地环境保护专项整治，保障人民群众饮水安全。

4 月 13 日 根据中央环保督查和省委、省政府水环境治理工作部署，苏州市政府和省海洋与渔业局联合发布公告，决定拆除太湖苏州市行政区域内水域围网，收回养殖使用权。12月底前将太湖苏州市行政区域内水域的 3000 公顷围网全部拆除到位，并收回 3005 张养殖证，太湖围网养殖成为历史。

4 月 18 日　第 14 届江苏读书节启动仪式在南京举行。本届江苏读书节的主题是"共享阅读新时代"。江苏省全民阅读活动领导小组发布 2018 年向社会推荐的 12 本好书，表彰第三届江苏省"书香家庭"、"2017 江苏省书香企业建设示范点"、2017 年度"江苏省青年书香号"、第二届江苏全民阅读"五十佳"等先进典型。

同日　省人力资源和社会保障厅、省财政厅、省卫计委联合出台《关于进一步做好生育保险工作的意见》，明确加大付费方式改革力度，产前检查、住院分娩和计划生育手术的医疗费用应按规定实行按单元、病种付费，由经办机构与定点医疗机构直接结算。

4 月 20 日　苏浙沪皖三省一市联合在上海召开长三角地区知识产权一体化发展新闻发布会，签署《长三角地区知识产权一体化发展框架协议书》，发布长三角地区知识产权发展与保护状况白皮书。

4 月 28 日　苏州市有轨电车 1 号线延伸线正式开通试运营，1 号线与其延伸线总长度达 25.76 千米，成为全国单线运营最长的有轨电车线路。

同日　位于苏州市吴江区的苏州欧福蛋业有限公司和苏州三港农副产品配送有限公司，分别和多个种养大户、家庭农场、农民合作社签订相关协议，在省内率先成立两个农业产业化联合体。

同日　省委决定，从 4 月起到年底，在全省广泛开展以"学习新思想，改革再出发，开放迈新步，发展高质量"为主题的解放思想大讨论活动。

5 月 1 日　省委、省政府发布《关于贯彻落实乡村振兴战略的实施意见》，即省委 2018 年一号文件。《意见》提出，根据中央确定的乡村振兴"时间表",从江苏实际出发,确保完成三个时间节点的目标任务,率先实现农业农村现代化,在乡村振兴中走在全国前列。到 2020 年,乡村振兴取得实质性进展,制度框架和政策体系基本形成,农村高水平全面实现小康。到 2035 年,乡村振兴取得决定性进展,农业农村现代化展现现实模样。到 2050 年,乡村全面实现振兴,农业强、农村美、农民富全面实现。

5 月 8 日 交通运输部在南京召开"长江南京以下 12.5 米深水航道二期工程试运行"新闻发布会。会上宣布,2018 年 5 月 8 日,长江南京以下 12.5 米深水航道二期工程正式试运行,对国内外船舶开放航行,长江经济带综合立体交通走廊建设取得重大进展。长江南京以下 12.5 米深水航道建设工程是《长江经济带发展规划纲要》确定的重大项目,是"十二五"和"十三五"期间全国内河水运投资规模最大、技术最复杂的工程。工程范围从南京至太仓,全长 283 千米,总投资 110 亿元。

5 月 15 日 中办、国办印发《关于深入推进审批服务便民化的指导意见》,向全国推广江苏"不见面审批"的经验做法。

5 月 17 日 苏北地区脱贫攻坚工作座谈会在淮安召开。

同日 据《新华日报》报道,全国普法办确定在江苏试行《法治社会建设指标体系(试行)》,要求创造可复制、可推广的江苏经验。《指标体系》由省司法厅、省法宣办制定,分为 5 个一级指标、17 个二级指标、59 个三级指标,涉及矛盾纠纷排查调处、公共法律服务、特殊人群服务管理等法治社会建设重点工作,填补了国内法治社会评价评估体系的空白。

5 月 23 日 省体育局发布全省 113 家大型体育场馆 2018 年详细开放方案,每个场馆的开放时间、收费标准、全年体育赛事、群众体育活动、体育培训等内容都一览无余。这 113 家场馆都是获得中央和省级财政资金补助的大型体育场馆，如此详细地公布这些场馆的开放方案，在全国尚属首次。

5月24日 《中国特色小（城）镇2018发展指数报告》在北京发布，公布特色小镇50强和特色小城镇50强名单。江苏的东海县水晶小镇、昆山市智谷小镇、泰州医药高新区医药双创小镇、南京市江宁区未来网络小镇、江阴市新桥时裳小镇、宿迁市宿豫区电商筑梦小镇6个小镇上榜特色小镇50强，江阴市新桥镇、泰兴市黄桥镇、无锡市锡山区东港镇、扬中市新坝镇、常州市新北区孟河镇5个小城镇上榜特色小城镇50强。

5月26日 南京地铁S7号线（宁溧城际）开通试运营。南京由此实现行政区轨道交通全覆盖，地铁运营里程由9条线路、348千米，增至10条线路、378千米。

5月29日 省政府办公厅印发《关于对2017年落实有关重大政策措施真抓实干成效明显地方予以督查激励的通报》，对2017年落实深化改革扩大开放、强化创新发展、振兴实体经济、保障和改善民生等有关重大政策措施真抓实干、取得明显成效的12个市、66个县（市、区）予以督查激励，并相应采取22项措施予以奖励支持。

同日 根据江苏各地财力等情况，江苏省级财政首次测算下达地区间均衡性转移支付资金50亿元。此举意在2017年江苏省以下财政管理体制调整完善后，进一步提升地区之间财力均衡水平，推进基本公共服务均等化。下达的资金包括两部分，财力协调补助34.6亿元，在纵向上均衡省与市县的财力分布，促进市县财力与支出责任相匹配，激励市县培植财源增加收入；地区均衡补助15.4亿元，在横向上均衡市县之间财力分布，促进区域间平衡发展。

同日 全国首个省级层面的普法公益创投活动——江苏首届普法社会组织公益创投活动正式启动。

5月30日　全省长江经济带发展工作推进会在南京举行，对保护长江生态、推进长江经济带高质量发展作出专题部署。

同日　省委办公厅、省政府办公厅印发《江苏高质量发展监测评价指标体系与实施办法》和《设区市高质量发展年度考核指标与实施办法》。《江苏高质量发展监测评价指标体系与实施办法》共设置3个基本架构相同、指标有所区别、数量不等的指标体系。其中，全省和设区市有6大类40项指标，各县、县级市和成建制转成的区有6大类35项指标，城区有6大类25项指标。《设区市高质量发展年度考核指标与实施办法》用于考核衡量各设区市年度推动高质量发展进展状况，考核指标由共性指标（18个）和个性指标（每个市6个）两部分组成。

6月9日　省政府印发《江苏省国家级生态保护红线规划》。根据《规划》，全省陆域共划定8大类407块生态保护红线区域，总面积8474.27平方公里，占全省陆域国土面积的8.21%；全省海域共划定8大类73块生态保护红线区域，总面积9676.07平方公里，占全省海域国土面积的27.83%，其中禁止类红线区面积680.72平方公里、限制类红线区面积8995.35平方公里。

6月26日　全国首个"无人政务服务"系统在射阳县开通。

6月28日　我国唯一一家国家全民健康信息跨域互联互通业务协同试点在南通正式启动。

7月1日　《江苏省女职工劳动保护特别规定》施行。《特别规定》首次将女职工全孕程保护纳入规章。

7月5日　经省政府同意并报人力资源和社会保障部、财政部批准，江苏2018年退休人员基本养老金调整方案正式出台。全省820万名退休人员2018年起增加基本养老金，新增养老金7月底前补发到位。这也是江苏省企业退休人员基本养老金的第十四连调。

7月13日　省发展改革委发布第二批省级特色小镇创建名单，共有 31 个小镇入选，其中高端制造类 15 个，新一代信息技术类 4 个，创意创业类 8 个，健康养老类 3 个，历史经典类 1 个。同时公布首批省级特色小镇创建对象 2017 年度考核结果。

7月18日　国内规模最大的电池储能电站项目——镇江北山储能电站成功并网投运。该储能电站总功率 10.1 万千瓦，总容量 20.2 万千瓦时。

7月26日　省海洋与渔业局、省发展改革委联合举行新闻发布会，出台《江苏省海洋主体功能区规划》，涉及全省 15 个沿海县级行政区，禁止开发区域面积达 1976.7 平方公里。《规划》提出，到 2020 年，全省海洋开发强度控制在 0.76%，自然岸线保有率 37%，优质海水不少于 41%。

7月27日　省委办公厅、省政府办公厅公布《关于深化教育体制机制改革的实施意见》。《意见》提出，到 2020 年，江苏教育基础性制度体系建立健全，充满活力、富有效率、更加开放、有利于科学发展的教育体制机制加快形成，群众关心的教育热点难点问题进一步缓解，教育供给的单一粗放、教育运行的内向与群众对教育的多样化个性化需求、社会参与教育不充分之间的矛盾逐步化解，政府依法宏观管理、学校依法自主办学、社会有序参与、各方合力推进的格局更加完善。

同日　省委办公厅下发意见，要求各地深化综合行政执法体制改革，加快推进政府治理体系和治理能力现代化。今后，逐步撤销现有省属执法队伍，除法律法规有规定的外，省级机关有关部门一般不设专门的执法队伍。2018 年，各设区市将选择一个县（市）开展县域综合行政执法体制改革试点。

7月29日　全国公共法律服务平台建设会议在太仓召开，公共法律服务"太仓模式"向全国推广。

8月1日 经省政府同意，江苏从即日起调整全省最低工资标准。调整后月最低工资标准：一类地区 2020 元，增加 130 元，增长 6.88%；二类地区 1830 元，增加 110 元，增长 6.4%；三类地区 1620 元，增加 100 元，增长 6.58%。非全日制用工小时最低工资标准：一类地区 18.5 元，增加 1.5 元，增长 8.82%；二类地区 16.5 元，增加 1 元，增长 6.45%；三类地区 14.5 元，增加 1 元，增长 7.41%。

8月3日 由中再资本、南京江宁开发区、协鑫集团共同打造的江宁长租公寓项目签约。这是江苏省启动的首个长租公寓项目，也是全国保险行业通过保险私募基金投资的首个长租公寓项目，房源全部由项目公司长期自持并租赁，预计 2020 年初投放市场。长租公寓是国家住房政策引导下产生的房屋租赁新模式。南京是全国首批开展住房租赁试点的城市。

8月15日 全省生态环境保护大会暨污染防治攻坚战工作推进会议在南京举行。

8月21日 淮南—南京—上海 1000 千伏交流特高压输变电工程苏通 GIL 综合管廊隧道工程全面贯通。工程起于北岸（南通）引接站，止于南岸（苏州）引接站，隧道长 5468.5 米，盾构直径 12.07 米，填补了世界特高压过江隧道空白。

9月4日 省委、省政府在南京召开加快改善苏北地区农民群众住房条件工作会议。会上，省委、省政府发布《关于加快改善苏北地区农民群众住房条件推进城乡融合发展的意见》。《意见》明确，到 2020 年，完成苏北地区四类重点对象危房改造；2022 年，苏北地区建成一批具有活力的新型农村社区；2035 年，苏北地区农民群众住房条件全面改善，城乡空间布局全面优化，城镇化水平显著提升，城乡融合发展体制机制更加完善。

9月12日 《关于深化苏台经济文化交流合作的若干实施意见》出台。《意见》包括积极支持台资企业提质增效，拓展苏台人才交流与合作，深化苏台社会文化交融，为台胞到江苏学习、就业、创业、生活逐步提供同等待遇等4部分，共76条具体举措，旨在让台胞在江苏投资有安全感、发展有荣誉感、生活有幸福感。

9月20日 省文明委发布《2017年江苏省道德发展状况测评分析报告》。《报告》显示，2017年江苏省道德发展状况测评指数为78.39，较2016年的77.77提升0.62。

9月27日 国家地下水监测工程（水利部分）江苏省单项工程通过水利部组织的完工验收，这标志着江苏国家地下水监测工程建设全面完成。该项工程于2015年11月开工，历时近3年，完成总投资3698万元，共建成监测站523处，配套安装水位（水温）仪器设备499套，自动水质监测站5处。

9月30日 省委办公厅印发《江苏省乡村振兴战略实施规划（2018—2022年）》。《规划》提出，到2020年，乡村振兴取得实质性进展，建立健全乡村振兴的工作机制，制度框架和政策体系初步形成，各地区、各部门乡村振兴的思路、举措得以明确，新一轮脱贫致富奔小康任务全面完成，以县为单位实现高水平全面建成小康社会的目标，重大风险防范化解和环境污染防治取得重要进展。到2022年，乡村振兴制度框架和政策体系基本健全。到2035年，乡村振兴目标基本实现，农业农村现代化展现现实模样。

10月6日 国务院批复原则同意《淮河生态经济带发展规划》，意味着由淮安首倡的淮河生态经济带建设正式上升为国家战略。11月2日，国家发展改革委印发《淮河生态经济带发展规划》，江苏省宿迁市、淮安市、盐城市、徐州市、连云港市、扬州市、泰州市7个设区市入围。《规划》对淮河生态经济带的战略定位可概括为"三带一区"，即流域生态文明建设示范带、特色产业创新发展带、新型城镇化示范带、中东部合作发展先行区。

10月8日 加快推进江苏高铁建设暨江苏南沿江城际铁路开工动员会在常州举行。江苏南沿江城际铁路设计时速350公里，正线长278.53公里，西起南京南站，东至太仓站接入上海，建设工期4年。该铁路途经区域是江苏和长三角地区城市最为密集、城乡一体化程度最高、经济社会发展基础最好的地区之一。

10月10日 位于苏州工业园区的"高可靠性配电网应用示范工程"启动投运，标志着全国建设规模最大的主动配电网综合示范区正式建成。

10月24日 省政府下发《关于切实加强滨海湿地保护严格管控围填海有关事项的通知》，要求严管严控新增围填海项目，全面开展围填海现状调查，科学制定围填海历史遗留问题处理方案，妥善处置合法合规围填海项目，依法处置违法违规围填海项目，实施最严格的海洋生态红线保护和监管制度，确保海洋生态红线保护区域面积、大陆自然岸线保有率、海岛自然岸线保有率、海水质量等控制指标不减少。

同日 省政府召开全省教育领域人民群众反映强烈突出问题专项治理工作动员部署会。

10月31日 省公安厅出台《江苏公安机关深化人口服务管理"放管服"十项措施》，自2019年1月1日起，在徐州、连云港、淮安、盐城、宿迁五市范围内率先实施户口通迁制度。

11月17日 全国单体面积最大、服务项目最多、设备最全的智慧警务综合审批服务中心——南京江北新区智慧警务综合审批服务中心正式启用。

11月27日 苏州轨道交通S1线开工建设，这是首条与上海轨道交通线网对接的线路，西起苏州工业园区唯亭站，东至花桥站，全长 41.27 公里，设站 28 座，总投资 294.51 亿元。

12 月 5 日　西藏自治区党政代表团到江苏考察。10 日，江苏西藏经济社会发展暨对口支援工作座谈会在南京召开。

12 月 11 日　省内规模最大的内河港苏州园区港正式开港，同时开通至上海港的外贸航线。

12 月 19 日　水利部淮河水利委员会在扬州主持召开验收会议，淮河入江水道整治工程顺利通过竣工验收。

12 月 20 日　加快改善苏北地区农民群众住房条件工作推进会在南京召开。

12 月 26 日　青盐铁路正式开通运营，改写连云港赣榆和盐城响水、滨海、射阳等地不通火车的格局，结束"除徐州外苏中苏北其他地区不通高铁"的历史，江苏铁路通车里程突破 3000 公里。青盐铁路是国家规划建设的"八纵八横"高速铁路网中第一纵"沿海通道"的一部分，北起青岛，南至盐城，全长约 429 公里，其中江苏境内 242 公里，江苏段全线设置 11 个车站。

同日　中共江苏省委十三届五次全会在南京举行。全会以习近平新时代中国特色社会主义思想为指导，深入贯彻党的十九大和十九届二中、三中全会精神，认真落实习近平总书记视察江苏重要讲话和中央经济工作会议精神，总结 2018 年经济社会发展和党的建设工作，研究部署 2019 年工作，动员全省上下解放思想、坚定信心、保持定力、担当实干，冲刺高水平全面建成小康社会，以稳中有进、稳中有新、稳中有为的新成绩，推动高质量发展走在前列，加快建设"强富美高"新江苏。

二〇一九年

1月2日 省委办公厅印发《关于高质量推进"一带一路"交汇点建设的意见》，明确将重点实施国际综合交通体系拓展计划、国际产能合作深化计划、"丝路贸易"促进计划、重点合作园区提升计划、人文交流品牌塑造计划"五大计划"。提出到2020年，江苏"一带一路"交汇点优势基本确立，高水平对外开放格局初步形成。到2025年，陆海内外联动、东西双向互济的开放新格局进一步确立，在全国开放大局中地位凸显，成为具有全球影响力的"一带一路"交汇点。

同日 省委办公厅印发《关于推动开放型经济高质量发展若干政策措施的意见》。《意见》从扩大开放领域、推进"一带一路"交汇点建设、增创外贸竞争新优势、培育开放发展新动能、建设更高级的开放载体平台、打造法治化国际化便利化营商环境、强化财税和金融支持等7个方面共26条政策措施，进一步构建开放新格局，推动江苏开放型经济高质量发展。

1月3日 省委、省政府在南京召开全省对外开放大会。会议强调，要以"一带一路"交汇点建设为总揽，推动全方位高水平对外开放，努力在全国率先建成开放强省。

1月4日 全国首个大运河产业发展基金——"江苏省大运河文化旅游发展基金"在南京成立。

同日 省政府出台《关于进一步完善企业职工基本养老保险省

级统筹的意见》，明确在统一企业职工基本养老保险制度、缴费政策、待遇政策、基金使用、基金预算和经办管理的基础上，加大调剂力度，到 2020 年建立统收统支模式的省级统筹。

1 月 7 日 省委全面依法治省委员会第一次会议在南京召开。会议审议通过《江苏省法治社会建设指标体系（试行）》。

1 月 8 日 省委外事工作委员会第一次全体会议在南京召开。会议审议了关于新时代加强统筹外事工作的实施意见。

同日 省政府在南京召开新闻发布会，正式向社会公布由省审改办印发的《加快推进"不见面审批（服务）"进一步优化营商环境的实施意见》。《意见》提出，力争到 2019 年底，江苏开办企业、不动产登记、办理施工许可、纳税、跨境贸易、获得信贷、获得用水、获得用电、获得用气等指标，达到国际先进水平。

1 月 9 日 加快推进江苏过江通道建设暨常泰过江通道开工动员会在泰兴市举行。

1 月 11 日 省委办公厅出台《关于促进民营经济高质量发展的意见》，提出到 2022 年，民营经济增加值占地区生产总值比重达到 60% 左右，民营工业对全省工业经济增长贡献率达 65% 以上，民间投资占全社会投资比重提高到 75% 左右；90 家以上企业进入全国民营企业 500 强，培育 15 家以上营业收入超千亿元的大型民营跨国企业集团；民营企业专利授权数超过 25 万件。到 2025 年，民营经济发展质量和效益大幅提升，产业创新能力和核心竞争力显著增强，培育形成一批具有世界影响力的民营跨国企业集团，在创新引领、规模效益、做强做精、开放发展等方面走在全国前列。

同日 省政府办公厅印发《江苏省农村河道管护办法》，明确农村河道全面落实河长制，县（市、区）、乡镇（街道）设立农村河道总河长，农村河道分级分段设立河长。总河长、河长名单向社会公布。

1 月 15 日 省政府办公厅印发《江苏省打好太湖治理攻坚战实施方案》，提出确保饮用水安全，确保不发生大面积湖泛；流域水质和总量控制指标达到国家考核要求，太湖流域水质持续改善，生态持续好转。到 2020 年，太湖湖体高锰酸盐指数和氨氮稳定保持在 Ⅱ 类，总磷力争达到 Ⅲ 类，总氮达到 Ⅴ 类；流域重点断面和主要入湖河流水质达到国家考核要求；重点水功能区达标率在 80% 以上；流域总氮、总磷污染物排放量较 2015 年年均减少 16% 以上，逐步恢复河网水系和湖泊生态功能。

同日 省政府发布《关于取消证明事项的决定》，取消省地方性法规、省政府规章、省政府规范性文件设定的 57 项证明事项。取消的证明事项涉及住建、发改、公安、教育、民政、城管、人社等部门。

1 月 16 日 省政府办公厅出台《关于推进农产品质量安全示范省建设的意见》，提出到 2020 年，全省 80% 以上的农业县（市、区）达到国家或省级农产品质量安全县标准。到 2022 年，绿色优质农产品比重达 60% 以上，规模以上农业生产主体可追溯率达 90% 以上，监管覆盖率达 100%。

同日 省政府办公厅印发修订后的《江苏省重污染天气应急预案》，并自印发之日起施行。《预案》将重污染天气应急预警从低到高依次分为 Ⅲ、Ⅱ、Ⅰ 三个级别，分别用黄色、橙色、红色标识，其中红色预警为最高级别。

1 月 17 日 省政府办公厅出台《关于加强长江江苏段水生生物保护工作的实施意见》，提出到 2020 年，长江流域江苏境内重点水域实现常年禁捕，水生生物保护区建设和监管能力显著提升；重点水域生态环境逐步修复，水生生物资源恢复性增长，水域生态环境恶化和水生生物多样性下降的趋势基本遏制。到 2035 年，长江水域生态环境明显改善，水生生物多样性得到有效保护，水生生态系统处于整体良好状态，基本实现水生生物资源丰富、水域生态环境优良的目标。

1月30日　省财政厅出台《关于贯彻实施小微企业普惠性税收减免政策的通知》。经测算，全省预计有超过90%的小微企业能享受政策红利，其中99%为民营企业。落实新政实施的四项减税政策，将为全省小微企业减负180亿元以上。

2月3日　省政府办公厅印发《关于江苏省化工园区（集中区）环境治理工程的实施意见》，提出全省化工园区（集中区）全面实施环境治理工程，到2020年底，园区环保基础设施和企业污染物排放全面达标，园区水体消除黑臭、区外直接受纳水体断面稳定达标，园区边界监控点大气污染物浓度达标，关闭、搬迁遗留地块实现风险管控，危险废物全部安全利用处置，园区环境绩效评价达到80分以上。

2月11日　省委全面深化改革委员会第五次会议召开，学习贯彻中央深改委第六次会议精神，审议省委深改委2018年工作总结、2019年工作要点和3个改革方案。

2月12日　省委、省政府召开交通强省暨现代综合交通运输体系建设推进会议，2019年全省重大交通项目集中开工。

2月15日　全省对口帮扶对口支援对口合作工作电视电话会议召开。

同日　生态环境部召开长江入河排污口排查整治专项行动暨试点工作启动会。全国首批试点城市之一泰州市设立分会场并举行"健康长江泰州行动"工作会议。

2月17日　省委、省政府印发《关于推动农业农村优先发展做好"三农"工作的实施意见》，提出深化农业供给侧结构性改革，突出脱贫攻坚、农村住房条件集中改善、农村人居环境整治和乡村文明提升，抓重点、补短板、强弱项，充分依靠党的农村基层组织和广大农民群众，深入实施乡村振兴规划和十项重点工程，确保到2020年高水平全面小康在江苏乡村大地如期实现。

2月20日 省委、省政府印发《关于在苏南部分县（市、区）开展社会主义现代化建设试点工作的实施方案》。省委、省政府决定，在南京市江宁区、南京江北新区、昆山市、苏州工业园区、江阴市、溧阳市开展社会主义现代化建设试点。

同日 南京市城管局发布全国首部城市治理领域的地方标准《南京市城市治理单元治理通则》，并于3月1日起正式实施。标准确定"5+X"模式，"5"即市政公用、市容环卫、园林绿化、环境保护、主体责任，"X"即每个类别单元的特殊要求，用以指导全市城市治理工作。

2月22日 省委国家安全委员会第一次会议召开，深入学习贯彻习近平总书记关于国家安全工作的系列重要论述，讨论审议相关文件，研究部署全省国家安全工作任务。

同日 省政府与中国长江三峡集团在南京签署战略合作框架协议。

2月25日 省委统一战线工作领导小组全体会议召开，深入学习贯彻习近平总书记关于加强和改进统一战线工作的重要思想，贯彻落实全国统战部长会议部署要求，听取全省统战工作情况，研究部署2019年工作任务。

2月26日 全省扶贫开发工作会议在南京召开。会议深入贯彻习近平总书记关于扶贫工作的重要论述，全面落实中央和省脱贫攻坚三年行动决策部署，总结2018年工作，部署2019年重点任务。会议表彰了2018年全省脱贫攻坚先进典型，尹翠荣等15人获全省"脱贫致富奖"，于国权等15人获全省"扶贫济困奖"，南京市高淳区扶贫开发工作领导小组办公室等15家单位获全省脱贫攻坚"组织创新奖"。

3月1日　长江江苏段造林绿化行动启动。

3月2日　江苏省政府与中国科学院在北京签署国家空间信息应用平台合作协议。

3月6日　省政府在昆山召开全省促进综合保税区高水平开放高质量发展工作推进会。

3月8日　省政府在丹阳召开深入学习浙江"千万工程"经验、扎实推进全省农村人居环境整治现场会。

3月12日　省政府在泰兴市召开共抓大保护、长江江苏段两岸造林绿化工作会议。

3月15日　江苏省政府与生态环境部在北京签署合作框架协议，共建生态环境治理体系和治理能力现代化试点省。

3月20日　以"新时代江苏新开放"为主题的江苏省与外国驻沪领馆圆桌会议在南京举行。

3月21日　江苏省党政代表团赴陕西考察交流。两省签署包括农产品加工、服装生产、资源综合利用等在内的16个合作项目协议，计划投资额23亿元。

3月22日　全省林业工作会议提出，2019年全省将新增成片造林35万亩，江苏长江两岸将率先建立和推行"林长制"。

同日　省委办公厅、省政府办公厅印发紧急通知，要求切实做好危化品等重点行业领域安全生产工作。

3月26日　两岸企业家峰会（大陆）永久会址奠基仪式在南京江北新区举行。

3月27日　省十三届人大常委会第八次会议在南京举行。会议表决通过《江苏省家庭教育促进条例》《江苏省水路交通运输条例》《江苏省海洋经济促进条例》《江苏省职业教育校企合作促进条例》

《江苏省人民代表大会常务委员会关于修改〈江苏省城乡规划条例〉等九件地方性法规的决定》，表决通过省人大常委会外事旅游委员会更名的决定，批准南京等市报批的4件地方性法规。

4月11日　省政府办公厅印发《2019年江苏省深化"放管服"改革工作要点》，推出10个方面的30项措施，深化"不见面审批（服务）"改革，固化扩大"3550"改革成果，推动开发区"放管服"改革，推进"互联网＋政务服务"，强化"互联网＋监管"，持续打响改革品牌、树好改革标杆。

4月12日　中新苏州工业园区建设25周年成果汇报会在苏州举行。中共中央政治局常委、国务院总理李克强和新加坡总理李显龙分别致贺信。会上，150个集中签约开工开业重大项目正式启动。

同日　省人大常委会召开执法检查组第一次全体会议，正式启动省市上下联动水污染防治法执法检查。

4月15日　省政府根据国务院发布的《关于取消和下放一批行政许可事项的决定》，要求取消和下放涉及相关部门的14项行政许可事项。

4月19日　全省基层党建"五聚焦五落实"三年行动计划部署会暨重点任务推进会在南京召开。

4月22日　省委、省政府召开全省2018年度高质量发展总结表彰大会。会议通报了全省2018年度综合考核结果，表彰了考核优秀的单位和地区。

同日　省政府召开新闻发布会，宣布出台《关于进一步加大基础设施领域补短板力度的实施意见》，指出全省将着力聚焦十大关键领域，加快推进补短板工作。十大关键领域分别为：脱贫攻坚领域；铁路领域，加快推进高快速铁路建设，打造"轨道上的江苏"；机场领域，积极打造重点航空枢纽，加快实施机场升级改造；公路水运领域；能源领域；水利领域；农业农村领域，大力实施乡村振兴战略，打造美丽宜居农村；城镇建设领域，集约建设城镇基础设施，促进新型城镇化发展；生态环保领域；社会民生领域，补齐结构性民生短板，推进基本公共服务均等化。

4月24日 省政府办公厅印发《江苏省城镇小区配套幼儿园治理工作方案》，要求已建成城镇小区没有规划配套幼儿园的，县（市、区）政府要依据国家和地方配建标准，通过补建、改建或就近新建、置换、购置等方式予以解决。正在建设的小区，按配建标准应当规划但未规划幼儿园的，要建立责任倒查机制，落实幼儿园配建标准。分期建设的房地产开发项目，由政府协调开发建设单位，将配套幼儿园列入首期项目建设，并满足使用条件。

同日 长江大保护（南京）现场推进会议在南京举行。会议强调，要深入贯彻落实习近平总书记关于推动长江经济带发展系列重要讲话指示精神，进一步增强推动长江经济带高质量发展的责任感紧迫感，突出问题导向，坚持系统推进，坚决打好长江生态保护修复攻坚战，努力把长江江苏段建成生产发展、生活富裕、生态优良的高质量发展典范。会议播放了《长江生态环境警示片》。

同日 省委办公厅、省政府办公厅印发《关于解决形式主义突出问题、落实"基层减负年"工作措施的通知》，共6个部分20条。《通知》聚焦形式主义顽瘴痼疾，划出硬杠杠，强化硬约束，切实为基层松绑减负。

4月28日 省政府办公厅印发《关于推进农业高新技术产业示范区建设发展的实施意见》，明确到2025年，创建并建好国家级示范区，布局建设10家左右省级示范区，打造具有影响力的现代农业创新高地、人才高地、产业高地。

4月29日 省太湖水污染防治委员会第十二次全体（扩大）会

议暨太湖安全度夏应急防控工作会议在无锡召开。

同日 淮河生态经济带首次省际联席会议在淮安召开。

5月2日 省政府办公厅印发《聚焦企业关切大力优化营商环境行动方案》，紧扣国家营商环境评价18个一级指标和87个二级指标，参照世界银行营商环境评价指标，结合南京市、苏州工业园区优化营商环境的政策措施和实践经验，系统综合集成7类30条150项的任务清单。

5月3日 首届大运河文化旅游博览会在扬州举行。

5月6日 省政府办公厅印发《全省钢铁行业转型升级优化布局推进工作方案》，全力推动沿海钢铁重点示范项目建设。力争到2020年，全省钢铁企业数量由现在的45家减至20家左右，行业排名前5家企业粗钢产能占全省70%，全省钢铁行业二氧化硫、氮氧化物、颗粒物排放总量分别下降30%、50%、50%，加快形成一批工艺装备先进、生产效率高、资源利用率高、安全环保水平高的优质企业。到2025年，全省钢铁行业沿江沿海钢铁冶炼产能比例优化调整为5:5，加快形成钢铁行业沿江沿海协调发展新格局。

5月7日 省推进"一带一路"建设工作领导小组会议召开，审议通过全省《2019年参与"一带一路"建设工作要点》以及交汇点建设"五大计划"专项行动方案。

5月10日 国务院办公厅印发通报，对2018年落实打好三大攻坚战和实施乡村振兴战略、深化放管服改革、推进创新驱动发展、持续扩大内需、推进高水平开放、保障和改善民生等有关重大政策措施真抓实干、取得明显成效的地方予以督查激励。此次督查激励的地方名单共30组，江苏入围16组，省、市、县（区）三级均有受到激励。

同日 省委、省政府在南京召开全省科学技术奖励大会。会上向全省国家最高科学技术奖获得者、国家科学技术进步奖一等奖获奖代表颁发省配套奖励证书。

5月14日 江苏省政府与西安交通大学全面战略合作协议在南京签署。

5月16日 全省教育大会在南京举行。会议强调，要高举习近平新时代中国特色社会主义思想伟大旗帜，坚定不移用习近平总书记关于教育的重要论述统一思想、引领方向，把立德树人贯穿于江苏教育现代化建设的全过程，聚焦供给侧打造江苏现代化的教育体系，加快建设现代化教育强省。

同日 全省河湖长制工作暨河湖违法圈圩和违法建设专项整治推进会在南京举行。会上发布2019年第一号省总河长令，宣布在全省组织开展碧水保卫战、河湖保护战。

5月20日 以"聚力新江苏，奋进新时代"为主题的第二届江苏发展大会暨首届全球苏商大会在南京开幕。1200多位来自海内外、省内外的乡贤嘉宾参会。

5月21日 国家粮食和物资储备局与江苏省政府在南京签署共同保障国家粮食安全、推动粮食和物资储备事业高质量发展战略合作协议。

5月28日 省十三届人大常委会第九次会议在南京举行。会议表决通过《江苏省市辖区、不设区的市人民代表大会常务委员会街道工作委员会工作条例》、省人大常委会关于修改《江苏省实施〈中华人民共和国村民委员会组织法〉办法》的决定、省人大常委会关于批准江苏省2019年地方政府债务限额及省级预算调整方案的决议，批准南京等设区市报批的7件地方性法规，表决通过5件议案审议结果报告或处理意见报告。

5月30日 太湖防总召开视频会议。

6月2日 省政府办公厅印发《江苏省工程建设项目审批制度改革实施方案》。《方案》以房屋建筑和城市基础设施等工程为主要对象（不包括特殊工程和交通、水利、能源等领域的重大工程），以2020年为时间节点明确工作目标。

同日 省政府办公厅印发《江苏省长江保护修复攻坚战行动计划实施方案》，明确到2019年底，主要入江支流控制断面全面消除劣V类，全省设区市及太湖流域县（市）建成区黑臭水体基本消除；到2020年底，长江流域（沿江8市）水质优良（达到或优于Ⅲ类）的国考断面比例达71.9%，县级及以上城市集中式饮用水水源水质优良比例高于98%。

6月3日 省委常委会召开会议，认真学习贯彻习近平总书记在中央"不忘初心、牢记使命"主题教育工作会议上的重要讲话精神，研究部署江苏开展主题教育有关工作。

同日 中共中央政治局常委、全国人大常委会委员长栗战书率领全国人大常委会执法检查组在江苏检查水污染防治法实施情况。

6月4日 江苏省"不忘初心、牢记使命"主题教育动员会议在南京举行。

6月6日 省住房和城乡建设厅、省生态环境厅、省发展改革委联合印发《江苏省城镇生活污水处理提质增效三年行动实施方案（2019—2021年）》，明确到2021年底，将有效管控合流制排水系统溢流污染，全省设区市建成区将基本消除生活污水直排口；基本消除城中村、老旧城区和城乡接合部生活污水收集处理设施空白区；逐步建立完善污水管网排查修复机制，提高生活污水收集和处理效能；城市生活污水集中收集率较2018年提高10%以上；等等。

同日 据《新华日报》报道，省卫生健康委等八部门近日联合出台《江苏省卫生人才强基工程实施方案》。江苏将实施卫生人才

"强基工程27条",到2023年,累计为基层招聘卫生人才3万名左右,培养农村定向医学生1万名左右,每年新增培养全科医生1000名以上;下基层多机构执业人数达到8000人,每年上级医院医师晋升职称前下基层服务人数保持在2000人以上,初步实现"强基层"目标。

6月12日 省工业和信息化厅、省发展改革委、省科技厅、省公安厅等8个部门联合印发《江苏省推进车联网(智能网联汽车)产业发展行动计划(2019—2021年)》。力争到2021年,车联网(智能网联汽车)相关产业产值突破1000亿元,基本建立智能车辆、信息交互、基础支撑等细分领域产业链,打造2至3家产业竞争力和规模水平国内领先的产业集聚区。

6月13日 根据省委常委会"不忘初心、牢记使命"主题教育安排,省委常委同志在周恩来总理家乡淮安开展现场学习。

6月14日 省政协举行十二届七次常委会议,围绕"办好人民满意的教育"进行协商讨论,审议并原则通过《关于办好人民满意的教育的建议案》。

6月17日 省委全面深化改革委员会第七次会议召开,学习贯彻中央全面深化改革委员会第八次会议精神,审议《关于建立健全基本公共服务标准体系的实施意见》等6个改革方案。

6月18日 省安委会全体成员会议召开。会议听取全省安全生产形势、重点行业领域重大安全风险隐患及防控整改措施清单落实以及明察暗访的情况汇报,研究危险化学品安全生产风险监测预警系统建设方案,部署下一阶段全省安全生产工作。

同日 省农业农村厅、省财政厅等部门制定出台《江苏省农村人居环境整治配套激励措施实施办法》,聚焦农村人居环境整治重点任务,通过激励一批农村人居环境整治成效明显的县(市、区),形成主动作为、竞相发展的良好局面，推动全省农村人居环境整治不断取得新成效。

同日 据《新华日报》报道，为积极应对价格上涨，无锡、徐州、苏州、南通、连云港、扬州、泰州7市启动困难群众价格补贴机制，切实保障困难群众基本生活水平不因物价上涨而降低。物价补贴对象为：城乡低保对象、特困供养人员、孤儿以及领取失业保险金期间的失业人员、享受国家抚恤补助的优抚对象。

6月21日 省委、省政府在南京召开江苏第九批援藏和第四批援青干部人才欢送座谈会。

6月24日 据《新华日报》报道，省人力资源和社会保障厅、省财政厅、省医保局近日下发通知，自2019年7月1日起执行新的社会保险缴费基数上下限。上限将由19935元下调为16842元，下限将由3125元调整为3368元，下限标准的增长率为7.7%。这是近年来江苏首次下调社保缴费基数上限。全省按照下限缴费的企业，综合考虑降费率和调基数因素，养老保险缴费负担仍比上年下降10%左右。

6月26日 省人力资源和社会保障厅发布消息，江苏2019年退休人员基本养老金调整方案正式出台，月人均基本养老金增幅5%左右，全省有870多万名退休人员受益。

6月28日 长三角G60科创走廊产业园区联盟在苏州工业园区成立。

7月1日 即日起，江苏所有销售和注册登记的新生产轻型汽车应当符合或严于机动车排放标准6a阶段要求。

同日 省委常委会开展"不忘初心、牢记使命"主题教育集中学习。

7月3日 省自然资源厅、省交通运输厅联合印发《关于做好重大交通建设项目耕地占补平衡保障工作的通知》，推动土地要素保障机制创新，保障全省重大交通建设项目耕地占补平衡，为建设交通强省提供坚实支撑。

7月5日 在阿塞拜疆首都巴库召开的第43届世界遗产大会上，联合国教科文组织世界遗产委员会审议通过将中国黄（渤）海候鸟栖息地（第一期）列入《世界遗产名录》。盐城的自然湿地成为我国第14处世界自然遗产、江苏首个自然遗产，填补我国滨海湿地类型世界遗产空白。

7月8日 省政府常务会议召开，研究国务院安委会考核巡查组对江苏反馈意见的整改工作，听取上半年安全生产情况汇报，部署安排下一阶段工作。会议审议了《关于加快推进农业机械化和农机装备产业转型升级的实施意见》《关于完善国家基本药物制度的实施意见》等文件。

7月10日 省政府办公厅印发《江苏省高新技术企业培育"小升高"行动工作方案（2019—2020年）》，提出到2020年，全省高新技术企业数达3万家，高新技术企业研发经费投入占全省企业研发经费投入比重达60%，高新技术企业有效发明专利拥有量突破15万件；省级以上高新区内高新技术企业数量占全省比重超50%，高新技术产业产值占规模以上工业产值比重达45%。

同日 中共中央政治局委员、国务院副总理、中央财经领导小组办公室主任刘鹤在南京调研经济形势和企业生产经营情况，召开第36次"两省一市"经济形势座谈会。

7月11日 以"长三角区域一体化发展与江苏作为"为主题的江苏发展高层论坛第36次会议在南京大学举行。

同日 江苏代表团考察调研江苏对口援疆工作。

7月15日 省委常委会召开会议，学习贯彻习近平总书记在深化党和国家机构改革总结会议上的重要讲话精神，听取上半年全省安全生产工作情况及下一步工作安排的汇报，讨论《江苏省安全生产巡查方案（试行）》等，研究部署有关工作。

同日 省委财经委员会第二次会议召开，传达学习习近平总书记在中央财经委员会第四次会议上的重要讲话精神，听取苏北农民住房条件改善工作推进情况等汇报，研究部署有关工作。

7月15日 省委审计委员会第二次会议召开，传达学习习近平总书记关于审计工作的重要指示精神，听取上半年全省审计工作情况汇报，审议《2018年度省级预算执行和其他财政支出情况审计报告》，研究江苏审计监督相关工作。

同日 省民政厅、省市场监管局联合下发《关于做好养老机构登记备案管理工作的通知》，明确各级民政机构不再受理养老机构设立许可申请，对养老机构的监管也将从源头管理转向加强事中、事后监管。

同日 据《新华日报》报道，省财政厅发出通知，将大豆、花生和公益林保险纳入省级财政保险费补贴范围。目前省级财政补贴、奖励的农险品种达47个。

7月18日 省政府常务会议召开，听取《中共江苏省委关于〈中央第七巡视组关于巡视江苏省的反馈意见〉整改工作方案》中省政府牵头负责整改事项进展情况、《江苏省贯彻落实中央环保督察"回头看"及大气污染问题专项督察反馈意见整改方案》落实进展及上半年全省生态环境工作情况的汇报，研究部署下一阶段工作。

7月19日 省委常委会召开会议，传达学习贯彻习近平总书记在中央和国家机关党的建设工作会议上的重要讲话，分析当前经济形势，研究部署有关工作。会议决定，7月22—23日在南京召开中国共产党江苏省第十三届委员会第六次全体会议。

7月21日　省政府印发《关于加快推进农业机械化和农机装备产业转型升级的实施意见》，明确到2025年，实现从农机大省向农机强省转变，建立高质量农机装备产业体系，使农机具配套比更加合理，优势高端农机装备达到国际先进水平，迈入全程全面高质高效农业机械化发展时期。农作物耕种收综合机械化率达85%，其中主要粮食作物耕种收综合机械化率达95%，设施农业、畜牧养殖、水产养殖、果茶和农产品初加工机械化率总体达60%。

7月22日　中共江苏省第十三届委员会第六次全体会议在南京举行。全会讨论《关于决胜高水平全面建成小康社会补短板强弱项的若干措施》《〈长江三角洲区域一体化发展规划纲要〉江苏实施方案》，审议通过有关《决定》和全会《决议》。

7月23日　省委、省政府在南京召开苏北地区农民群众住房条件改善工作推进会。

7月24日　省十三届人大常委会第十次会议在南京举行。会议表决通过省人大常委会关于耕地占用税适用税额的决定、关于全省本届村民委员会和城市居民委员会延期换届选举的决定、关于批准江苏省2018年省级财政决算的决议，批准了南京等设区市报批的6件地方性法规。

7月25日　省人力资源和社会保障厅印发《江苏省就业和失业登记管理办法》，将从2020年1月1日起正式实施。新办法要求公共服务平台主动为在法定劳动年龄内，有劳动能力和就业要求，处于失业状态的本地常住人员办理失业登记。从各类用人单位办理退工手续的劳动者，直接为其办理失业登记手续，不需要劳动者再次进行申报登记。

7月27日　江苏首个特别合作区——宁淮特别合作区在淮安市盱眙县成立。

同日 省政府就长江江苏水域禁止采砂有关事项发布通告。明确自通告发布 30 日起，长江江苏水域禁止采砂，因整修长江堤防进行吹填固基或者整治长江河道、整治长江航道以及通江口门、码头、锚地等疏浚采砂的除外。

7 月 30 日 省新能源汽车产业发展领导小组印发《关于促进新能源汽车产业高质量发展的意见》，提出到 2025 年，新能源汽车产量超过 100 万辆，形成 2—3 家年产销量超过 30 万辆的新能源汽车生产企业，新增 5—8 家国家级企业技术中心，创建 1—2 家国家级制造业创新中心，培育一批拥有自主知识产权和国际竞争力的世界知名品牌，让新能源汽车产业越"跑"越快。

7 月 31 日 江苏省政府与中国机械工业集团有限公司签署战略合作框架协议。

8 月 2 日 国务院同意设立中国（江苏）自由贸易试验区，印发《中国（江苏）自由贸易试验区总体方案》。

同日 省委常委会召开会议，传达学习贯彻习近平总书记对地方人大及其常委会工作的重要指示，传达全国人大常委会纪念地方人大设立常委会 40 周年座谈会、全国政协庆祝人民政协成立 70 周年理论研讨会精神和全国退役军人工作会议、全国政法领域全面深化改革推进会、第七次全国对口支援新疆工作会议精神，听取关于中央巡视反馈意见整改工作一年来进展情况汇报，研究部署有关工作。

同日 省工业和信息化厅等四部门联合印发《江苏省促进大中小企业融通发展三年行动实施方案》，提出实施挖掘和推广融通发展模式、发挥大企业引领支撑作用、提升中小企业专业化能力、建设融通发展平台载体、优化融通发展环境等五大主要行动。用三年时间，总结推广一批融通发展模式，支持不少于 5 个实体园区争创国家大中小企业融通发展特色载体，培育一批制造业"双创"平台试点示范项目，构建较为完善的工业互联网网络、平台、安全三大功能体系；培育 1000 家省级专精特新"小巨人"企业和 100 家制造业全国单项冠军企业。到 2021 年，形成大企业带动中小企业发展，中小企业为大企业注入活力的融通发展新格局。

8月5日　江苏省党政代表团赴青海考察交流。

8月8日　据《新华日报》报道，省农村人居环境整治联席会议办公室近日发布《关于发挥千村综合示范作用、全面推进农村人居环境整治工作的通知》，决定在全省选择 1000 个农村人居环境整治成效显著的村作为综合示范，带动面上工作高质量整体推进。农村人居环境整治以治理农村生活垃圾、厕所粪污、农村生活污水、农业废弃物，提升村容村貌、村庄规划设计水平、传统村落保护水平、建设和管护水平的"四治理四提升"为重点，整治对象为行政村（含涉农社区）。

8月19日　省邮政管理局、省发展改革委等 8 部门联合发布《江苏省协同推进快递业绿色包装工作实施方案》，提出到 2020 年，全省快递行业使用可降解的绿色包装材料比例提高到 50%，基本淘汰重金属等特殊物质超标的包装材料。主要快递企业电子运单使用率超过 95%，大幅降低运单纸张耗材用量。

同日　省农业农村厅、省财政厅、省农业保险工作领导小组办公室、中国银保监会江苏监管局等四部门联合印发《关于促进生猪生产恢复发展有关扶持政策的通知》。《通知》明确，对种质资源和规模猪场购买种猪实施补助，突出扶持生猪养殖重点县和规模猪场完善防疫设施等，保护生猪生产基础，提高养殖场生物安全水平。

8月21日　省委、省政府在南京召开省领导挂钩联系省重大项目建设现场推进会议。

8月22日　省推进长三角一体化发展领导小组举行第一次全体

会议。

8月26日 省人力资源和社会保障厅、省财政厅联合下发《关于调整企业职工基本养老保险遗属抚恤金标准的通知》，提高企业职工基本养老保险遗属抚恤金（包括定期抚恤金、一次性抚恤金）标准，从2019年1月1日起补发。

8月28日 省政府召开"进一步完善促进消费体制机制"新闻发布会，重点解读省委、省政府发布的《关于完善促进消费体制机制进一步激发居民消费潜力的实施意见》《江苏省完善促进消费体制机制行动方案（2019—2021年）》相关情况。会上公布23条具体举措促进消费，涉及住房、汽车、旅游、养老等多个行业。

8月29日 省政府召开全省安全生产电视电话会议，通报2019年以来全省安全生产情况，部署国庆期间安全生产重点工作。

8月30日 中国（江苏）自由贸易试验区揭牌仪式在南京江北新区举行。

同日 第二届江苏（南京）版权贸易博览会在南京国际展览中心开幕。

8月31日 省政府办公厅印发《关于加强洪泽湖生态保护和科学利用的实施意见》，明确淮安、宿迁两市是洪泽湖生态保护与利用的责任主体，沿湖市县要将洪泽湖治理保护纳入地方国民经济和社会发展规划。提出到2021年，恢复洪泽湖湖区自由水面50平方千米以上，湖区消除 V 类水，满足南水北调送水水质要求，国控断面优 III 类比例达到国家考核要求，完成湿地修复10平方千米，区域内绿色产业格局基本形成。到2025年，退圩还湖综合治理基本完成，区域水生态得到有效保护与恢复，基础设施网络基本健全，高端绿色产业初步形成。

9月1日 中国（江苏）自贸试验区苏州片区挂牌仪式暨建设动

员大会在苏州工业园区举行。

9月3日 长江大保护（南通）现场推进会议在南通举行。会议强调，要坚持以习近平新时代中国特色社会主义思想为指导，深入贯彻落实习近平总书记关于推动长江经济带发展系列重要讲话指示精神，自觉践行新发展理念，紧密结合正在开展的主题教育，守初心、担使命，找差距、抓落实，增强信心、保持定力、久久为功，奋力推动长江经济带江苏段生态优先、绿色发展走在前列。

9月6日 省委全面深化改革委员会第八次会议召开，学习贯彻中央全面深化改革委员会第九次会议精神，听取改革专项督察总体情况汇报，审议《关于加强和改进出版工作的实施意见》《关于促进小农户和现代农业发展有机衔接的若干措施》《关于深化市场监管综合行政执法改革的实施意见》《江苏省红十字会改革实施方案》等4个改革方案。

同日 省退役军人事务厅、省财政厅联合下发通知，要求全省各地从2019年8月1日起，按照退役军人事务部和财政部统一要求，再次全面提高部分优抚对象抚恤和生活补助标准。通知指出，在职伤残人员（残疾军人、伤残人民警察、伤残国家机关工作人员、伤残民兵民工）残疾抚恤金标准、"三红"（在乡退伍红军老战士、在乡西路军红军老战士、红军失散人员）生活补助标准与国家标准相同，在现行基础上提高10%。

9月7日 以"融合创新、万物智联"为主题的2019世界物联网博览会在无锡开幕。

同日 国家制造强国建设领导小组车联网产业发展专委会第三次全体会议在无锡召开。

9月11日 贵州省党政代表团到江苏考察访问。

9月17日 省政协举行十二届八次常委会议。会议审议并原则通过了《关于促进民营经济高质量发展的建议案》。

9月20日 省委、省政府在淮安召开加快推进江苏高铁建设暨宁淮城际铁路开工动员会。会上宣布宁淮城际铁路建设开工。

同日 全国脱贫攻坚奖评选表彰工作办公室发布《2019年全国脱贫攻坚奖获奖先进个人和先进单位公告》。江苏省连云港市东海县双店镇三铺村党总支书记郝大宝获"全国脱贫攻坚奖（奋进奖）"，江苏通鼎集团董事局主席沈小平获"全国脱贫攻坚奖（奉献奖）"，江苏省盐城市滨海县获"全国脱贫攻坚奖（组织创新奖）"。

9月23日 全省公务员工作会议在南京召开，总结交流党的十九大以来全省公务员工作，深入分析新形势新任务新要求，研究部署当前和今后一个时期重点任务。

同日 江苏省与科阿韦拉州签署友好合作备忘录。

同日 省委、省政府在无锡召开全省乡村产业振兴暨深化农村改革现场推进会议。

9月24日 省十三届人大常委会第十一次会议在南京举行。会议表决通过《江苏省村民委员会选举办法》，批准南京等市报批的7件地方性法规。

9月25日 新加坡—江苏合作理事会第十三次会议在苏州召开。

9月27日 2019年世界运河城市论坛暨世界运河大会在扬州开幕。大运河国家文化公园建设推进会在扬州召开。

9月29日 省委常委会召开会议，深入学习贯彻习近平总书记关于做好安全防范工作的重要指示精神，认真贯彻党中央国务院部署要求，听取G25长深高速宜兴段"9·28"特大交通事故救援处置情况汇报，研究进一步做好救援处置工作。会议听取关于江苏第一批安全生产巡查情况的汇报，讨论《加强军民融合发展法治建设方案》，研究部署有关工作。

同日　徐州新沂通用机场起航首飞。

9月30日　省委办公厅印发《关于促进小农户和现代农业发展有机衔接的若干措施》，对小农户与现代农业有机衔接提出4方面11条措施。这是全国首个省级出台的专门支持小农户融入现代农业发展的政策文件。《措施》明确，到2022年，全省每年培训小农户12万人以上，提升小农户发展能力和水平、改善物质技术装备条件、支持小农户发展新产业新业态新模式，并启动家庭农场培育计划。

10月2日　省政府办公厅出台《关于稳定生猪生产保障市场供应、推动生猪产业高质量发展的实施意见》。《意见》提出，到2022年，全省猪肉自给率达70%以上，养殖规模化率达85%以上，规模养猪场（户）粪污综合利用率达90%以上；到2025年，养殖规模化率达88%以上，规模养猪场（户）粪污综合利用率达92%以上。

10月7日　国务院核定并公布第八批全国重点文物保护单位。江苏共有27处入选，全省累计有全国重点文物保护单位251处，继续居于全国前列。

10月11日　省委全面深化改革委员会第九次会议召开，学习贯彻中央全面深化改革委员会第十次会议精神，审议《关于政法领域全面深化改革的实施方案》等4个改革方案。

同日　省人力资源和社会保障厅等6部门联合下发通知，进一步加大江苏失业保险稳岗支持力度。对上年度不裁员或少裁员企业可返还失业保险费，返还标准为企业及其职工上年度实际缴纳失业保险费的50%。对面临暂时性生产经营困难且恢复有望、坚持不裁员或少裁员且承诺获得稳岗返还后6个月内不裁员或少裁员的参保企业也进行保费返还，返还标准按6个月企业参保地上年度月人均失业保险金水平和上年度企业平均失业保险参保职工人数确定。

10 月 17 日 江苏省脱贫攻坚座谈会在淮安市涟水县召开。会上表彰了脱贫攻坚先进个人和单位，欧阳华等 16 人获全省"脱贫致富奖"，李钦等 15 人获全省"扶贫济困奖"。徐州市人民政府扶贫工作办公室等 16 家单位获全省"组织创新奖"。

同日 陕西省党政代表团在江苏考察访问，对接扶贫协作工作。

10 月 18 日 2019 世界智能制造大会在南京开幕。

10 月 19 日 省政府办公厅印发《关于实施基本医疗保险和生育保险市级统筹的意见》，明确全省自 2020 年 1 月 1 日起，实施统一基本政策、统一待遇标准、统一基金管理、统一经办管理、统一定点管理、统一信息系统的"六统一"基本医疗保险和生育保险市级统筹制度。

10 月 21 日 省委在南京召开政协工作会议，深入贯彻习近平总书记在中央政协工作会议暨庆祝中国人民政治协商会议成立 70 周年大会上的重要讲话精神，全面落实中央政协工作会议精神，部署全省新时代加强和改进人民政协工作。

10 月 25 日 国务院正式批复《长三角生态绿色一体化发展示范区总体方案》。一体化示范区范围包括上海市青浦区、江苏省苏州市吴江区、浙江省嘉兴市嘉善县，面积约 2300 平方千米。同时，选择青浦区金泽镇、朱家角镇，吴江区黎里镇，嘉善县西塘镇、姚庄镇作为一体化示范区的先行启动区，面积约 660 平方千米。

同日 省委办公厅印发《关于建立全省国土空间规划体系并监督实施的意见》，指出到 2020 年，要基本建立全省国土空间规划体系，基本完成省国土空间规划、市县国土空间总体规划编制，初步形成全省国土空间开发保护"一张图"。

10 月 29 日 第二届江南文脉论坛在无锡开幕。

11 月 1 日 长三角生态绿色一体化发展示范区建设推进大会在

上海青浦举行。

11 月 4 日　2019 两岸企业家紫金山峰会在南京举行。中共中央政治局常委、全国政协主席汪洋出席并发表演讲。1300 多位两岸企业界人士参会。

11 月 5 日　省政府常务会议召开，认真学习贯彻党的十九届四中全会精神，审议生态环境保护规章和规范性文件清理工作，研究加强食品安全工作。

11 月 6 日　江苏开放创新发展国际咨询会议召开。

11 月 11 日　青海省党政代表团在江苏考察访问。12 日，江苏、青海两省在南京举行座谈会。

11 月 13 日　省政府发布《江苏省人民防空工程建设使用规定》，自 2020 年 1 月 1 日起施行。《规定》明确城市和依法确定的人防重点镇规划区内新建民用建筑，按照不含应建防空地下室总建筑面积 5% 至 9% 的比例建设防空地下室。

11 月 18 日　国务院批复同意建设江苏南京国家农业高新技术产业示范区。

11 月 19 日　省政府与农业农村部在南京签署部省合作框架协议，共同推进江苏率先基本实现农业农村现代化。

11 月 20 日　省委、省政府召开响水"3·21"特别重大爆炸事故警示教育大会。会议强调，要以习近平新时代中国特色社会主义思想为指导，深入贯彻落实习近平总书记关于安全发展的重要论述和指示精神，进一步深刻反思、警示未来，把汲取"3·21"事故的教训变成推动江苏更加坚定自觉落实新发展理念的新起点，变成江苏推进安全生产治理体系和治理能力现代化的转折点、化工产业高质量发展的转折点。

同日　省财政厅、省科技厅印发《江苏省高新技术企业培育资金管理办法》，明确对于当年度进入高新技术企业培育库的企业，如地方培育资金按每家不低于5万元（含）奖励的，则省培育资金按每家5万元给予"入库培育奖励"。对处于培育期的入库企业，根据其对经济社会发展的实际贡献，给予最高不超过30万元的"培育期贡献奖励"。

11月22日 省委常委会召开会议，传达学习全国安全生产电视电话会议精神、长江经济带生态环境突出问题整改现场会暨推动长江经济带发展领导小组全体会议精神，讨论《关于推动高质量发展的实施意见》，研究部署有关工作。

11月26日 国务院江苏安全生产专项整治督导工作组进驻江苏省开展专项整治督导工作。当日，国务院江苏安全生产专项整治督导工作动员会在南京召开。会前，督导组组长、应急管理部党组书记黄明主持召开与江苏省委、省政府主要负责人见面沟通会，传达习近平总书记重要指示精神和李克强总理等中央领导同志重要批示要求，通报专项整治督导工作安排。动员会上，黄明作动员讲话，对做好专项整治督导工作提出要求。根据安排，国务院督导组督导进驻时间为2019年11月26日至2020年2月28日。

同日 国务院农村人居环境整治第七检查组到江苏进行检查。

同日 省十三届人大常委会第十二次会议在南京举行。会议表决通过《江苏省人民代表大会常务委员会关于促进大运河文化带建设的决定》《江苏省种子条例》《江苏省宗教事务条例》《江苏省人民代表大会常务委员会关于批准江苏省2019年省级预算调整方案的决议》，批准了无锡等市报批的10件地方性法规。

11月28日 国家邮政局和江苏省政府在南京签署《关于加快推进江苏省邮政业高质量发展合作协议》。

11月29日 生态环境部、江苏省政府在南京召开部省共建生态环境治理体系和治理能力现代化试点省第一次联席会议。

11月30日 省安全生产专项整治行动领导小组第一次会议召开，认真学习习近平总书记在第十九届中央政治局第十九次集体学习时的重要讲话精神；研究化工行业、危化品、危废固废、道路和水上交通、城镇燃气、建筑施工、特种设备、消防等20多个重点行业领域安全生产专项整治实施方案，部署安排整治工作。

同日 省长主持召开打好防范化解重大金融风险攻坚战指挥部全体（扩大）会议。

同日 省政府印发《在自贸试验区开展"证照分离"改革全覆盖试点实施方案》。12月1日起，中国（江苏）自由贸易试验区和江苏部分扩大试点地区，按照直接取消审批、审批改为备案、实行告知承诺、优化审批服务四种方式分类实施"证照分离"改革全覆盖试点。改革事项除国务院公布的法律、行政法规以及国务院决定设定的涉企经营许可事项523项，还包括江苏省地方性法规、地方政府规章设定的涉企经营许可事项13项。

12月6日 省政府办公厅印发《江苏省改革完善医疗卫生行业综合监管制度实施方案》，提出到2020年底，建立由政府主导、相关部门共同参加的综合监管协调机制；健全机构自治、行业自律、政府监管、社会监督相结合的多元化综合监管体系；建立专业、高效、规范、公正的卫生健康执法监督队伍，加强全行业、全过程监管，创新监管手段。

同日 据省民政厅网站发布，省民政厅等十部门出台《关于进一步健全农村留守儿童和困境儿童关爱服务体系的实施意见》，切实加强农村留守儿童和困境儿童关爱服务，全面维护农村留守儿童和困境儿童合法权益。为切实加强事实无人抚养儿童保障工作，省民政厅等十二部门联合出台《关于进一步加强事实无人抚养儿童保障工作的实施意见》，将从 2020 年 1 月 1 日起，在生活补贴、教育资助、医疗康复等领域进一步落实"事实孤儿"福利保障。

12 月 9 日 危险化学品安全综合治理专题会议召开。会议强调，要以更高政治站位、更强责任担当开展好危化品安全综合治理，把责任和措施抓得更细更实更精准更到位，为安全生产治理体系和治理能力现代化筑牢坚实基础，以实际行动和实际成效保障好群众生命安全、践行好"两个维护"。

12 月 12 日 中共中央政治局委员、中宣部部长黄坤明在江苏调研。他强调，要贯彻落实党的十九届四中全会精神，深入宣传中央经济工作会议精神，紧扣全面建成小康社会目标任务，扎实开展基层宣传工作和农村文化建设，营造同心同德奔小康的浓厚氛围。

12 月 13 日 省委常委会召开会议，传达学习中央经济工作会议精神，研究贯彻落实工作。会议强调，要认真贯彻中央经济工作会议精神，坚定不移走好高质量发展之路。

12 月 16 日 徐宿淮盐高铁、连淮高铁开通运营现场会在盐城举行。

12 月 17 日 省政府常务会议召开，深入贯彻中央经济工作会议精神，认真学习领会习近平总书记对中医药工作的重要指示和全国中医药大会精神，研究贯彻落实工作。

同日 交通建设专题会召开，研究 2020 年交通投资计划。

同日 全省推进基层整合审批服务执法力量暨街道集成改革现场会召开，省委编办聚焦整合工作的关键环节，提出一系列要求：各地在推动"审批服务一窗口"时，重中之重是在放权的同时开放信息端口；推动"综合执法一队伍"，采取城市、县域两种模式，因地制宜将行政执法权限、力量向基层下沉；要将条线网格整合为综合网格，并探索综合网格与专业网格的协调配合；要充分利用好互联网、大数据、人工智能等技术手段，有序共享部门数据，快速回应群众需求，切实提升治理能力。

12月18日 全国加强乡镇（街道）工会建设现场经验交流会在南京召开。

12月19日 省委常委会召开"强富美高"新江苏建设五周年调研成果交流会，不断深化对习近平总书记嘱托的理解和把握，以强烈的使命感责任感，进一步校准方向、理清思路，在新的事业起跑线上再出发，奋力开辟"强富美高"新江苏建设实践新境界。

12月20日 省委人大工作会议暨纪念省人大设立常委会40周年大会在南京召开。会议强调，要深入学习贯彻习近平总书记关于坚持和完善人民代表大会制度的重要思想，全面总结和丰富发展省人大设立常委会40年来的成就经验，充分发挥人民代表大会制度的独特优势，奋力开创全省人大事业发展新局面，为推动高质量发展走在前列、加快建设"强富美高"新江苏作出新的更大贡献。

同日 省委常委会召开会议，认真学习贯彻中央经济工作会议精神，听取2019年全省经济社会发展主要目标预计完成情况汇报，分析当前经济形势，讨论研究2020年经济工作。学习贯彻习近平总书记在第十九届中央政治局第十九次集体学习时的重要讲话精神，研究全省贯彻落实工作。

12月23日 中共江苏省第十三届委员会第七次全体会议在南京召开。全会深入落实习近平总书记对江苏工作重要讲话指示精神，回顾总结"强富美高"新江苏建设五年实践，研究部署2020年工作，对推进治理体系与治理能力现代化作出安排。全会审议通过《中共江苏省委关于贯彻落实党的十九届四中全会精神、推动省域治理体系和治理能力现代化建设走在前列的意见》。

二〇二〇年

1月2日 省委、省政府在苏州举行全省重大产业项目建设现场推进会议，省、市、县三级总投资逾万亿元的 1473 个重大产业项目集中开工。

同日 省委、省政府在苏州召开外商投资企业座谈会，听取在苏外资企业发展情况和对营商环境的意见建议。

同日 省委办公厅、省政府办公厅印发《关于推进基层整合审批服务执法力量的实施方案》，要求在全省复制推广经济发达镇的"1+4"改革经验，加快形成"集中高效审批、强化监管服务、综合行政执法"的基层治理结构。"1+4"是指，加强党的全面领导，审批服务一窗口、综合执法一队伍、基层治理一网格、指挥调度一中心。

1月7日 省政府全体会议召开，讨论即将提请省十三届人大三次会议审议的《政府工作报告》，研究部署纵深推进全省安全生产专项整治以及关于国务院督导组反馈问题整改落实工作。

同日 省十三届人大常委会第十三次会议在南京举行，9日闭幕。会议表决通过《江苏省燃气管理条例》《江苏省电力条例》《江苏省粮食流通条例》《江苏省生态环境监测条例》《江苏省人民代表大会常务委员会工作报告（稿）》《江苏省第十三届人民代表大会第三次会议主席团和秘书长名单（草案）》《江苏省第十三届人民代表大会常务委员会代表资格审查委员会关于个别代表的代表资格的报告》，批准南京等市报批的 7 件地方性法规。

1 月 8 日　习近平总书记在"不忘初心、牢记使命"主题教育总结大会上发表重要讲话。省委、省人大常委会、省政府、省政协等领导同志在江苏分会场收看收听会议。

同日　省委召开"不忘初心、牢记使命"主题教育领导小组会议，学习贯彻习近平总书记在"不忘初心、牢记使命"主题教育总结大会上的重要讲话精神，听取全省主题教育情况汇报，研究部署全省主题教育总结工作。

1 月 17 日　省委办公厅、省政府办公厅印发《关于深化苏港澳多领域合作若干措施》，明确江苏将推动实施四大计划 26 条措施，深化苏港澳多领域合作，促进苏港澳三地优势互补、互利共赢。"四大计划"包括苏港澳经贸互利合作拓展计划、苏港澳科技人才合作提升计划、苏港澳教育文化交流促进计划和港澳居民在江苏发展便利化计划。

1 月 19 日　省委常委会召开会议，传达学习十九届中央纪委四次全会、全国组织部长会议、中央政法工作会议精神，听取关于 2019 年全省纪检监察工作情况及 2020 年工作安排的汇报，讨论《省委常委会 2020 年工作要点》，研究部署有关工作。

1 月 26 日　省疫情防控工作领导小组会议、疫情防控工作调度电视电话会议召开，进一步对全省疫情防控工作作出部署安排。

1 月 30 日　省委印发《关于深入贯彻落实习近平总书记重要指示精神切实加强党的领导坚决打赢疫情防控阻击战的通知》。

2 月 1 日　省政府召集省新型冠状病毒感染的肺炎疫情防控工作领导小组交通管控组，就春节假期即将结束，加强交通运输领域防输入、防扩散工作进行再研究、再部署。

2 月 5 日　省农业农村厅、省财政厅联合下发《关于加大支持重要农产品稳产保供主体助力打赢疫情防控阻击战的通知》，决定进一步加强受疫情影响的重要农产品稳产保供主体金融服务，对符合支持条件的生产经营主体给予财政贴息和银行专项授信等信贷支持。贷款贴息比例不超过 2%，单个主体贴息总额原则上不超过 50 万元。

2 月 10 日　省疫情防控工作领导小组农村防控组制定《关于应对新冠肺炎疫情、稳定重要"菜篮子"产品生产供应的政策意见》，对受疫情影响出现正常生产经营资金周转困难，且未享受应急财政奖补政策的"菜篮子"产品生产保供主体给予不超过 2% 最高 50 万元的贷款贴息补助。在疫情防控期间，政策性农业保险中参加农业大灾保险的新型农业经营主体承担的部分由各级财政承担。省级财政农机保险保费补贴，苏南、苏中、苏北分别提高至 40%、50%、70%。高效设施农业保险省级财政奖补险种目录内的稳产保供产品实现应保尽保，财政给予不低于 60% 的保费补贴。

2 月 11 日　省政府专题会议召开，认真学习贯彻习近平总书记在北京市调研指导新型冠状病毒肺炎疫情防控工作时的重要讲话精神，按照省委、省政府部署，研究《关于应对新型冠状病毒肺炎疫情影响推动经济循环畅通和稳定持续发展若干政策措施》《关于支持中小企业缓解疫情影响保持平稳健康发展的政策措施》，部署安排在全力以赴抓好疫情防控同时，统筹推进经济社会发展各项任务。

2 月 12 日　省委常委会暨省委应对疫情工作领导小组召开会议，学习贯彻习近平总书记在北京市调研指导新冠肺炎疫情防控工作时的重要讲话指示精神，听取全省疫情防控工作、疫情趋势研判以及全省支援湖北武汉、黄石等地疫情防控工作情况和全省企业复工相关情况汇报，研究部署下一阶段工作。

同日　省政府出台《关于支持中小企业缓解新型冠状病毒肺炎疫情影响保持平稳健康发展的政策措施》，围绕当前中小企业面临的主要困难和关键环节，立足全省经济社会发展大局，出台4个部分22条措施，帮助中小企业稳定信心、复工复产、渡过难关。

同日　省政府出台《关于应对新型冠状病毒肺炎疫情影响推动经济循环畅通和稳定持续发展的若干政策措施》。

2月13日　省人大常委会召开党组会议暨第五十七次主任会议。会议传达学习习近平总书记在北京市调研指导新冠肺炎疫情防控工作时的重要讲话和省委常委会会议精神，通过省人大常委会2020年工作要点和监督计划、代表工作计划，审定关于全省脱贫攻坚工作进展情况报告的审议意见，听取省十三届人大三次会议代表议案交办意见的汇报。

同日　省政府专题会议召开，认真学习贯彻习近平总书记在中央政治局常务委员会会议上的重要讲话精神，根据省委常委会部署，统筹推进经济社会发展，研究安排全年全省重大项目投资计划。

2月14日　省文化和旅游厅、省财政厅联合出台《关于支持文旅企业应对疫情防控期间经营困难的若干措施》，成为全国省级层面率先出台的文旅行业专项扶持政策。扶持政策共6条，包括：从省级文化和旅游发展专项资金中调剂安排1亿元，作为纾困帮扶资金，重点支持文旅企业积极应对当前经营困难、更好履行社会责任；按照"扩大范围、提前下达"的原则，对旅行社企业进行奖补等。

2月15日　省政府专题会议召开，就进一步研判当前形势，毫不放松依法科学精准防控，确定分区分级差异化策略，打赢疫情防控人民战争总体战阻击战，努力实现全年经济社会发展目标任务，听取专家意见建议。

2月16日　截至16日，全省规模以上工业企业已复工29230家，复工面达65%，高于全国平均水平15个百分点；规模以上工业企业复工数量约占全国17%，位居全国第一。

2月17日 省委常委会暨省委应对疫情工作领导小组召开（扩大）会议，深入学习贯彻习近平总书记关于疫情防控工作的系列重要讲话指示精神，分析研判当前形势，研究部署全省下一阶段工作。讨论通过《关于加强科学防治精准施策坚决打赢疫情防控阻击战统筹推进经济社会发展的指导意见》。

同日 省人力资源和社会保障厅出台《关于疫情防控期间稳就业保用工的工作措施》，推出全力支持重点企业用工、有序引导其他各类企业用工、帮助务工人员便捷上岗、优化招工服务方式、鼓励企业灵活组织生产、强化援企稳岗政策支持等八大举措，引导各地精准做好疫情防控期间的稳就业、保用工工作。

2月18日 省委农村工作领导小组召开（扩大）会议，就统筹抓好当前农村疫情防控和"三农"重点工作进行部署。

同日 江苏开始以县域为单元，将全省分为低风险、中风险、高风险三类地区，每三天动态调整一次。

2月19日 省疫情防控工作领导小组出台《关于加强科学防治精准施策坚决打赢疫情防控阻击战统筹推进经济社会发展的指导意见》，共8个方面33条。

同日 省委宣传部、省电影局、省财政厅、省人力资源和社会保障厅、人行南京分行等8部门联合发布《关于支持全省电影业应对新冠肺炎疫情影响促进平稳健康发展的政策措施》，助力电影业平稳发展、渡过难关，包括落实相关税收优惠、加强财政支持力度、优化电影专资征缴使用、加大信贷投放、降低融资成本、加强电影从业者金融支持、优化金融服务、降低企业房租成本、加大用工政策保障、给予职业技能培训补贴等共"十大政策"。

同日 省商务厅印发《关于进一步做好疫情防控积极落实支持外商投资企业复工复产各项措施的通知》，要求从10个方面积极落实各项措施。

2月21日 省委召开专题会议，研究讨论《关于关心激励疫情防控一线医务人员的若干政策意见》。

2月22日 省政府专题会议召开，认真学习贯彻习近平总书记在中央政治局会议上的重要讲话精神，就统筹做好全省疫情防控和经济社会发展工作听取专家意见，进一步分析研判当前形势，不断完善分区分级精准防控策略和措施，巩固成果、扩大战果，促进经济社会循环畅通。

2月23日 省政府办公厅出台《江苏省进一步促进恢复生猪生产政策举措》（简称"新九条"），这是继2019年10月2日省政府办公厅印发《关于稳定生猪生产保障市场供应推动生猪产业高质量发展的实施意见》后，再次针对生猪生产出台的专项政策措施。"新九条"涵盖财政、土地、环保等关键领域的支持政策，强化责任落实、督查推动的行政措施。首次提出将恢复生猪生产目标列入2020年高质量发展考核。

2月24日 省政府出台《关于促进乡村产业振兴推动农村一、二、三产业融合发展走在前列的意见》，提出到2022年，基本建成优质稻麦、绿色蔬菜、特色水产、规模畜禽、现代种业、林木种苗和林下经济、休闲农业、农业电子商务8个产值千亿元级产业，苏米、苏鱼、苏菜、苏猪、苏禽五大主导产业产能品质效益显著提升，高水平的农产品加工体系、广覆盖的冷链物流体系、全域化的农旅康养体系、高效便捷的农村电商体系基本形成，农村一、二、三产业深度融合。

2月25日 省委全面深化改革委员会召开第十一次会议，学习贯彻习近平总书记在中央全面深化改革委员会第十二次会议上的讲话精神，审议《关于建立更加有效的区域协调发展新机制的实施意见》

《关于建立健全城乡融合发展体制机制和政策体系的实施意见》《关于进一步深化公共法律服务体系建设的实施意见》3 个改革方案，研究部署全年改革工作。

同日 省自然资源厅印发《关于统筹推进疫情防控和全力服务保障全省经济社会高质量发展的通知》，提出"全力服务保障重大项目建设、切实为企业减轻用地负担、积极提供用矿用海用林和地理信息服务、积极保障农业农村生产用地需求、提升不动产登记和行政审批效率"等 5 个方面共 17 条具体措施，为全力服务保障全省经济循环畅通稳定持续发展工作提供自然资源保障。

2 月 27 日 长三角三省一市再次召开视频会议，深入学习贯彻习近平总书记在统筹推进新冠肺炎疫情防控和经济社会发展工作部署会议上的重要讲话精神，围绕统筹疫情防控和经济社会发展，进一步合作建立五项工作机制。

3 月 1 日 省政府专题会议召开，审议《关于加快推进社会信用体系建设、构建以信用为基础的新型监管机制的实施意见》《关于促进家政服务业提质扩容的实施意见》。会议研究通过为应对疫情影响的有关税费优惠政策。

3 月 2 日 省人力资源和社会保障厅、省财政厅、省税务局联合印发《关于阶段性减免企业社会保险费的通知》，明确自 2020 年 2 月至 6 月共 5 个月，免征中小微企业养老、失业、工伤三项社会保险的单位缴费，免征按单位参保的个体工商户三项社会保险的雇主缴费（不含应由个人缴费部分）；自 2020 年 2 月至 4 月共 3 个月，减半征收大型企业、民办非企业单位、社会团体的三项社会保险费；严重困难企业减免后还可申请缓缴；企业无需办手续即可直接减免。

同日 省医保局、省财政厅、省税务局联合印发《关于阶段性减征职工基本医疗保险费的实施方案》，明确 13 个设区市统一执行减半征收政策，实施期限统一按照国家上限要求执行，即从 2020 年 2 月起至 6 月末，共 5 个月。此次阶段性减征医保费的范围为参加江苏职工医保的企业（包括按单位参保的个体工商户），不含机关事业单位。

同日　省十三届人大常委会第十五次会议在南京举行。会议表决通过《江苏省反间谍安全防范工作条例》《江苏省农村公路条例》，批准无锡等市报批的 4 件地方性法规。

3 月 3 日　省委、省政府召开全省农村工作会议，部署 2020 年全省"三农"重点工作。

3 月 4 日　省政府办公厅印发《关于促进家政服务业提质扩容的实施意见》，提出将加强扶持培育家政服务业，促进员工制家政企业发展和家政进社区。

同日　省委宣传部、省科技厅、省财政厅、省文化和旅游厅、省广播电视局联合发布《关于应对新冠肺炎疫情影响、推动文化业态创新的政策措施》，包括促进文化科技融合、优化文化供给结构、加强载体平台建设、完善服务保障体系 4 部分共 10 条措施，具体包括：支持共性关键技术攻关，加大高新技术企业培育力度，推动数字化转型升级，加强数字内容创作，扩大数字文化消费，推动文化领域实施"双创"战略，加快新型业态成果转化，降低企业融资成本，提升政务服务效能，完善绩效考核体系。

同日　省民政厅、省发展改革委、省财政厅等 10 部门联合出台《关于积极应对新冠肺炎疫情促进养老服务平稳健康发展的指导意见》，提出 8 条支持举措，助力江苏养老服务业应对疫情渡难关。《意见》提出，减轻养老服务企业税收和房租负担，对因疫情影响而经营困难、不能按期缴纳税款的养老服务企业或机构，经相应税务机关批准，依法准予延期缴纳税款，最长不超过 3 个月。

3月5日 省大运河文化旅游发展基金管委会会议召开，深入学习贯彻习近平总书记关于大运河文化带建设重要指示批示精神，认真落实《大运河文化保护传承利用规划纲要》《长城、大运河、长征国家文化公园建设方案》部署要求，研究省大运河文旅基金第一批子基金设立方案，审议2020年基金投资计划。

3月6日 省委召开常委会会议暨省委财经委员会第四次会议，分析新冠肺炎疫情对全省经济运行的影响，听取专家学者对应对疫情影响、促进全省经济平稳健康发展的意见建议，研究部署实现全年发展目标、持续深入推进高质量发展的有关工作。

3月8日 省委、省政府印发《关于建立健全城乡融合发展体制机制和政策体系的实施意见》，加快形成工农互促、城乡互补、深度融合、共同繁荣的新型城乡关系。提出到2022年，城乡融合发展制度框架和政策体系基本建立；到2035年，农业农村现代化基本实现。

3月9日 省政府常务会议召开，认真学习贯彻习近平总书记、李克强总理关于"三农"工作的重要指示批示和全国春季农业生产工作电视电话会议精神、习近平总书记在决战决胜脱贫攻坚座谈会上的重要讲话，听取统筹推进新冠肺炎疫情防控和经济社会发展工作情况汇报，根据省委部署，研究安排当前工作。

3月10日 省打好污染防治攻坚战指挥部视频会议召开。会上通报上年挂牌督办重点问题整改落实和环境质量考核情况，安排全年重点挂牌督办项目和环境质量年度目标。

3月12日 省打好防范化解重大金融风险攻坚战指挥部全体（扩大）会议召开，落实习近平总书记关于统筹推进新冠肺炎疫情防控和经济社会发展的重要讲话精神，对打好防范化解重大金融风险攻坚战进行再动员、再部署、再落实。

3月13日　国务院联防联控机制工作指导组反馈会在南京举行，对江苏的各项工作给予充分肯定。

同日　省委常委会召开会议，学习贯彻习近平总书记在湖北考察疫情防控工作时的重要讲话精神，学习贯彻习近平总书记关于统计工作的重要指示精神，听取全省关心下一代工作情况，讨论《省政府2020年规章立法计划》等文件，研究部署有关工作。

同日　星巴克中国"咖啡创新产业园"项目签约落户昆山开发区，项目首期投资1.3亿美元。国务院总理李克强致贺信。

同日　省政府办公厅印发修订后的《江苏省突发环境事件应急预案》，2014年印发的《江苏省突发环境事件应急预案》同时废止。修订后的预案设定突发环境事件分级标准，按照突发环境事件的严重性和紧急程度，分为特别重大、重大、较大和一般四级，对应响应级别分别为Ⅰ级、Ⅱ级、Ⅲ级和Ⅳ级。

同日　教育部致函省政府，同意宿迁学院转制为省属公办普通高等学校。

3月14日　省政府专题会议召开，深入学习贯彻习近平总书记在湖北考察新冠肺炎疫情防控工作时的重要讲话精神，按照省委部署，进一步研究疫情防控工作特别是对防范化解境外疫情输入风险再部署再抓实。

3月16日　省政府新闻办举行发布会，介绍2020年省委1号文件《关于抓好"三农"领域重点工作、确保如期实现高水平全面小康的意见》情况。文件共列出巩固提升脱贫攻坚成效、扎实补好农村民生短板、确保重要农产品有效供给和农民稳定就业、扎实推进农业农村现代化、夯实农村基层治理根基、强化"三农"发展保障措施6个方面共33条举措，全面推进农业农村高质量发展。

3月19日　省自然资源厅、国家税务总局江苏省税务局联合印发《关于在全省推广"交房（地）即发证"不动产登记模式提升服务质量的通知》，在全省推广"交房（地）即发证"的不动产登记模式。江苏是全国范围内最早整省推广"交房（地）即发证"不动产登记模式的省份。

3月20日 省委常委会暨省委应对疫情工作领导小组召开会议，深入学习贯彻习近平总书记在中央政治局常委会会议上的重要讲话精神，听取全省统筹推进疫情防控和经济社会发展情况汇报，研究部署下一阶段工作。

同日 省疫情防控工作领导小组会议召开，学习贯彻习近平总书记在中央政治局常务委员会会议上的重要讲话精神，根据省委部署，科学研判全省疫情防控和经济社会发展形势，对防范化解境外疫情输入风险以及加快推动复工复产、充分做好复学准备等经济社会发展重点工作进行部署安排。

3月23日 省疫情防控工作领导小组暨涉外联防联控指挥部召开视频调度会议，深入学习贯彻习近平总书记重要讲话精神，按照省委、省政府部署，进一步研判疫情防控和经济社会发展形势，对加强涉外疫情防控和加快推动以省域为单元全面恢复正常生产生活秩序等工作进行再部署再落实。

同日 省政府常务会议召开，审议《关于推进绿色产业发展的意见》《关于促进平台经济规范健康发展的实施意见》，研究部署全省食品安全工作。

同日 省文化和旅游厅出台《关于应对新冠肺炎疫情影响促进文旅产业平稳健康发展的若干措施》，共6个方面18条具体措施，在前期解决阶段性援企稳岗、金融支持、防疫指导等方面基础上，明确行业走向，推动企业确定未来发展方向和转型路径，帮助企业渡过难关。

3月25日 省政府办公厅印发《关于促进平台经济规范健康发展的实施意见》，进一步创新江苏平台经济监管理念和方式，落实和完善包容审慎监管要求，营造更加公平的市场环境，促进平台经济规范健康发展。

3月26日 省政府办公厅印发《关于进一步落实粮食安全责任制确保粮食稳产增效的通知》。为确保完成2020年江苏粮食面积8100万亩、总产741亿斤目标，《通知》提出，对种植水稻50亩以上的主体，按照补贴标准不低于100元/亩给予扶持。鼓励对种植优良食味水稻品种并采取订单收购的规模经营主体予以倾斜，鼓励各地对种植水稻30亩以上的主体予以补贴。统筹使用好国家商品粮大省奖励资金（省级资金），对粮食生产工作成效显著、全年粮食面积增加1%以上的国家产粮大县给予奖补，每个县（市、区）奖补资金500万元至1000万元。

3月27日 省政府印发《关于推进绿色产业发展的意见》，就全面推进全省绿色产业发展作出具体部署，并从加快构建绿色技术创新体系、全面提升绿色产业竞争力、做大做强绿色产业发展载体等方面提出30条措施。主要目标是：到2022年，绿色产业发展水平显著提升，产业链耦合共生、资源能源高效利用的绿色低碳循环产业体系初步建立，绿色产业发展的体制机制逐步完善，基本形成绿色产业发展的生产生活方式，绿色产业发展水平走在全国前列。

3月29日 省疫情防控工作领导小组会议召开，认真学习贯彻习近平总书记在中央政治局会议、二十国集团领导人应对新冠肺炎特别峰会上的重要讲话精神，落实国务院联防联控机制和省委工作要求，分析研判形势，坚持问题导向，进一步研究部署疫情防控外防输入内防反弹和经济社会发展工作。

3月31日 截至31日，全省220个重大项目开复工数量、用工人数、完成投资额均达到或接近上年同期水平，其中新项目开工率超过上年同期。220个实施项目已开复工168个，开复工率达76.4%。

4月2日 省委、省政府印发《交通强国江苏方案》，明确两个阶段的发展目标：第一个阶段是到2035年，基本建成交通强省，形成安全、便捷、高效、绿色、经济的现代化综合交通体系。第二个阶段是到本世纪中叶，全面高质量建成人民满意、保障有力、世界前列的交通强省，交通运输总体发展水平进入世界前列。《方案》提出，打造轨道上的江苏，到2035年，高快速铁路达到5000公里以上；加快通用机场建设，到2035年，实现15分钟航程覆盖全省域；加快过江通道建设，到2035年，已建和在建长江过江通道达到36座；到2035年，重点中心镇、特色小镇通二级及以上公路等。

4月3日 省委常委会召开会议，深入学习贯彻习近平总书记在中央政治局会议上的重要讲话精神和在浙江考察时的重要讲话精神，传达学习贯彻习近平总书记关于四川省凉山州西昌市森林火灾的重要指示和李克强总理批示精神，听取全省有关情况汇报，研究部署下一阶段工作。会议讨论了《关于贯彻国家创新和完善宏观调控的意见》《关于新时代推进基础教育高质量发展的意见》《关于新时代推进普通高中育人方式改革和资源建设的实施意见》。

4月4日 据《新华日报》报道，近日，省政府常务会议召开，坚持以习近平新时代中国特色社会主义思想为指导，深入学习贯彻习近平总书记关于统筹推进疫情防控和经济社会发展工作以及在浙江考察时的重要讲话精神，认真落实国务院推进重大项目建设、积极做好稳投资工作电视电话会议精神，审议《关于积极应对疫情影响促进消费回补和潜力释放的若干举措》，进一步研究部署夺取疫情防控和经济社会发展双胜利、奋力实现全年目标任务的工作举措。会议还审议了《江苏省见义勇为称号评定实施办法》。

4月8日　省政府与省总工会召开第 12 次联席会议,深入学习贯彻习近平总书记相关重要论述,研究落实全省工人文化宫公益保障政策和加强社会化工会工作者队伍建设。

4月9日　省政府党组会议召开,深入学习领会习近平总书记关于统筹推进疫情防控和经济社会发展工作系列重要讲话重要指示精神,认真学习总书记在浙江考察时、在中央政治局常务委员会会议上的重要讲话精神以及在《求是》杂志发表的重要文章,根据省委部署,研究贯彻落实意见。

4月13日　第十三届省纪委第五次全体会议在南京举行。

同日　据《新华日报》报道,日前,省委常委会召开会议,学习贯彻习近平总书记关于防灾减灾的重要指示精神,专题听取全省防汛抗旱工作情况汇报,研究部署下一阶段工作。

同日　省民政厅启动社会救助兜底脱贫行动。从 2020 年 7 月起,全省各地按照不低于 5% 的增长率提高低保标准,同步提高低保补差水平;以设区市为单位,全面实现城乡低保标准一体化;坚持区域协调,缩小地区间低保标准差距。按照提标标准,苏南、苏中、苏北特困供养人员标准将分别不低于当地上年度居民人均可支配收入的 40%、45% 和 50%。

4月16日　省委书记专题调研全省现代综合交通运输体系建设。

同日　省太湖水污染防治委员会第十三次全体(扩大)会议暨太湖安全度夏应急防控工作会议召开。

同日　省政府召开统筹推进疫情防控和稳就业工作电视电话会议,分析就业形势,研究部署下一阶段稳就业工作。

4月20日　太湖防总召开视频会议,深入贯彻习近平总书记关于统筹推进疫情防控和经济社会发展工作以及防灾减灾的重要指示批示精神,认真落实李克强总理批示要求和国家防总工作部署,总结工作、分析形势，部署推进 2020 年太湖流域防汛抗旱工作。

4 月 22 日　全省遵循新发展理念持续排查解决突出民生问题工作会在南京举行。

同日　省政府办公厅印发《在扩大试点地区实施"证照分离"改革全覆盖涉企经营许可事项清单》，在扩大试点地区启动"证照分离"改革，对 355 项涉企经营许可事项，按照直接取消审批、审批改为备案、实行告知承诺、优化审批服务 4 种方式降门槛，进一步优化营商环境，更好地激发企业活力。扩大试点地区包括苏南国家自主创新示范区、南京江北新区及全省各国家级高新技术产业开发区、国家级经济技术开发区、省级经济开发区、省级高新技术产业开发区。

4 月 23 日　省政协召开十二届三十四次主席会议，围绕"创新农村治理体制机制、促进脱贫攻坚和乡村振兴"进行专题协商。

4 月 24 日　省委常委会召开会议，深入学习贯彻习近平总书记在中央政治局会议上的重要讲话和在陕西考察时的重要讲话精神，传达学习贯彻习近平总书记重要指示和全国安全生产电视电话会议精神，分析全省一季度经济形势，听取全省安全生产督导和一季度安全生产工作情况汇报，研究部署有关工作。

4 月 26 日　省政府常务会议召开，深入学习贯彻习近平总书记在中央政治局会议、在陕西考察时的重要讲话精神，以及关于江苏安全生产专项整治重要指示精神，传达贯彻李克强总理在部分省市经济形势视频座谈会上的重要讲话精神，听取交通运输、化工、危险化学品、消防等领域安全生产专项整治情况汇报，审议《苏南国家自主创新示范区一体化发展实施方案（2020—2022 年）》《关于加快新型信息基础设施建设扩大信息消费的若干政策措施》。

4 月 28 日　2020 年全省重点交通工程集中开工动员会在靖江市举行，聚焦"六稳"、聚力"六保"，集中开工江阴第二过江通道等

28 个重点工程。

4 月 30 日 省政府党组会议召开，认真学习贯彻习近平总书记在中央政治局常务委员会会议、中央全面深化改革委员会第十三次会议上的重要讲话精神以及在《求是》杂志发表的重要文章，贯彻落实中办印发的《党委（党组）落实全面从严治党主体责任规定》和《关于持续解决困扰基层的形式主义问题为决胜全面建成小康社会提供坚强作风保证的通知》精神以及省纪委全会精神，按照省委部署，研究贯彻落实工作，确保习近平总书记重要讲话重要指示精神和党中央决策部署在江苏落地生根、结出硕果。

同日 省委办公厅、省政府办公厅印发《关于新时代推进普通高中育人方式改革和资源建设的实施意见》，明确用 2—3 年时间，全省普通高中德智体美劳全面培养体系更加完善，立德树人落实机制更加健全，综合素质培养成效更加明显，优质教育资源供给更加充分。普通高中全面实施新课程新教材，教学组织管理有序高效，选课走班教学管理机制日趋成熟，适应学生全面而有个性发展的教育教学改革深入推进，学生发展指导、师资和办学条件得到有效保障，教育评价体系和考试招生制度进一步完善。普通高中多样化有特色发展的格局基本形成，建设一批高品质示范高中和特色高中。

同日 省政府办公厅印发《关于加快新型信息基础设施建设扩大信息消费的若干政策措施》，提出包括推进 5G 网络建设、加快推动 5G 网络设施延伸覆盖、实施"5G+工业互联网"512 工程、优化新一代数据中心布局和加强车联网基础设施建设 4 个方面共 29 条政策措施。明确在 2020 年新建 5.2 万个 5G 基站，实现各市县城区、重点中心镇 5G 网络全覆盖，各级财政投入建设的公共区域及公共资源面向 5G 等网络设施免费开放。

5 月 2 日 在国务院举办的联防联控机制发布会上，江苏省卫健委有关负责人和相关专家，就江苏疫情防控经验进行介绍。截至发布会前，江苏省累计有 631 例本土确诊病例，在救治过程中患者"零死亡"、医院"零感染"。

5 月 6 日 省政府常务会议召开，深入学习贯彻习近平总书记重要讲话重要指示精神，听取建筑施工、城镇燃气、特种设备等领域安全生产专项整治情况以及全省工程建设项目审批制度改革工作推进情况汇报，研究部署工作。

同日 省科技厅、省财政厅联合出台《关于改进科技评价破除"唯论文"不良导向的若干措施（试行）》，共 8 大项 24 条举措，为完善江苏科技评价体系、破除科技评价"唯论文"指明方向。《措施》提出，尊重科学研究规律，针对不同类别的科技活动，实施分类考核评价，完善考核评价标准，建立以创新能力提升、标志性成果质量为核心的评价导向。

同日 国务院江苏安全生产专项整治督导组到南京市，对全市安全生产专项整治推进情况开展为期 3 天的督导，这标志着安全生产专项整治进入提升阶段。

5 月 9 日 省委常委会暨省委应对疫情工作领导小组召开会议，深入学习贯彻习近平总书记在 4 月 29 日和 5 月 6 日中央政治局常委会会议上的重要讲话精神，听取全省统筹疫情防控和经济社会发展有关情况，研究部署下一阶段工作。

同日 推动长江经济带发展领导小组会议暨视频调度推进会议召开。

5 月 10 日 省政府印发《关于委托用地审批权的决定》，将省级农用地转为建设用地和土地征收审批事项委托给设区市人民政府批准。具体委托审批内容包括：在省人民政府批准的土地利用总体规划确定的城市和村庄、集镇建设用地规模范围内，将永久基本农田及生态保护红线以外的农用地转为建设用地的（涉及使用未利用地的，一并报批），但设区市土地利用总体规划确定的城市建设用地规模范围内农用地转为建设用地的除外；建设占用土地利用总体规划确定的国有未利用地 5 公顷以上的；征收非永久基本农田且耕地不超过 35 公顷、其他土地不超过 70 公顷的，土地利用总体规划确定的城市建设用地规模范围内土地征收除外。

5 月 11 日　省疫情防控工作领导小组会议召开，认真学习贯彻习近平总书记在中央政治局常务委员会会议和党外人士座谈会上的重要讲话精神，听取疫情常态化防控和应急预案完善等情况汇报，根据省委、省政府部署，分析研判形势，抓紧抓好、落细落实常态化防控、公共卫生体系建设和"六稳""六保"等措施。

5 月 12 日　省十三届人大常委会第十六次会议在南京举行。会议表决通过《江苏省电动自行车管理条例》《江苏省促进政务服务便利化条例》《江苏省人民代表大会常务委员会关于江苏省资源税具体适用税率等有关事项的决定》，批准无锡等市报批的 3 件地方性法规，表决通过 6 件议案审议结果报告或处理意见报告。

5 月 13 日　省政府常务会议召开，深入学习贯彻习近平总书记关于安全生产重要论述和对江苏安全生产工作的重要指示精神，研究落实《国务院督导组关于江苏安全生产专项整治集中督导情况通报》具体意见，部署重点行业领域安全生产专项整治工作。

5 月 14 日　省委全面深化改革委员会召开第十二次会议，深入学习贯彻习近平总书记在中央全面深化改革委员会第十三次会议上的重要讲话精神，听取全省公共卫生应急管理体系和能力建设、应急物资保障体系和能力建设情况汇报，审议 5 个改革方案，研究部署全省改革工作。

5 月 15 日　省政府办公厅印发《关于建立省级职业化专业化药

品检查员队伍的实施意见》。提出到 2020 年底，基本完成省级职业化专业化药品检查员队伍制度体系建设。

5月18日 省委常委会暨省委应对疫情工作领导小组召开会议，深入学习贯彻习近平总书记在中央政治局常委会会议和政治局会议上的重要讲话以及在山西考察时的重要讲话精神，传达学习贯彻全国巡视工作会议暨十九届中央第五轮巡视动员部署会精神，听取关于江苏安全生产专项整治集中督导情况通报精神及全省贯彻落实意见、全省安全生产专项整治三年行动工作方案情况的汇报，研究部署下一阶段工作。

同日 省政府常务会议召开，深入学习贯彻习近平总书记关于统筹推进疫情防控和经济社会发展重要讲话重要指示精神，扎实做好"六稳"工作，全面落实"六保"任务，审议《关于促进利用外资稳中提质做好招商安商稳商工作的若干意见》《江苏省农村生活污水治理提升行动方案》，研究部署工作。

同日 省政府办公厅印发《关于进一步做好当前稳外贸工作的若干措施》，共 10 条措施，分别是：强化稳外贸工作机制、加大出口信贷支持、强化出口信保风险保障、积极拓展线上展会、鼓励支持外贸企业出口转内销、畅通国际物流通道、大力发展跨境电商、推动加工贸易创新发展、有序扩大医疗物资出口、稳定外贸外资产业链供应链。

5月19日 省政府印发《关于促进利用外资稳中提质 做好招商安商稳商工作的若干意见》，推进更高水平对外开放、建好开放平台、优化营商环境。《意见》提出落实国家对外开放政策、强化外商投资促进和服务、提高外商投资便利化程度、保护外商投资合法权益、提高利用外资质量效益等 5 方面共 23 条政策措施。

同日 省政府印发《关于公布江苏省征地区片综合地价最低标

准的通知》，公布征地区片综合地价最低标准，调整土地补偿费和安置补助费最低标准。全省征收农民集体所有农用地区片综合地价最低标准：一类地区 64000 元 / 亩、二类地区 55000 元 / 亩、三类地区 47000 元 / 亩、四类地区 40000 元 / 亩。全省征收农用地的土地补偿费最低标准，一、二、三、四类地区分别为每亩 32000 元、27500元、23500 元、20000 元；安置补助费最低标准，一、二、三、四类地区分别为每人 32000 元、27500 元、23500 元、20000 元。

同日　省政府办公厅印发《关于加快推进渔业高质量发展的意见》，明确到 2025 年，江苏水产养殖面积稳定在 900 万亩左右，水产品产量保持在 480 万吨以上，渔业高质量发展走在全国前列。意见明确，落实养殖规划制度，在稳定水产养殖面积的基础上，优化完善生产布局，不断拓展发展空间，重点要加快海洋渔业发展，形成覆盖"潮上带、潮间带和潮下带"的海水养殖立体发展体系，支持开展深远海智能化养殖，推动远洋渔业发展。

同日　省医保局发布消息，截至当前，江苏所有统筹区实现与浙江所有统筹区的门诊异地就医直接结算。

5 月 21 日　省住房和城乡建设厅、省发展改革委、省财政厅等 6 部门联合制定印发《关于推进房屋建筑和市政基础设施工程实行担保制度的指导意见》，自 2020 年 6 月 21 日起施行。这是全国范围内首个出台的结合本省实际、细化国家推行的工程担保制度的文件。

6 月 1 日　省政府出台《关于在中国（江苏）自由贸易试验区深化"放管服"改革的实施意见》，明确提出推进行政审批制度改革、加强和规范事中事后监管、提升审批服务效能等方面的 20 项主要任务。要求 2020 年底前，在江苏自贸区，各审批系统和业务专网之间实现一次认证、全网通办、办件实时回传、电子证照互信互认；企业注销"一网通办"时间再压缩 1/3 以上；政务服务事项办理时限在法定时限基础上压缩60%以上。

同日 即日起，《江苏省农村公路条例》正式施行。该条例首次以省地方性法规明确村道法律地位，对农村公路规划、建设、管理、养护和运营作出具体规定。《条例》提出，江苏将在农村公路管理中推行县、乡、村三级"路长制"。

6月4日 省政府办公厅印发《关于全面推进基层政务公开标准化规范化工作的实施意见》，在全省县、乡两级全面推进政务公开标准化、规范化。

6月5日 2020年度长三角地区主要领导座谈会在浙江湖州举行。会议审定长三角一体化发展2020年度工作计划和重点合作事项清单。会议确定，2021年度长三角地区主要领导座谈会在江苏省召开。

同日 沪苏湖铁路江苏段开工建设动员会在苏州市吴江区举行。沪苏湖铁路东起上海松江，经苏州吴江，至浙江湖州，其中江苏境内52.36公里，投资88.46亿元。

6月9日 省委常委会召开会议，传达学习习近平总书记在第十九届中央政治局第二十次集体学习时的重要讲话精神和在专家学者座谈会上的重要讲话精神，听取关于美丽宜居城市建设试点工作情况汇报，研究部署有关工作。会议讨论了《关于贯彻〈中国共产党政法工作条例〉的实施意见》《关于进一步加强全省纪检监察机关处理检举控告工作的通知》《江苏省"三线一单"生态环境分区管控方案》《江苏省软件产业高质量发展实施意见》《关于领导干部外出请示报备工作的若干规定》等。

同日 省政府常务会议召开，深入学习贯彻习近平总书记在专家学者座谈会上的重要讲话精神，传达贯彻2020年度长三角地区主要领导座谈会和长三角区域大气污染防治协作小组第九次工作会议暨水污染防治协作小组第六次工作会议精神，落实"六稳""六保"任务，研究部署进一步做好就业和粮食生产、生猪等重要农产品稳产保供工作以及加强水上交通、铁路建设和运输等领域安全生产专项整治，在"稳"和"保"基础上奋力推动高质量发展。会议听取水上交通、铁路建设和运输等领域安全生产专项整治情况汇报，细化实化安全生产专项整治措施；审议《江苏省水域保护办法（草案）》。

6月15日 省委常委会暨省委应对疫情工作领导小组召开会议，深入学习贯彻习近平总书记重要讲话指示精神和中央部署要求，听取关于全省统筹推进疫情防控和经济社会发展有关情况汇报，传达2020年度长三角地区主要领导座谈会精神，研究部署下一阶段工作。会议讨论了《关于坚持和完善"大数据＋网格化＋铁脚板"治理机制加快构建基层社会治理新格局的意见》。

6月18日 陕西省党政代表团在江苏考察访问。19日，两省在常州举行座谈会。

同日 省政府公布《江苏省水域保护办法》，自2020年8月1日起施行。

6月21日 省政府印发《江苏省"三线一单"生态环境分区管控方案》。"三线一单"是指生态保护红线、环境质量底线、资源利用上线以及生态环境准入清单。《方案》明确，以改善生态环境质量为核心，建立覆盖全省的"三线一单"生态环境分区管控体系。《方案》提出，到2020年，全省生态环境质量达到总体改善目标。到2025年，全省生态环境质量持续改善。国家考核断面达到或优于Ⅲ类水质比例80%以上。全省PM$_{2.5}$平均浓度为38微克/立方米，空气质量优良天数比例达到78%以上。

6月22日 省长主持召开专题会议，对全省长江流域禁渔工作进行再部署再落实，确保"十年禁渔"各项工作落到实处、见到实效，坚决打赢长江禁捕退捕攻坚战。

6月24日 省政府常务会议召开，深入学习贯彻习近平总书记重要讲话重要指示精神，对"六稳""六保"、长江禁渔、防汛抗旱、禁毒等工作再部署再抓实。会议研究讨论《关于全面推进长江流域禁捕退捕的工作方案》，审议《关于赋予中国（江苏）自由贸易试验区第一批省级管理事项的决定》《江苏省贯彻〈体育强国建设纲要〉实施方案》。

6月25日 省政府公布《关于赋予中国（江苏）自由贸易试验区第一批省级管理事项的决定》，将273项与企业生产经营、大众创新创业有直接关系的省级管理事项下放到江苏自由贸易试验区，给予自贸试验区更大的改革自主权。事项涉及省发展改革委、省教育厅、省科学技术厅、省工业和信息化厅、省公安厅等27个省级部门，涵盖项目投资、商事登记、教育、药品管理等领域。

6月27日 据《新华日报》报道，省委组织部、省财政厅、省农业农村厅联合出台《关于实施低收入村集体经济发展攻坚行动意见》，力争到2020年底，现有村级集体经营性收入低于18万元的562个低收入村基本消除；到2021年底，全面实现562个低收入村集体收入稳定增长，低收入村运转保障能力、自我发展能力、社区服务能力显著提升，集体经济良性发展机制基本形成。

6月28日 南京长江第五大桥合龙仪式在南京举行。

同日 在收听收看长江流域重点水域禁捕和退捕渔民安置保障工作推进电视电话会议后，省长主持召开全省长江流域禁捕和退捕渔民安置保障工作会议。

6月30日 省委常委会召开会议，深入学习贯彻习近平总书记对防汛救灾工作的重要批示精神和中央政治局会议精神，听取关于江苏安全生产专项整治督导工作推进会情况和有关工作建议的汇报，研究部署有关工作。

同日　省政府办公厅印发《江苏省贯彻体育强国建设纲要实施方案》，提出到 2022 年，形成政府主导有力、社会广泛参与、市场充满活力的开放融合的体育发展新格局；到 2035 年，建成与基本实现现代化相适应的体育强省，为建设体育强国、推进体育治理体系和治理能力现代化提供江苏示范；到 2050 年，全面建成社会主义现代化体育强省，体育成为江苏省社会主义现代化事业的显著标志。

7 月 1 日　省人大常委会执法检查组到南通检查长江大保护和长江禁捕工作、涉野生动物和关于安全生产法律法规实施情况，并就人大代表重点建议办理情况进行督办。

同日　省长前往扬州检查指导防汛和长江禁捕退捕工作。

同日　上海市政府、江苏省政府、浙江省政府联合出台《关于支持长三角生态绿色一体化发展示范区高质量发展的若干政策措施》，围绕改革赋权、财政金融支持、用地保障、新基建建设、公共服务共建共享、要素流动、管理和服务创新、组织保障 8 个方面，提出 22 条具体政策措施，赋予示范区更大的改革自主权和必要的管理权限。《措施》明确，两省一市共同出资设立一体化示范区先行启动区财政专项资金，3 年累计不少于 100 亿元，用于先行启动区的建设发展和相关运行保障。

同日　沪苏通铁路正式开通运营，上海至南通最快旅行时间压缩至 1 小时 6 分钟。沪苏通铁路是国家"八纵八横"高铁网沿海通道，也是京沪第二通道的重要组成部分，全长 143 公里，设计时速 200 公里。

7 月 2 日　省人力资源和社会保障厅、省财政厅联合印发《关于实施企业稳岗扩岗专项支持计划的通知》，加大稳岗支持力度，拓宽以工代训范围。明确 2020 年 1 月 1 日至 12 月 31 日，对不裁员或少裁员的中小微企业，稳岗返还标准最高可提至企业及其职工上年度缴纳失业保险费的 100%。

7月3日 省政府出台《关于加强和规范事中事后监管的实施意见》，加快构建权责明确、科学高效、公正透明的综合监管体系。《意见》明确依法依规、科学有效、公开公平、智慧智能、协同共治 5 项监管原则，并列出明确监管事项和职责、创新完善监管方式、建立健全监管机制等 7 个方面的 22 项任务。

同日 省政府印发通知，明确长江干流江苏段，滁河、水阳江、秦淮河等重要支流和石臼湖等通江湖泊暂定实施 10 年禁捕。禁捕期内，生产性捕捞和娱乐性垂钓全面禁止，做到无捕捞渔船、无捕捞网具、无捕捞渔民、无捕捞生产。2021 年 1 月 1 日前，实现清船、清网、清湖。

7月7日 江苏 917 万退休人员的基本养老金调整方案正式出台。2020 年全省养老金总体调整水平为上年退休人员月人均基本养老金的 5%。新增养老金将在 7 月底前落实到位。这是江苏自 2005 年以来连续第 16 年调整企业退休人员基本养老金，也是 2016 年以来连续第 5 年同步提高企业和机关事业单位退休人员养老金水平。调整总水平与 2019 年基本持平。固定额部分为退休人员每人每月增加 34 元，与上年标准一致；与本人缴费年限挂钩部分仅 25 年以上部分挂钩标准略有提高；与本人基本养老金挂钩部分仍按本人调整前月基本养老金的 1.4% 挂钩。

7月9日 省政府常务会议召开，深入学习贯彻习近平总书记重要指示精神，认真落实农村乱占耕地建房问题整治工作电视电话会议精神；听取上半年安全生产形势和油气输送管道、城市地下管网、电力、渔业等重点领域安全生产专项整治情况，以及信访工作情况汇报，进一步安排部署当前工作。

7月10日 省委常委会召开会议，深入学习贯彻习近平总书记在中央政治局第二十一次集体学习时的重要讲话精神，讨论《关于加强新时代民营经济统战工作的实施意见》等，研究部署有关工作。

同日 江苏自贸试验区工作领导小组召开第二次会议，贯彻落实习近平总书记关于自贸试验区建设系列重要讲话和指示批示精神，讨论审议有关文件，研究部署江苏自贸试验区下一阶段重点工作。

7月11日 省长实地检查长江防汛、秦淮河排涝并前往省防指指挥调度全省防汛工作。

7月13日 省委全面深化改革委员会召开第十三次会议，深入学习贯彻习近平总书记在中央全面深化改革委员会第十四次会议上的重要讲话精神，审议《关于加强乡村治理提升乡村文明水平的意见》等改革方案，研究部署全省改革工作。

7月15日 据《新华日报》报道，日前，省委审计委员会第四次会议召开，深入学习贯彻习近平总书记关于审计工作的重要讲话指示精神，听取上半年全省审计工作情况汇报，审议《2019年度省级预算执行和其他财政支出情况审计报告》，研究部署有关工作。

7月17日 省委财经委员会第五次会议召开，分析上半年全省经济运行情况，研究进一步做好常态化疫情防控条件下经济社会发展有关问题。

7月20日 省政府办公厅印发《关于加强农业种质资源保护与利用的实施意见》，明确到2025年，基本完成作物、畜禽（包括蜜蜂、家蚕）、水产以及重点微生物等农业种质资源全面系统调查与收集，统筹规划布局省级资源库（场、区、圃）建设；到2035年，建成系统完整、科学高效的农业种质资源保护与利用体系。

7月22日 省农业农村厅正式发布长江干流江苏段水域禁捕通告，要求长江干流江苏段水生生物保护区的禁渔期、禁渔区，按相关规定执行，具体名称、坐标以国家和江苏公布的为准。水生生物保护区以外水域自本通告发布之日起，禁止天然渔业资源的生产性捕捞。

7月23日 省委办公厅、省政府办公厅印发《关于建立健全自然保护地体系的实施意见》，提出到2020年，完成自然保护地边界现状调查，启动自然保护地整合优化，开展条件成熟的自然保护地勘界定标工作；到2025年，完成全省自然保护地整合优化、勘界立标，按照国家部署做好自然保护地的自然资源统一确权登记工作，全面落实自然保护地管理机构设置工作，建立健全基本政策法规、建设管理、监督考评等制度体系；到2035年，全面建成以国家公园和自然保护区为主体、各级各类自然公园为基础的自然保护地体系，力争建成1—2个国家公园。

同日 省政府办公厅出台《关于加快促进消费流通扩大商业消费的实施意见》，围绕促流通扩消费开展"146"消费提振行动，即围绕"品质生活·苏新消费"一个主题，坚持省市县、政银企、线上下、内外贸"四个联动"，扎实开展消费促进提振、流通布局优化、市场主体壮大、消费品牌培育、创新转型发展、消费环境营造"六大专项行动"，共推出25条政策措施。

同日 省自贸试验区工作领导小组正式印发《关于支持中国（江苏）自由贸易试验区高质量发展的若干意见》，共7大部分30项主要任务举措，涉及赋予更大改革自主权、支持打造对外开放高地、支持打造现代产业高地、支持集聚优质资源要素、各片区特色发展联动发展、加强组织保障等。

7月24日 全面建成小康社会补短板暨农村人居环境整治工作推进现场会在江苏徐州召开。中共中央政治局委员、国务院副总理胡春华出席并讲话。

7月28日 省十三届人大常委会第十七次会议在南京举行。会议表决通过《江苏省人民代表大会常务委员会关于加强小餐饮管理的决定》《江苏省中医药条例》、新修订的《江苏省各级人民代表大会常务委员会规范性文件备案审查条例》《江苏省人民代表大会常务委员会关于修改〈江苏省野生动物保护条例〉的决定》《江苏省人民代表大会常务委员会关于修改〈江苏省矿产资源管理条例〉等十一件地方性法规的决定》《江苏省人民代表大会常务委员会关于批准江苏省2019年省级财政决算的决议》《江苏省人民代表大会常务委员会关于批准江苏省2020年地方政府债务限额及省级预算调整方案的决议》，批准南京等市报批的8件地方性法规。

同日 省委办公厅印发《关于推进生态环境治理体系和治理能力现代化的实施意见》，提出到2025年，生态环境治理体系巩固完善，治理能力显著提升，努力建成最严密法治最严格制度保护生态环境的示范区、突出环境问题系统治理的标杆区、全社会共同推进生态文明建设的样板区、生态环境治理体系和治理能力现代化建设的引领区。

7月29日 中共江苏省第十三届委员会第八次全体会议在南京举行。全会深入贯彻党的十九大和十九届二中、三中、四中全会精神和全国两会精神，回顾总结2020年以来的全省工作，奋力夺取疫情防控和经济社会发展"双胜利"，高水平全面建成小康社会，开启现代化建设新征程。

同日 省高院、省检察院、省公安厅、省农业农村厅联合制定发布《关于依法严惩长江流域重点水域非法捕捞刑事犯罪若干问题的意见》，明确定罪标准以及从重处罚的情节。《意见》提出斩断地下产业链，将行为人实施非法捕捞行为组织化程度等情形作为定罪量刑重要考量因素，依法惩处非法捕捞共同犯罪行为，打掉一批职业化、团伙化的非法捕捞犯罪网络，斩断非法捕捞、运输、销售的地下产业链。

8月3日　省政府常务会议召开，认真学习贯彻习近平总书记在中央政治局会议和党外人士座谈会上的重要讲话精神以及关于研究生教育工作重要指示精神；传达贯彻全国研究生教育会议、国务院第七次全国人口普查电视电话会议、全国粮食安全省长责任制考核工作动员部署视频会议以及全面建成小康社会补短板暨农村人居环境整治工作推进现场会精神，研究部署落实工作。

同日　省高院发布《关于长江流域重点水域非法捕捞刑事案件审理指南》。《指南》明确：在长江流域重点水域非法捕捞水产品50公斤以上的；使用禁用方法或者禁用工具捕捞的；二年内曾因非法捕捞受过行政处罚又实施非法捕捞的；实施非法捕捞行为被发现后，以销毁、抛弃捕捞工具、水产品等方式逃避公安、渔政等职能部门检查的；实施非法捕捞行为被发现后，拒绝、阻碍公安、渔政等职能部门依法检查，尚未构成其他犯罪的；其他情节严重的情形。以上应当认定为"情节严重"，予以严惩。

8月4日　省政府办公厅印发《关于支持出口产品转内销促进内外贸融合发展的若干措施》，从加快转内销市场准入、拓展内销市场、加强信贷保险和资金支持等方面提出12条具体举措，对外贸企业给予支持。针对出口产品转内销的难点堵点，通过加强服务保障、拓展内销市场等手段，促进内外贸融合发展。

同日　江苏省党政代表团赴贵州考察交流。两省间签署包括农产品加工、产业投资、旅游开发、职业教育等在内的27个合作项目协议，计划投资额70亿元。

8月5日　省政府办公厅出台《关于切实加强高标准农田等农业基础设施建设巩固提升粮食安全保障能力的实施意见》，明确"十四五"期间，全省建设1500万亩集中连片、旱涝保收、节水高效、稳产高产、生态友好的高标准农田，粮食耕种收综合机械化水平进一步提升，粮食仓储加工配套设施水平稳步提高；到2035年，通过持续改造提升，全省高标准农田保有量进一步增加，农业生产基础设施进一步完善，粮食安全的基础进一步巩固。

同日　省政府办公厅转发省委农办、省农业农村厅、省发展改革委等部门联合出台的《关于扩大农业农村有效投资加快补上"三农"领域突出短板实施意见》，明确通过实施农业农村领域10项补短板工程，力争建设1000个以上农业农村重大项目，推动1万个以上企业"联村带农"，带动1万亿元以上资本进入农村。到2022年，再建设800万亩以上集中连片高标准农田，生猪标准化养殖比重达85%，养殖主产区实现尾水达标排放或循环利用。

8月6日　江苏省代表团到青海学习考察。

8月7日　省教育厅发布《关于推进五年制高等职业教育高质量发展的意见》，至"十四五"期末，建成一批在全国具有比较优势的五年制高职办学单位，建成20个左右具五年制鲜明特色的示范性专业集群。

8月11日　全省"万企联万村、共走振兴路"行动现场推进会在南京召开。

8月12日　省委、省政府发布《关于深入推进美丽江苏建设的意见》，提出到2025年，美丽江苏建设的空间布局、发展路径、动力机制基本形成，生态环境质量明显改善，城乡人居品质显著提升，文明和谐程度进一步提高，争创成为美丽中国建设的示范省份。到2035年，全面建成生态良好、生活宜居、社会文明、绿色发展、文化繁荣的美丽中国江苏典范。

8月14日　上海市委、市政府主要领导率队到江苏省苏州、南通两市考察，深化合作对接、强化工作协同，共同推动长三角更高质量一体化发展，更好服务国家重大战略任务。

8月17日 省委常委会召开会议，深入学习贯彻习近平总书记对制止餐饮浪费行为作出的重要指示精神，听取关于全省扎实推进长三角一体化发展情况以及区块链技术应用和产业发展情况汇报，研究部署有关工作。会议讨论《江苏省贯彻落实〈新时代爱国主义教育实施纲要〉三年行动方案》《江苏省贯彻落实〈新时代公民道德建设实施纲要〉三年行动方案》《关于依法有序推进乡村公共空间治理的指导意见》。

同日 省政府常务会议召开，深入学习领会习近平总书记关于"十四五"规划编制工作以及制止餐饮浪费行为的重要指示精神，根据省委部署，研究贯彻落实工作；进一步研究部署安全生产专项整治和推进长三角更高质量一体化发展等工作。

同日 省发展改革委、省生态环境厅联合印发《关于进一步加强塑料污染治理的实施意见》。明确到2020年，率先在部分地区、部分领域禁止、限制部分塑料制品的生产、销售和使用。

8月19日 贵州省党政代表团在江苏考察。会见后举行2020江苏·贵州东西部扶贫协作项目签约活动。

8月21日 交通运输部、江苏省政府就贯彻落实长江经济带共抓大保护、不搞大开发重要指示要求以及长三角区域一体化发展、交通强国战略在南京调研。

同日 省教育厅、省发展改革委、省财政厅等6部门印发《江苏省高等职业院校面向社会人员开展全日制学历教育实施办法》，明确招生对象为具有江苏户籍或在苏务工（需提供6个月以上劳动合同证明）、具备高中阶段学历（含普通高中、普通中专、职业中专、职业高中、技工学校）及以上，年龄在45周岁以下的各类社会人员，包括企事业单位在职职工、退役军人、进城务工人员、新型农民、往届毕业生、待业人员等。省内独立设置的高职院校，办学空间尚有富余，且近 3 年在办学、招生等方面没有严重违规行为的，均可申请面向社会人员招生。

8 月 24 日 省委常委会召开会议，传达学习贯彻习近平总书记在扎实推进长三角一体化发展座谈会上的重要讲话和在安徽考察时的重要讲话精神，研究全省贯彻落实意见。传达学习韩正同志到苏调研时的讲话精神。

8 月 25 日 省政府常务会议召开，认真学习领会习近平总书记在扎实推进长三角一体化发展座谈会、经济社会领域专家座谈会上的重要讲话以及在安徽考察时重要讲话精神，认真学习韩正同志在江苏调研时的讲话精神，根据省委部署，研究贯彻落实工作。

同日 江苏省党政代表团赴陕西学习考察。

8 月 29 日 据《新华日报》报道，近日，省委常委会召开会议，传达学习中共中央政治局常委、全国人大常委会委员长栗战书在连云港进行土壤污染防治法执法检查时的讲话精神，研究部署贯彻落实工作。

9 月 4 日 省政府常务会议召开，深入学习贯彻习近平总书记在中央第七次西藏工作座谈会上的重要讲话精神，根据省委部署，研究贯彻落实工作；安排部署国务院江苏安全生产专项整治督导"回头看"反馈意见、国务院安委会 2019 年度省级政府安全生产和消防工作现场考核巡查突出问题清单整改落实工作。

9 月 10 日 长三角三省一市主要负责同志专题视频会议举行。会议认真学习贯彻习近平总书记在扎实推进长三角一体化发展座谈会上的重要讲话精神，全面分析长三角一体化发展面临的新使命新任务，深入交流三省一市贯彻落实习近平总书记重要讲话精神情况，研究确定一批重点协同事项。

9 月 11 日 国务院召开全国深化"放管服"改革优化营商环境电

视电话会议。会议结束后，江苏就抓好全省贯彻落实工作进行部署。

同日 省教育厅、省民政厅、省财政厅、省人力资源和社会保障厅、省卫生健康委、省扶贫办、省残联联合下发《关于做好义务教育阶段重度残疾儿童少年送教服务工作的指导意见》。送教工作的服务对象一般为具有本省户籍的6—15周岁重度残疾儿童少年中，经设区市或县（市、区）特殊教育专家委员会评估认定，确实无法进入义务教育学校（含特殊教育学校）就读的适龄儿童少年。送教服务对象总数不超过当地义务教育阶段适龄残疾学生总数的5%。送教服务类别可分为送教进儿童福利机构、送教进康复机构、送教进"残疾人之家"、送教进医疗机构、送教进家庭等。

9月13日 辽宁省党政代表团到江苏考察。

9月14日 据《新华日报》报道，日前，省委常委会召开会议，深入学习贯彻习近平总书记在中央政治局会议、2020年中国国际服务贸易交易会全球服务贸易峰会、经济社会领域专家座谈会上的重要讲话精神，听取对口帮扶支援合作工作等情况汇报，研究部署有关工作。

9月15日 推进长三角一体化科技创新知识产权保护工作座谈会在南京召开。最高人民法院党组副书记、常务副院长贺荣出席会议并讲话。会上签署《长三角区域人民法院和知识产权局关于推进长三角一体化科技创新知识产权保护备忘录》。

9月16日 教育部、江苏省政府印发《关于整体推进苏锡常都市圈职业教育改革创新打造高质量发展样板的实施意见》，共5个方面24条改革任务，细化教育部7项支持政策、江苏省18项支持政策，及苏锡常的34项工作任务。

9月19日 江苏省供销合作社第六次代表大会在南京召开。

9月21日 省政府常务会议召开，深入学习习近平总书记关于耕地保护重要指示批示精神，认真学习总书记对新时代民营经济统战工作的重要指示、在湖南考察以及基层代表座谈会上的重要讲话精神，根据省委部署，研究贯彻落实工作；审议《关于推进全省经济开发区创新提升打造改革开放新高地的实施意见》。会议还审议《关于推进气象事业高质量发展的意见》《关于加强市县国有企业竞争性领域投资监管的指导意见》《江苏省省级财政专项资金管理办法》。

9月22日 据《新华日报》报道，省退役军人事务厅、省财政厅下发通知，要求全省各地从2020年8月1日起，按照退役军人事务部和财政部统一要求，再次全面提高部分优抚对象抚恤和生活补助标准。这是改革开放以来，江苏第27次提高残疾军人残疾抚恤金标准，第30次提高"三属"（烈士遗属、因公牺牲军人遗属、病故军人遗属）定期抚恤金标准和"三红"（在乡退伍红军老战士、在乡西路军红军老战士、红军失散人员）生活补助标准。

同日 省十三届人大常委会第十八次会议在南京举行。会议表决通过《江苏省人民代表大会常务委员会关于促进和保障长三角生态绿色一体化发展示范区建设若干问题的决定》《江苏省公安机关警务辅助人员管理条例》，批准南京等市报批的12件地方性法规和法规性决定。

9月24日 全国新农民新业态创业创新大会在南京举行，中共中央政治局常委、国务院总理李克强作出重要批示。

9月27日 省委常委会召开会议，深入学习贯彻习近平总书记在中央财经委员会第八次会议、科学家座谈会、教育文化卫生体育领域专家代表座谈会、在湖南考察和基层代表座谈会上的重要讲话精神，以及对第三个"中国农民丰收节"、供销合作社工作、新时代民营经济统战工作作出的重要指示精神，传达学习推动长三角一体化发展领导小组会议精神，听取国务院江苏安全生产专项整治督导"回头看"反馈意见及下一步工作措施汇报，研究部署有关工作。

9月28日 教育部和江苏省在南京召开部省共建启动大会，整体推进苏锡常都市圈职业教育改革创新，打造高质量发展样板。

10月8日 省政府印发《深入推进数字经济发展的意见》，围绕建设数字经济强省，着力实施数字设施升级、数字创新引领、数字产业融合、数字社会共享、数字监管治理、数字开放合作六大工程，全力打造具有世界影响力的数字技术创新高地、国际竞争力的数字产业发展高地、未来引领力的数字社会建设高地和全球吸引力的数字开放合作高地。

10月10日 苏州民营企业家座谈会在苏州召开。

10月11日 第二届"健康中国"发展大会暨中医药产教融合发展大会在南京市溧水区开幕。

10月13日 根据国务院第七次大督查统一安排，从13日起，国务院第五督查组在江苏开展实地督查。

同日 省人大常委会执法检查组到盐城检查土壤污染防治法实施情况。

10月14日 江苏省代表团到新疆学习考察，与新疆维吾尔自治区、新疆生产建设兵团对接对口援疆工作。17日，两省区及兵团召开对口支援工作座谈会。

10月17日 全国脱贫攻坚奖表彰大会在北京召开。江苏丘陵地区镇江农业科学研究所果树研究室原主任糜林获"全国脱贫攻坚奖（贡献奖）"，南通海安市鑫缘茧丝绸集团股份有限公司党委书记、董事长兼总经理储呈平获"全国脱贫攻坚奖（奉献奖）"，无锡市福村宝医疗科技有限公司获"全国脱贫攻坚奖（组织创新奖）"。

同日 全省脱贫攻坚奖表彰大会在南京召开。会议对18位"脱贫致富奖"获得者、20位"扶贫济困奖"获得者、22家"组织创新奖"获奖单位进行表彰。

10月19日 省委常委会召开会议，深入学习贯彻习近平总书记在中央政治局会议、在广东考察时和深圳经济特区建立40周年庆祝大会、在中青年干部培训班开班式上的重要讲话精神，研究部署有关工作。会议讨论了《关于落实全面从严治党党委（党组）主体责任的意见》《关于江苏省党政主要负责人履行推进法治建设第一责任人职责及法治政府建设情况自查报告》《关于贯彻落实〈中国共产党机构编制工作条例〉实施办法》。

10月20日 省推动长江经济带发展领导小组会议在常州召开。

同日 中国首个中外合资海上风电项目——国华东台50万千瓦海上风电项目落地揭牌。

10月29日 全省民营经济统战工作会议在无锡召开。

10月30日 江苏—韩国企业家合作交流会暨第二届中韩贸易投资博览会在盐城举行。

11月2日 省委召开专题会议，深入学习贯彻习近平总书记关于巡视工作的重要指示精神和中央最新部署要求，听取省委第九轮危化品安全生产专项巡视情况汇报，研究部署相关工作。

11月4日 省委全面深化改革委员会召开第十四次会议，深入学习党的十九届五中全会精神，贯彻落实中央深改委第十五次、十六次会议部署，听取有关改革任务推进落实情况汇报，审议《关于营造更好发展环境支持民营企业改革发展的实施意见》等改革方案，研究部署全省改革工作。

同日 青海省党政代表团到江苏考察访问。5日，江苏、青海两省在南京举行座谈会。

11月9日 省委常委会召开会议，深入学习贯彻习近平总书记在第十九届中央政治局第二十三次、第二十四次集体学习时的重要讲话精神，讨论《关于贯彻落实习近平总书记重要讲话精神扎实推进长三角一体化发展的重点任务》《江苏省高质量发展年度综合考核指标管理办法》等，研究部署有关工作。

11月12日 中共中央总书记、国家主席、中央军委主席习近平先后来到南通、扬州等地，深入长江和运河岸线、水利枢纽、文物保护单位等，就贯彻落实党的十九届五中全会精神、统筹推进常态化疫情防控和经济社会发展工作等进行调研。他强调，要全面把握新发展阶段的新任务新要求，坚定不移贯彻新发展理念、构建新发展格局，坚持稳中求进工作总基调，统筹发展和安全，把保护生态环境摆在更加突出的位置，推动经济社会高质量发展、可持续发展，着力在改革创新、推动高质量发展上争当表率，在服务全国构建新发展格局上争做示范，在率先实现社会主义现代化上走在前列。12日下午，习近平来到五山地区滨江片区，听取五山及沿江地区生态修复保护、实施长江水域禁捕退捕等情况介绍，对南通构建生态绿色廊道的做法表示肯定。习近平强调，生态环境投入不是无谓投入、无效投入，而是关系经济社会高质量发展、可持续发展的基础性、战略性投入。要坚决贯彻新发展理念，转变发展方式，优化发展思路，实现生态效益和经济社会效益相统一，走出一条生态优先、绿色发展的新路子，为长江经济带高质量发展、可持续发展提供有力支撑。离开五山地区滨江片区，习近平来到南通博物苑考察调研。习近平强调，他这次专门来南通博物苑，了解张謇兴办实业、教育和社会公益事业的情况。在当时内忧外患的形势下，作为中华文化熏陶出来的知识分子，张謇意识到落后必然挨打、实业才能救国，积极引进先进技术和经营理念，提倡实干兴邦，起而行之，兴办了一系列实业、教育、医疗、社会公益事业，帮助群众，造福乡梓，是我国民族企业家的楷模。改革开放以来，党和国家为民营企业发展和企业家成长创造了良好条件。民营企业家富起来以后，要见贤思齐，增强家国情怀、担当社会责任，发挥先富帮后富的作用，积极参与和兴办社会公益事业。要勇于创新、奋力拼搏、力争一流，为构建新发展格局、推动高质量发展作出更大贡献。要把南通博物苑和张謇故居作为爱国主义教育基地，让广大民营企业家和青少年受到教育，增强社会责任感，坚定"四个自信"。

13日，习近平来到扬州考察调研。他指出，扬州是个好地方，依水而建、缘水而兴、因水而美，是国家重要历史文化名城。千百年来，运河滋养两岸城市和人民，是运河两岸人民的致富河、幸福河。希望大家共同保护好大运河，使运河永远造福人民。生态文明建设关系经济社会发展，关系人民生活幸福，关系青少年健康成长。加强生态文明建设，是推动经济社会高质量发展的必然要求，也是广大群众的共识和呼声。要把大运河文化遗产保护同生态环境保护提升、沿线名城名镇保护修复、文化旅游融合发展、运河航运转型提升统一起来，为大运河沿线区域经济社会发展、人民生活改善创造有利条件。随后，习近平乘车前往江都水利枢纽。他指出，"北缺南丰"是我国水资源分布的显著特点。党和国家实施南水北调工程建设，就是要对水资源进行科学调剂，促进南北方均衡发展、可持续发展。要继续推动南水北调东线工程建设，完善规划和建设方案，确保南水北调东线工程成为优化水资源配置、保障群众饮水安全、复苏河湖生态环境、畅通南北经济循环的生命线。要把实施南水北调工程同北方地区节约用水统筹起来，坚持调水、节水两手都要硬，一方面要提高向北调水能力，另一方面北方地区要从实际出发，坚持以水定城、以水定业，节约用水，不能随意扩大用水量。习近平强调，南水北调东线工程取得的重大成就，离不开数十万建设者长期的辛勤劳动，离不开沿线40万移民的巨大奉献。要依托大型水利枢纽设施和江都水利枢纽展览馆，积极开展国情和水情教育，引导干部群众特别是青少年增强节约水资源、保护水生态的思想意识和行动自觉，加快推动生产生活方式绿色转型。

11 月 14 日　中共中央总书记、国家主席、中央军委主席习近平在江苏省南京市主持召开全面推动长江经济带发展座谈会并发表重要讲话。习近平强调，要贯彻落实党的十九大和十九届二中、三中、四中、五中全会精神，坚定不移贯彻新发展理念，推动长江经济带高质量发展，谱写生态优先绿色发展新篇章，打造区域协调发展新样板，构筑高水平对外开放新高地，塑造创新驱动发展新优势，绘就山水人城和谐相融新画卷，使长江经济带成为我国生态优先绿色发展主战场、畅通国内国际双循环主动脉、引领经济高质量发展主力军。中共中央政治局常委、国务院副总理、推动长江经济带发展领导小组组长韩正出席座谈会并讲话。

11 月 15 日　省委常委会召开扩大会议，传达学习习近平总书记视察江苏重要指示和全面推动长江经济带发展座谈会重要讲话精神，研究部署全省贯彻落实工作。

同日　全省高层次人才"爱国·奋斗·奉献"精神主题学习会在南京举行。

11 月 16 日　省政府召开常务会议，认真学习贯彻习近平总书记视察江苏重要指示和全面推动长江经济带发展座谈会重要讲话精神，按照省委常委会扩大会议部署，研究政府系统贯彻落实工作。

11 月 18 日　省委发出《关于深入学习贯彻习近平总书记视察江苏重要讲话指示精神的通知》。

11 月 19 日　经济社会领域专家学者座谈会召开，深入学习贯彻习近平总书记视察江苏重要讲话指示精神，听取对全省"十四五"规划编制的意见和建议。

11 月 20 日　省委常委会暨省委应对疫情工作领导小组召开会

议，深入学习习近平总书记关于统筹疫情防控和经济社会发展重要论述，听取全省常态化疫情防控工作情况汇报，研究部署今冬明春疫情防控工作。

11 月 22 日 省委、省政府出台《关于营造更好发展环境支持民营企业改革发展的实施意见》，共 7 个方面 22 条。《意见》提出，优化公平竞争的市场环境，进一步放开民营企业市场准入，深化"放管服"改革，严格执行全国统一的市场准入负面清单，未列入负面清单的行业、领域、业务等，民营企业均可以依法平等进入，不得额外对民营企业设置准入条件。

11 月 23 日 科技界人士座谈会召开，深入学习贯彻党的十九届五中全会和习近平总书记视察江苏重要讲话重要指示精神，听取对全省"十四五"规划编制的意见和建议。

11 月 24 日 企业家座谈会召开，深入学习贯彻党的十九届五中全会和习近平总书记视察江苏重要讲话重要指示精神，听取对全省"十四五"规划编制的意见和建议。

同日 省十三届人大常委会第十九次会议在南京召开。会议表决通过《江苏省优化营商环境条例》《江苏省农村水利条例》《昆山深化两岸产业合作试验区条例》《江苏省水污染防治条例》《江苏省人民代表大会常务委员会关于加强检察公益诉讼工作的决定》《江苏省人民代表大会常务委员会关于修改〈江苏省物业管理条例〉等六件地方性法规的决定》《江苏省人民代表大会常务委员会关于废止〈江苏省经纪人条例〉等二件地方性法规的决定》《江苏省人民代表大会常务委员会关于召开江苏省第十三届人民代表大会第四次会议的决定》《江苏省人民代表大会常务委员会关于授予崔泰源等 10 位国际友好人士"江苏省荣誉居民"称号的决定》《江苏省人民代表大会常务委员会关于批准江苏省 2020 年省级预算调整方案的决议》，批准南京等市报批的 18 件法规和法规性决定。

11 月 28 日　省政府办公厅印发《关于严格耕地保护坚决制止耕地"非农化"行为的通知》，要求落实好最严格的耕地保护制度，确保守住耕地红线，坚决制止各类耕地"非农化"行为。

11 月 30 日　江苏省全国精神文明建设先进表彰会议在南京举行。

12 月 2 日　生态环境部和江苏省在南京召开部省共建生态环境治理体系和治理能力现代化试点省联席会议。

12 月 4 日　省委常委会召开会议，深入学习贯彻习近平总书记在全国劳动模范和先进工作者表彰大会、中央政治局第二十五次集体学习、中央政治局常务委员会会议上的重要讲话精神，传达学习推动长江经济带发展领导小组会议精神，研究部署有关工作。

同日　省委常委会召开议军会议，深入学习贯彻习近平总书记关于国防和军队建设重要指示精神，听取全省军事斗争国防动员准备情况及下一步重点工作任务汇报，讨论有关文件，研究部署下一阶段工作。

同日　省政府办公厅印发《关于进一步优化营商环境更好服务市场主体若干措施的通知》，明确优化投资项目前期评估审批、进一步提升工程建设项目审批效率、深入推进"多规合一""多测合一"、进一步降低市场准入门槛、进一步降低就业创业门槛、鼓励外资外贸企业投资经营等 20 条措施，以进一步优化营商环境，更好服务市场主体。

12 月 8 日　中共江苏省委召开党外人士座谈会，深入学习贯彻习近平总书记视察江苏重要讲话指示精神和中共十九届五中全会精神，听取各民主党派省委、省工商联负责人和无党派人士代表对省委"十四五"规划建议的意见，并就各民主党派省委、省工商联和无党派人士调研成果进行协商座谈。

12月11日　连淮扬镇铁路淮镇段暨五峰山长江大桥建成运营现场会在扬州举行。连淮扬镇铁路全线通车后，江苏省境内建成铁路总里程达 3867 公里，其中高铁 1878 公里。

12月12日　据《新华日报》报道，省委组织部、省人力资源和社会保障厅、省财政厅印发《关于提高乡镇工作补贴标准的通知》，决定从 2021 年 1 月 1 日起调整乡镇机关事业单位工作人员补贴标准，调整后人均补贴较调整前翻一番。

12月14日　省政府常务会议召开，深入学习贯彻习近平总书记对江苏工作重要指示和总书记近期重要讲话精神，认真落实全国安全生产工作视频会议精神，根据省委部署，更好统筹发展和安全，进一步研究部署安全生产专项整治、高新区高质量发展以及信访等工作。会议审议《关于促进全省高新技术产业开发区高质量发展的实施意见》《江苏省文物安全责任制实施办法》等。

12月17日　省委、省政府正式发布《关于促进中医药传承创新发展的实施意见》，从中医药服务体系、能力建设、中药质量和产业、人才培养等 6 个方面明确 26 条措施。《意见》围绕提升中医药服务能力，提出到 2022 年，重点建成 100 个省级重点专科、20 个重点学科，筛选 50 个中医优势病种，推广 100 项中医适应技术，开展中医药循证医学平台建设和中医药循证医学研究等具体举措及工程项目。针对部分市县公立中医院基础设施建设不达标问题，提出扶持推进市县中医院建设，要求到 2022 年，80% 以上市县中医院基础设施达到国家建设标准；为解决中医院住院治疗中医药特色不突出、作用发挥不充分问题，要求三级中医医疗机构均设立中医经典病房等。

12月19日　省政府办公厅印发《江苏省"产业强链"三年行动计划（2021—2023 年）》，明确江苏将实施"531"产业链递进培育工程，用三年时间，重点培育 50 条具有较高集聚性、根植性、先进性和具有较强协同创新力、智造发展力和品牌影响力的重点产业链，做强其中 30 条优势产业链，促进其中特高压设备、起重机、车联网、品牌服装、先进碳材料、生物医药、集成电路、高技术船舶、轨道交通装备、"大数据 +"等 10 条产业链实现卓越提升。

12 月 20 日　省委常委会召开会议，深入学习贯彻中央经济工作会议精神和习近平总书记在第十九届中央政治局第二十六次集体学习时的重要讲话精神，听取全年全省经济社会发展主要目标预计完成情况汇报，分析当前经济形势，讨论研究来年经济工作。会议研究来年全省经济工作的主要预期目标任务。会议讨论《关于完善重大疫情防控体制机制健全公共卫生应急管理体系的意见》。

同日　科技部会同上海市、江苏省、浙江省、安徽省人民政府编制的《长三角科技创新共同体建设发展规划》正式印发。

12 月 22 日　省政府办公厅印发《关于加快推进政务服务"省内通办""跨省通办"的实施方案》，明确 12 项重点任务。提出到 2020 年底前，"学历公证"等 58 项事项实现"跨省通办"；2021 年底前，"开具有无犯罪记录证明"等 74 项事项实现"跨省通办"；2021 年以后，"新生儿入户"等 8 项事项实现"跨省通办"。

同日　中共江苏省第十三届委员会第九次全体会议在南京举行。全会总结全年工作，研究部署"十四五"和来年工作。全会审议通过《中共江苏省委关于深入学习贯彻习近平总书记视察江苏重要讲话指示精神的决定》《中共江苏省委关于制定江苏省国民经济和社会发展第十四个五年规划和二〇三五年远景目标的建议》。

12 月 24 日　省长江流域禁捕退捕工作领导小组会议召开，深入学习贯彻习近平总书记关于长江禁渔的重要指示批示精神，认真落实韩正副总理、胡春华副总理在国家长江禁捕退捕工作推进电视电话会议上的讲话要求，对全省打好打赢长江"十年禁渔"攻坚战、持久战进行再部署、再推进。

12月25日　江苏深化安全生产专项整治动员部署会议在南京召开。

同日　省政府召开新闻发布会，专题解读省委办公厅、省政府办公厅最新出台的《关于改革完善社会救助制度的实施意见》，从省级层面对低收入家庭作出统一界定，即家庭人均收入在低保标准1倍以上2倍以下，且家庭财产状况符合相关规定的，明确纳入住房、教育、就业、法律援助等专项救助范围。按照困难程度，救助对象被划分为特困人员、低保对象、低收入家庭、支出型困难家庭、急难对象等类型。全省以设区市为单位，按照上年度全体居民人均消费支出的30%—40%，制定当年度低保标准，标准与居民人均消费支出挂钩，动态调整。到2025年，生活不能自理特困人员集中供养率要不低于70%。

12月28日　省政府召开新闻发布会，解读由省发展改革委、省教育厅、省工业和信息化厅等15个部门联合印发的《关于以高质量供给适应引领创造新需求的实施意见》，共推出29条新举措。

12月29日　江苏省文学艺术界联合会第十次代表大会、江苏省作家协会第九次代表大会在南京举行。

12月30日　盐通高铁建成通车现场会在盐城举行。盐通高铁是苏北腹地首条时速350公里的高铁，线路全长约158公里，全线设6座车站。盐通高铁的开通，标志着江苏"十三五"铁路建设任务完美收官，"三纵四横"高铁主骨架基本建成。

后　记

为多维度多视角纪录和展现中国波澜壮阔的全面建成小康社会的伟大历程，总结好新时代全面建成小康社会的伟大成就，阐释好其中蕴含的实践经验、理论创新和制度优势，保存全面建成小康社会的历史档案，在中宣部领导下，江苏策划出版"纪录小康工程"地方丛书（江苏卷），包括"全景录""大事记""变迁志""奋斗者""影像记"等五大系列。中共江苏省委宣传部高度重视丛书编撰工作，对丛书写作的总体思路、基本原则、内容构架等提出指导性意见，并审读全部书稿。

本书由新华报业传媒集团党委书记、社长双传学主持汇编工作，黄建伟、王乃毅、张妍妍、厉欣等人参与。书中内容以"纪录小康工程（江苏数据库）平台"入库《江苏省全面小康大事记》资料为基础，并得到江苏省地方志办公室的大力支持。